Luca Sartoretto Verna

FARMACIE DA INCUBO
...se non sai come cambiare

"Sorridete!", recita una scritta
riportata sotto la croce verde lampeggiante
*"forse in questa farmacia, tra le tante ricette,
abbiamo trovato quella del benessere"*

Luca Sartoretto Verna

Indice

11 Introduzione

15 Le origini del marketing professionale in farmacia

19 Storia di un farmacista.
   Essere numero 1 oggi in farmacia

ANNO ZERO

27 La teoria degli anelli *di Guido Sartoretto Verna*

31 Farmacie da incubo

39 Il comportamento del cliente in farmacia

59 Ascolta tuo figlio, stai perdendo clienti

63 Non è data una terza opzione

69 L'incubo delle catene (di farmacie)

77 La comunicazione in farmacia è una truffa

81 Soldi buttati nel logo della farmacia

87 La fionda di Davide *di Aldo Cacco*

LE FONDAMENTA DI UNA FARMACIA VINCENTE

95 Le 6 regole del successo di Arnold Schwarzenegger

99 La nuova mission: "fare architettura"

103 La valutazione dello spazio

111 Spazi attivi e spazi passivi

115 Contro chi vendi

121 Il manifesto della farmacia

FOCUS: IL CONTROLLO DEL BUSINESS IN FARMACIA

131 I rischi di realizzare una farmacia commerciale

137 Abbiamo un problema, stai perdendo clienti

141 Diventare una farmacia unica e riconoscibile: il posizionamento differenziante

149 Il legame al territorio ed alla storia rende forti

157 Le prime 5 cose che una farmacia dovrebbe fare per trasformarsi in un'azienda

161 I 6 pilastri del marketing professionale in farmacia

165 Creare una squadra affiatata in farmacia

IL PIACERE DI ENTRARE IN FARMACIA

175 La farmacia delle persone *di Corrado Petella*

179 La farmacia dove le persone si sentono bene

183 4+1 punti per una nuova comunicazione in farmacia

203 Creare un'esperienza d'acquisto unica in farmacia

209 Saper vendere con il consiglio. Il cross selling programmato *di Maria Palmieri*

215 Comunicare dall'esterno

221 Come gestire la coda in farmacia

225 La vendita professionale in farmacia

231 Creare un percorso di vendita

237 I 3 momenti dell'esperienza d'acquisto in farmacia

243 Il decalogo del libero servizio in farmacia

255 La prima fondamentale regola per lo sviluppo del libero servizio: l'ordine

263 La luce come strumento di vendita

267 2 strategie di comprovato successo per sviluppare i

      servizi a pagamento

273 I principi base dell'acquisto in farmacia

281 Il vademecum del visual merchandising in farmacia
di Fiona Sartoretto Verna

295 Le 12 regole per un'esposizione che vende in farmacia

309 Gli 8 fattori che devi assolutamente conoscere per valutare gli arredi farmacia

319 I prodotti a marchio farmacia *di Paolo Piovesan*

327 Ridurre i furti in farmacia

333 4 buoni motivi per rinnovare i locali

337 1° caso esempio: moltiplicare per 7 il fatturato della farmacia

343 2° caso esempio: il successo in soli 35 metri quadrati

347 3° caso esempio: esprimere la propria professionalità

LE NUOVE ARMI

353 La farmacia nell'era di facebook

361 Come riuscire a riattivare i "clienti scomparsi"

367 12 modi per aumentare le vendite in farmacia

371 La creazione di contenuti di valore: il copywriting

375 Le nuove armi

379 Il blog, strumento fondamentale di vendita in farmacia

385 L'e-commerce per la farmacia focalizzata
di Nicola Romita

FARMACIE DA SOGNO

393 Farmacie da sogno - testimonianze

405 Biografia
407 Ringraziamenti e contributi
409 Bibliografia

Ho incontrato Luca Sartoretto Verna quasi per caso. Quasi, però, perché sono convinto che certe cose avvengano solo se dietro c'è una precisa volontà, un progetto, una condivisione di idee.

Le stesse idee che successivamente mi hanno fatto apprezzare l'operato di un architetto che avrebbe potuto benissimo adagiarsi e continuare a gestire semplicemente una tra le più importanti società dell'arredamento del nostro settore.
Invece Luca ha capito che i tempi sono cambiati, che i farmacisti hanno nuove esigenze, che il suo lavoro allora non può continuare a essere solo quello di fornire bei disegni ed eleganti attrezzature.

E mi sono ritrovato, ho pensato che avremmo potuto unire le competenze per provare a inviare nuovi messaggi di cambiamento alle farmacie. Una comunicazione diretta, perché mi aspetto dai nuovi titolari di farmacia la medesima consapevolezza che non si può più essere come siamo stati finora.
Oggi è indispensabile aprire gli occhi a nuovi orizzonti per far si che gli strumenti siano funzionali alla realizzazione di nuovi servizi.

Ecco allora i primi segnali di Luca inviati alla nostra categoria, prima con la realizzazione di farmaciavincente.it e ora con la stesura di questo libro, per far capire che dietro la produzione di mobili c'è dell'altro: c'è passione, c'è studio, c'è entusiasmo e c'è servizio.
In una sola idea, c'è il desiderio di stare vicini al farmacista imprenditore per condividere le esperienze.

Paolo Piovesan

Introduzione

"**Farmacie da incubo, se non sai come cambiare**", è il mio primo libro e ti assicuro non avrei mai pensato di scriverne uno.

Sono un architetto e mi sono sempre dedicato a fare ricerca per migliorare la fruibilità e percezione degli spazi in farmacia. Oggi mi trovo invece a parlare di marketing strategico.

Sembra un paradosso ma in realtà il marketing è come l'architettura: "LESS IS MORE" ("meno è di più", diceva uno degli architetti più famosi al mondo, *Ludwig Mies van der Rohe*), ed il primo segreto del MARKETING PROFESSIONALE in farmacia è la SPECIALIZZAZIONE.

Per sviluppare oggi la tua farmacia **dovrai fare meno ma farlo meglio**, dovrai focalizzarti per differenziarti dai concorrenti.
La tecnologia ha cambiato le persone e le aziende.

E' arrivato il momento di mettersi in gioco e cambiare passo. Non c'è più tempo per capire ed osservare, bisogna agire.

La prova che ti aspetta è dura ma ti assicuro, molto stimolante. Vincere nel business, riuscire ad avere il controllo della propria attività ed in parte della propria vita è una delle cose più gratificanti.
Se saprai con passione imboccare questa nuova strada scoprirai che esiste una nuova alba oltre le nubi e che il mestiere di farmacista è tra i più belli (non solo ciò che ti ha consigliato di scegliere papà!).

Se per anni l'ordine dei farmacisti ha vigilato affinché tutte le farmacie fossero uguali, per assicurare quiete e prosperità ai titolari, oggi la tua impresa si è indebolita e sei caduto in un profondo immobilismo che sta provocando la perdita del controllo sul tuo business.

Questo libro è anche una raccolta dei miei articoli pubblicati sul Blog **www.farmaciavincente.it** nato un anno fa per stimolare nuove energie e sinergie in un momento di cambiamenti e paure, che stanno lasciando spazio a grosse minacce per il farmacista italiano.

"Sostituire le lance spuntate della farmacia italiana con nuove armi invincibili! Fornire alcune regole pratiche e verificate grazie al contributo di valorosi pionieri sul campo!".

Con questo spirito ho deciso di mettere in ordine i pezzi fino ad oggi gelosamente raccolti e custoditi, ed integrarli con nuovi ed inediti materiali per darti

uno strumento pratico, da utilizzare subito.
Niente massimi sistemi degli "esperti del marketing" provenienti dalle multinazionali o dalla grande distribuzione organizzata, ma regole pratiche subito applicabili.

Le conoscenze maturate negli ultimi 12 anni all'estero a contatto con i managers delle catene internazionali di farmacia, l'esperienza ventennale di lavoro in Sartoretto Verna, i successi ottenuti "sul campo" con le farmacie indipendenti seguite nel processo di rinnovo assieme agli studi che sto conducendo con i maggiori esperti di marketing al mondo, mi hanno permesso di elaborare una strategia tagliata a misura per la farmacia italiana.

Con questo libro voglio trasferirtela affinché tu possa applicarla con successo, recuperare clienti e profitti e ritrovare passione per la tua attività.

In ultimo voglio farti una confessione...

Ho sentito parlare di farmacia fin da piccolo, probabilmente come te che stai leggendo. Mio nonno e mio padre (che ringrazio con affetto per tutto il supporto che mi ha sempre dato negli anni), hanno raggiunto il successo FACENDO SQUADRA con i farmacisti e costruendo con loro crescita e innovazione. Negli ultimi 10 anni, assieme a mia sorella Fiona ed un team di valorosi collaboratori architetti ed ingegneri, ho esportato queste idee in 28 paesi al mondo, contribuendo al successo di tante imprese grazie al modello "farmacia Italia", riconosciuto ancora oggi come esempio da imitare, tra i più evoluti.
Per questo sento di dovere tanto alla farmacia e l'e-

sigenza di aiutarti concretamente a voltare pagina ed ALZARE UNA NUOVA BANDIERA.

Come in ogni grande avventura ci saranno scelte da fare e minacce all'orizzonte, squali e pirati da individuare e fronteggiare. Sentirai parlare di loro ed imparerai a riconoscerli ma ti anticipo che ESISTE UN LIETO FINE se oltre a guardare i numeri ascolterai il tuo cuore.

Sviluppa la tua attività ascoltando i bisogni delle persone e falle stare bene.

La formula sembra banale ma credimi, funzionerà:

"**Se stai bene tu, il tuo staff, i tuoi clienti starà bene il business della tua farmacia**"

Buona lettura!!

Le origini del marketing PROFESSIONALE in farmacia

Dal 2012 sono amministratore delegato della Sartoretto Verna Srl, azienda italiana di terza generazione. SONO UN IMPRENDITORE COME TE.
Negli ultimi 22 anni mi sono confrontato "sul campo" con numerosi titolari in Italia, scontrandomi spesso con una visione immobile della professione e dell'impresa.

Farmacisti che per il solo fatto di aver studiato e preso una laurea vedevano la vendita come qualcosa di sporco.
Farmacie concentrate sulla dispensazione dei medicinali e poco inclini ad ascoltare i bisogni delle persone.
Farmacisti costretti a impiegare il loro tempo per risolvere problemi burocratici quotidiani piuttosto che pianificare il proprio lavoro e dedicarsi ad attività di valore.

Poi finalmente, ho avuto l'occasione di partecipare

ad alcuni progetti per il rinnovo di importanti catene di farmacie in USA, RUSSIA e MIDDLE EAST.

Mi sono confrontato con la mentalità manageriale di uno staff multidisciplinare che osservava da anni la farmacia ed il suo consumatore da diversi punti di vista ed ho scoperto che per avere successo **bisogna imparare a dare una risposta ai bisogni di un target specifico di persone.**

L'aver potuto approfondire diversi aspetti, cimentandomi su un campione variegato di punti vendita e consumatori, mi ha permesso di elaborare precise strategie e regole immediatamente applicabili sulla farmacia italiana per sviluppare il suo business.

Negli anni ho potuto verificare di persona che esistono in farmacia contraddizioni da sfatare:

- Non è vero che un farmacista non deve saper vendere (ma solo consigliare)";

- Non è vero che tutte le farmacie sono uguali;

- Non è vero che una farmacia deve avere tutto per tutti;

- Non è vero che il titolare deve sempre essere al banco;

- Non è vero che la farmacia deve assomigliare ad un market;

- Non è vero che le consulenze sono solo un costo;

- Non è vero che la farmacia per mantenersi deve essere vicina agli studi medici;

La proposta di un **nuovo approccio al business**, applicata il più delle volte ad operazioni di rinnovo della farmacia, ha portato la gran parte delle imprese seguite a raggiungere risultati oltre le aspettative, incrementando gli utili ben oltre la media nazionale. Gli stessi risultati, testimoniati anche su facebook da oltre 700 colleghi imprenditori di farmacia nel mondo, li potrai ottenere anche tu.

Realizzare una **farmacia professionale** invece che una commerciale, invece che un "piccolo supermarket della salute" che prova a scimmiottare la grande distribuzione, è oggi l'unica strada percorribile per dare continuità al passato e confermare il ruolo riconosciuto del farmacista come **ESPERTO consulente della salute di cui fidarsi**.

L'osservazione diretta di tante situazioni diverse, mi ha aiutato a comprendere caratteristiche ed errori ricorrenti nella gestione degli spazi, nella comunicazione, con lo staff, nell'organizzazione della gamma, delle promozioni, dei servizi e nei rapporti con la clientela.

In ogni esplorazione ho avuto modo di osservare il comportamento del consumatore in farmacia ed i farmacisti "sul campo".

Ad oggi ho partecipato attivamente alla realizzazione di più di 700 farmacie indipendenti e numerose catene di farmacie in 28 paesi al mondo maturando un'esperienza al fianco di farmacisti, imprenditori e manager.

Questo libro ha l'obiettivo di svelarti un nuovo approccio per consentirti di voltare pagina e realizzare una FARMACIA PROFESSIONALE DI SUCCESSO.

In queste pagine voglio aprire i files segreti che custodisco gelosamente nel mio computer e metterli a tua disposizione per consentirti di ottenere, da subito, risultati concreti.

E' arrivato il momento di partire. Andiamo?

Storia di un farmacista.
Essere NUMERO 1 OGGI in farmacia

Il dottor Simone, titolare di una nota ed importante farmacia milanese, attraversa frettoloso lo stand Sartoretto Verna™ a Cosmofarma, guardandosi attorno. Esce, poi nuovamente rientra e si blocca davanti alla reception esclamando: *"Vorrei parlare con l'architetto Luca Sartoretto Verna, ho delle importanti novità!"*

La nostra Claudia con un sorriso rassicurante sa metterlo a proprio agio: *"Benvenuto dottore! prego mi segua, la faccio accomodare. Luca, vedrà, si libererà presto. Posso intanto offrirle un caffè o una tisana biologica?"*

Simone posa a terra le tante buste, siede ed aspetta paziente con in mano il suo inseparabile iPhone diventato oramai l'amata e odiata guida, il consiglio ed il richiamo di ogni giorno. Controlla la posta, i social, le ultime notizie che lo incollano davanti allo schermo come un magnete per gran parte del tempo (ahimé poco) lasciato libero dal lavoro.

Nello stand, il suono rilassante dell'acqua proveniente dalla cascata vicino al "nutritional bar" ed il profumo di cedro del libano dagli alberi che delimitano la zona dedicata agli incontri improvvisamente lo riportano alla sua infanzia ed il pensiero si perde nel ricordo del nonno. Era stato proprio lui il primo, nel 1944, ad avviare la farmacia e segnare indelebilmente la sua gioventù ed oggi la sua vita. Da lui aveva imparato tanto. Pomeriggi interi passati in farmacia dopo la scuola ad inseguirlo negli interminabili passaggi dal bancone al laboratorio galenico. Tanti bei ricordi. Anche il cedro del libano era uno di questi... con quel legno profumato era costruita la custodia

dei sigari che il nonno si concedeva la domenica, a farmacia chiusa, nelle scampagnate all'aperto con tutta la famiglia.
Per il resto la sua grande passione era proprio la farmacia, tutta la sua vita, la viveva ogni giorno come una missione, quella di ascoltare la gente, aiutarla, consigliarla. Tanto sacrificio, ma tanta ricompensa, gli diceva: "*Il sorriso della gente ripaga di ogni sforzo. Ascolta i loro bisogni, prendi a cuore i loro problemi, avrai una ricompensa SEGRETA! riservata solo ai farmacisti. Se deciderai anche tu per questa strada vedrai, quando sarai più grande, avrai un premio di inestimabile valore*".

Lo raggiungo ai tavoli mentre assorto assaporava la sua tisana, il telefono era accanto a lui sul tavolo, SPENTO. Senza presentazioni inizia a raccontarsi, quasi ci conoscessimo già, quasi a sfogarsi. Io lo ascolto in silenzio: "*Circa 10 mesi fa, in un bar di Firenze, ho ascoltato casualmente la conversazione di due signore di mezza età che parlavano della loro farmacia, quella del quartiere, poteva essere quella di mio nonno, oggi la mia.
Chiacchieravano sul come era cambiata negli anni e le loro parole mi hanno colpito profondamente! Il farmacista - dicevano - è cambiato oggi, si è ridotto ad un semplice commerciante! Ci accoglie in ambienti anonimi, commerciali, aggressivi. Prodotti in offerta, cartelloni 3x2 ovunque e raramente un sorriso, vanno tutti di fretta!
Entrare in farmacia è diventata una tortura come la spesa nel fine settimana. Ho sentito dire che tra poco ci sarà la possibilità di spedire la ricetta comodamente da casa, in alcuni paesi dell'Europa già lo fanno. Una bella comodità!*".

"Lo sa?", continua Simone *"quella farmacia poteva essere la mia! Dal nonno ad oggi il tempo è passato velocemente. La farmacia del consiglio, nota agli abitanti del quartiere per la cura e la disponibilità del suo farmacista è diventata un'attività frenetica dove le persone entrano ed escono ogni giorno assorte nei loro pensieri. 700 ingressi giornalieri vanno gestiti con metodo e... negli anni siamo diventati una macchina, ma abbiamo perso di vista il cuore.*
Da mesi ormai ho notato che stiamo perdendo clienti. Ritenevo che fosse un fattore momentaneo dovuto alla crisi, alla stagionalità...
Ma ho capito che questa tendenza non si fermerà da sola, è figlia dei tempi.
La concorrenza aumenta, la vendita online e tra poco le catene.
Tutti offriamo le stesse cose, tutti rivendiamo i prodotti delle multinazionali. La competizione sarà sempre di più sul prezzo se non ci inventiamo qualcosa"

"Nella mia farmacia inoltre, si sorride poco, troppo poco. Forse non sono stato in grado di motivare il personale, forse sono io che ho perso le motivazioni... E' stata dura scegliere farmacia, volevo fare l'architetto, non è stato facile prendere i ritmi sempre uguali di questa attività. Dopo la laurea ero pure fuggito in America per un master.
Qualsiasi cosa per non chiudermi dentro le 4 mura.
Papà al tempo mi assecondò, d'altronde era lui che mi aveva convinto a scegliere farmacia: prendi la laurea e poi farai ciò che vuoi, mi disse.
Così feci, andai in America, presi un master in marketing ma decisi di ritornare in Italia 8 anni fa con mia moglie, con la convinzione di aver trovato la strada per costruire una carriera di successo. La mia.

Del mio ritorno papà fu felice a metà. Cosa sei tornato a fare! Oggi la farmacia è cambiata, non ha prospettiva ne futuro. Tornando indietro non ti avrei mai spinto ad iscriverti!!

Ma ho passato questi anni ad osservare i cambiamenti in atto nel mondo della farmacia, i clienti in farmacia, i cambiamenti sociali grazie a internet ed alla comunicazione ed oggi sono pronto a rimettermi in gioco per realizzare una farmacia dove le persone si sentono bene! Questo è ciò che voglio fare! Come vedi coincide perfettamente con la vostra MISSION architetto Luca, sono pronto a lavorare insieme a voi, a mettere il mio cuore in questa nuova avventura. Voglio riavvicinarmi alle idee del nonno, ma soprattutto alle persone.
Con questa premessa vendita online e catene di farmacie non mi fanno più paura".

Sono stati 30 minuti di emozionante ascolto a Cosmofarma, la storia di una farmacia, simile a quella di tanti farmacisti... Forse anche la TUA storia.
Ci siamo stretti forte la mano, salutandoci.

L'avventura inizia adesso Simone, è bellissima, vinceremo assieme.
Non vedo l'ora di raccontarvi il seguito...

ANNO ZERO

La Teoria degli Anelli
gestire il cambiamento in farmacia
di Guido Sartoretto Verna - presidente Sartoretto Verna srl

Mi rivolgo all'uomo-farmacista, che in questo momento della sua vita si trova a dover affrontare situazioni non previste ed a prendere decisioni che influenzeranno i risultati economici dei suoi prossimi anni. Situazioni aggravate dalla velocità in cui il mercato dopo decenni di immobilismo sta cambiando e scenari del tutto imprevisti si stanno delineando all'orizzonte.

Voglio farti un esempio figurato. Immaginiamo che la terra sia il tuo nucleo di partenza...

La tua è spesso una farmacia ereditata dal nonno o dal genitore, in un territorio conosciuto ed amico che ti ha spinto su orbite molto esterne. Un benessere sicuro, raggiunto su certezze consolidate: un terri-

torio protetto, una clientela fedele, una concorrenza ridotta e controllata, un fatturato quasi certo come una rendita.
Di colpo, come un brutto sogno, lo scenario è cambiato. Nuovi attori invadono il territorio oltre al contemporaneo ridimensionamento del farmaco rimborsato che non avrà più il trend positivo che ha avuto negli ultimi anni. Tutto questo ti condurrà a scelte importanti.

Le alternative sono due.

- PRIMA: si tenta di difendere le posizioni raggiunte, riducendo i costi, tagliando gli investimenti per compensare il minor fatturato e si accetta un ridimensionamento generale di prestigio, d'immagine. La farmacia ha meno spinta ed arretra all'anello inferiore, più vicino al nucleo d'origine;

- SECONDA: la farmacia accetta la sfida e prende le dovute contromisure. Conviene che in un mercato discontinuo come l'attuale, la flessibilità è più importante della solidità. Decide di aggredire con maggior convinzione il mercato;

Investe nuove risorse finanziarie per acquisire nuovi spazi, aumentare offerta e servizio, migliorare l'ascolto e la disponibilità verso i problemi del cliente.
Il nuovo carburante ha stabilizzato l'orbita dell'anello, ha retto l'urto del mercato e preparato le premesse per passare all'anello superiore.

La domanda non è quindi se credo nel futuro della farmacia ma: "Credo nel futuro di essere farmacista?"

I motivi per vedere positivo non mancano di certo, si pensi alla crescita della popolazione, all'aumento dell'età media, alla maggior attenzione per la salute e quindi per il benessere, ai nuovi servizi.

Dopo tanti anni di equilibri commerciali di non aggressione, il farmacista saprà sfoderare la grinta necessaria per gestire il cambiamento e non subirlo?

Ruoli importanti avranno l'informazione, la fantasia ed il proprio passato se costruito con professionalità.

La partita è come sempre per buona parte in mano al farmacista-manager.

Farmacie da incubo

La sanità pubblica non garantisce più la redditività del passato, sei demotivato.
Il sommarsi di fenomeni quali:

- lo sviluppo delle vendite di farmaci generici con la conseguente riduzione del fatturato SSN;
- la caduta di molti brevetti e la conseguente riduzione dei prezzi;
- le liberalizzazioni progressive a partire dall'introduzione degli sconti con Storace, le parafarmacie del governo Bersani, le nuove aperture del governo Monti e l'apertura ai capitali del governo Renzi;
- la vendita online;

sta cambiando rapidamente lo scenario... in senso negativo se ci focalizziamo sul mondo etico ma ESTREMAMENTE POSITIVO se associamo il ramo prevenzione e benessere e la diffusione di internet.

Non si vuole invecchiare, ma soprattutto tutti vogliono stare bene, essere più efficienti e produttivi.
SI STA DIFFONDENDO LA CULTURA DEL BENESSERE.

"Mi ritengo uno sportivo, amo stare all'aria aperta con la mia famiglia e passo il mio tempo libero con loro facendo sport in bicicletta o sulla neve.
E' facile notare l'aumento progressivo dell'età media tra gli sportivi: essere in forma è l'ambizione di tutti. Sempre di più c'informiamo sulla nostra salute, preveniamo, ci curiamo con l'obiettivo di vivere meglio assieme ai nostri cari. Le giornate passano sempre più veloci, tutti vogliono vivere in forma e felici il proprio tempo".

La farmacia italiana dal 2006 non è più la stessa e prima te ne renderai conto e te ne farai una ragione, senza vittimismi e rimpianti e meglio sarà per tutti.
Il mondo corre sempre più velocemente, non si spiega per quale motivo la tua farmacia ne sarebbe dovuta restare immune.

Voglio parlarti adesso da consumatore finale, da semplice cittadino che osserva e si tiene informato.

Il mio quartiere sta cambiando, la mia strada, i negozi sotto casa stanno cambiando. La vecchia pompa di benzina nello spiazzo aveva un piccolo spaccio che aveva iniziato tanti anni prima a dare il caffè per poi col tempo fare panini per i tanti operai delle imprese edili della zona.
Ora lo spaccio si è trasferito in uno spazio più grande

ed è diventato prima paninoteca e pasticceria-gelateria poi con l'apertura di un centro polisportivo e fitness anche pizzeria ristorante.

Intanto il distributore ha raccolto attorno a sé il gommista e l'elettrauto ed ha aperto un centro di auto lavaggio. Il chiosco dei giornali si è allargato ed è diventato edicola con vetrine per libri. E' sorto intanto un supermercato che ha preso il posto di un verduriere ed una panetteria.

E la farmacia?

E' sempre lì al suo posto, immutabile. 80 mq totali, due vetrine.
Si diceva che avesse acquistato i locali a fianco per ampliarsi e dare nuovi servizi, ma la cosa rientrò quando quei locali furono inaugurati dalla filiale di una banca.

La farmacia ha sì rinnovato, portando i 20 mq. di sala vendita a 50 e riducendo il deposito, ma fondamentalmente è rimasta vecchia dentro, nello spirito, nell'approccio coi problemi e le aspettative del cliente.

Gli espositori delle case, per mancanza di spazio, hanno via via occupato lo spazio che avrebbe dovuto essere del pubblico e dei servizi, creando un effetto bazar. La luce ed i colori scadenti per qualità e quantità hanno fatto il resto.

Il cliente avverte il disagio e ritirato il prodotto al banco, esce il più presto possibile.
Questa farmacia è già "preda" o vittima del mercato.

Tutto si sta muovendo per creare nuovi bisogni e soddisfarli, per proporre nuove alternative a quello che solo qualche tempo prima si dava per acquisito.

Si pensi solo allo slow-food in contrapposizione al fast-food, alle nuove tendenze dello slow marketing, i prodotti "no stress".
La parola d'ordine è "**entertainment**" ovvero intrattenere il cliente nel negozio il più a lungo possibile per farli passare momenti di relax, di curiosità, di piacere, di soddisfazione.

Cosa ha fatto la farmacia su questa strada? Poco o nulla. E' rimasta ancorata a modelli obsoleti vecchi di almeno 20 anni. Propone piani continui per esporre i prodotti con l'alibi del "discreto e sobrio" andando dritto nelle fauci della grande distribuzione, che non solo utilizza analoghi supporti espositivi ma con l'arma in più del visual merchandising e della comunicazione, perché ha cultura commerciale e spazio per farlo.

La farmacia il cui farmaco etico rappresenta oltre l'80% dei ricavi non esiste più, e' cambiato il mix di ricavi e per chi non è capace di re-inventarsi la situazione non è delle più rassicuranti.

Se è cambiato il mix di ricavi in favore del prodotto non etico, allora sarà necessario avere locali più grandi ed accoglienti e ripensare al ruolo del titolare che deve divenire sempre di più un imprenditore.

Se deciderai di continuare ad essere un professionista della salute in grado di soddisfare le esigenze della clientela, visto che le persone sono disposte ad investire in salute, il fatturato della tua farmacia non potrà che incrementare.

Diversamente, se sceglierai la via apparentemente più facile nel breve periodo, quella degli sconti, della farmacia commerciale e generalista, dei cartelli 3x2 e dei volantini delle offerte sui prodotti mass market delle multinazionali, non avrai futuro.

E' cambiato il cliente della farmacia, siamo cambiati tutti noi sempre più informati grazie ai media e sempre più consapevoli in tema di malattia e farmaci correlati grazie al web e Google.

Questa condizione impone un aumento delle conoscenze del personale addetto al banco per non creare danno di immagine alla farmacia, da qui l'esigenza di formazione pratica costante ed operativa.

Dovrai comprendere i nuovi bisogni della clientela e strutturarti per soddisfarli, meglio dei tuoi concorrenti. Tutto qui.

Poniti delle domande, falle al tuo pubblico! Ad esempio: *"a che orario vi farebbe comodo trovare aperta la farmacia?"*

Mettere al centro la persona è un valore. Gentilezza e disponibilità all'accoglienza e sorriso sono al primo posto: dovrai trovare le soluzioni alle necessità del pubblico (target), a cui deciderai di rivolgerti.

Dovrai creare costantemente iniziative per attirare clienti all'interno della farmacia. Gli ingressi sono uno degli indicatori della salute della tua attività.

I confini della farmacia si possono spingere ben oltre quelli della vetrina e seguire i clienti in molti aspetti della loro vita.

Se il cliente è sempre più mobile ed infedele per convincerlo a continuare a fare acquisti da te bisognerà aumentare l'offerta di reperibilità del farmaco, il servizio specializzato, l'ascolto, l'interazione, l'emozione, il consiglio professionale.
Bisognerà migliorare l'accoglienza, fare marketing professionale e molto più distaccato il prezzo. Queste sono solo alcune leve per fidelizzare.

Le opportunità di reperibilità del prodotto sul mercato **si stanno moltiplicando e non può che vincere la professionalità.**

Bisogna creare motivazioni per convincere il consumatore ad entrare in farmacia rinunciando alla comodità ed agli sconti del web.

Realizzare oggi una farmacia commerciale, orientata principalmente alle offerte sarebbe un grave errore. Ne abbiamo conferma dalla Francia, che ha anticipato molte delle rivoluzioni che oggi contraddistinguono il mercato della farmacia italiana cambiando drasticamente il mix dei ricavi.

I farmacisti francesi in difficoltà si sono guardati in giro e, nella ricerca di soluzioni, sono stati convinti dagli esperti del marketing delle multinazionali a trasformare la farmacia scimmiottando la grande distribuzione: hanno utilizzato principalmente la leva del prezzo come caratteristica distintiva e competitiva, comunicato 3x2 e sconti con cartelloni ben visibili già dalla vetrina e concentrato tutta l'offerta sui brand famosi.

La farmacie francesi, anche per queste scelte, sono oggi in grande difficoltà.
La concorrenza sul prezzo si è fatta talmente forte tra le farmacie, farmacie e parafarmacie, farmacie e GDO, che i margini si sono drasticamente ridotti provocando il fallimento di centinaia di farmacie (900 solo nel 2015) e innescando una spirale verso il ribasso a danno della categoria e della professionalità dei servizi offerti.

In Germania, per gli stessi motivi nel 2015 si è registrato un fallimento al giorno e fenomeni simili si stanno registrando in Inghilterra.

E' invece un dato di fatto che in Italia dal 2008, mentre gli italiani sono andati a caccia di offerte speciali e prezzi bassi, i prodotti farmaceutici in virtù delle loro promesse di benessere sono riusciti a spuntare prezzi relativamente alti anche per le referenze più semplici (*Fonte IMS Health*).

I rimedi venduti in farmacia sono percepiti come "prodotti speciali" che possono fare la differenza nella qualità della vita della persona che li assume e per i quali vale la pena di spendere.

La tendenza degli ultimi anni sul mercato italiano della farmacia vede un calo dei ricavi dai farmaci di fascia A compensata da un aumento della vendita dei prodotti parafarmaceutici (+23%) e farmaci a libera vendita (+11%)
Il successo futuro di una farmacia sarà grazie ad un

farmacista che saprà generare VALORE, ecco quindi l'importanza di una formazione di eccellenza.

Solo se il farmacista diverrà insostituibile per il suo cliente ci sarà per la sua attività un futuro sostenibile.

Questo approccio richiede investimenti ma viene generalmente ripagato. Senza investimenti non si fa niente. Se la farmacia è un'impresa, come tale dovrai imparare a gestirla.

Il comportamento del cliente in farmacia

Sarà sempre più necessario prenderti cura dei tuoi clienti per fronteggiare la concorrenza e puntare ad aumentare il fatturato proveniente dalla componente commerciale dell'attività.

Il cliente è il "Re"!
Quante volte l'hai sentito dire. In molti settori, quasi tutti, con l'eccezione delle farmacie.

Già perché in farmacia ancor oggi il sentimento di sudditanza è dei clienti nei confronti del "farmacista" che rappresenta, ed è nella sostanza, contemporaneamente il professionista e l'istituzione della sanità al quale il cliente si affida riconoscendogli una reputazione che non ha pari.

Se ciò è (ancora) vero, è altrettanto innegabile che

qualcosa stia cambiando nei rapporti tra clienti, farmaci e farmacie, anche e soprattutto in Italia.

Gli effetti della spending review sono sotto gli occhi di tutti e si possono sintetizzare per le farmacie in una consistente perdita di fatturato a valore per la componente di farmaco etico a parità di volume (pezzi venduti, ricette gestite).

La conseguenza è che le farmacie, per mantenere lo stesso profilo di redditività facendo fronte a una struttura di costi crescente a partire da quelli del lavoro (in particolare se si pensa ad un allungamento dell'orario di apertura e all'inserimento di servizi e varie professionalità), devono contemporaneamente difendere il livello di fatturato dell'etico ed incrementare la componente di fatturato "commerciale".

Conseguire il primo obiettivo significa difendere la quota di mercato nel proprio bacino territoriale e possibilmente attrarre nuovi clienti dentro e fuori dal bacino a discapito di altre farmacie.

È un cambiamento radicale, che sta portando le farmacie dall'essere indifferenziate e scelte dal cliente per la prossimità a cercare posizionamenti distintivi e ad essere quindi scelte per la superiorità della propria offerta (personale, prodotti e servizi).

Puntare al fatturato commerciale significa entrare in concorrenza con tutti gli altri canali, dalle parafarmacie alla grande distribuzione, passando per gli specialisti di ogni genere e tipo (profumerie, erboristerie, centri benessere, centri estetici, palestre e così via) andando a competere in aree dove la reputazione del farmacista, pur non diminuendo in sé, potrebbe però non essere un fattore determinate o l'unico di scelta del cliente.

Su entrambi i fronti dunque si assiste ad un **aumento della concorrenza**, il che sposta un po' di potere dalla parte del cliente che si evolve con l'ambiente imparando ad utilizzare le nuove forme d'offerta e contribuendo a modificarlo.

Le analisi condotte sui comportamenti dei clienti italiani, hanno rilevato tali cambiamenti in modo piuttosto evidente.

- Per quanto riguarda la concorrenza interna al canale si sta sempre più assistendo ad una riduzione dei clienti fedeli a una specifica farmacia dal 69% al 56%;

- per quanto concerne invece l'acquisto di prodotti commerciali (ovvero i clienti che non hanno acquistato unicamente prodotti da prescrizione nella loro visita alla farmacia) sono passati dal 31% al 42% e nello stesso tempo è aumentata la domanda di ampiezza dell'assortimento a fronte di una riduzione della profondità: segnali evidenti del fatto che la farmacia sta entrando in una sempre più chiara e aperta competizione multicanale. Competizione nella quale il farmacista può e deve utilizzare entrambi i fattori fondamentali del "retail specializzato": la consulenza professionale del personale e lo spazio espositivo.

- Se il peso del consiglio assume un valore sostanzialmente equivalente per l'acquisto di farmaci da automedicazione (27%) e per i prodotti parafarmaceutici (25%), per i secondi l'ambiente di vendita è assolutamente rilevante anche in farmacia (incidendo per il 38% sulle decisioni d'acquisto).

Le farmacie stanno imparando a gestire lo spazio così come i clienti stanno imparando, (più o meno rapidamente, sta alla farmacia educarli!), a muoversi a loro agio in farmacia. Un terzo di essi ricorda il materiale di comunicazione che ha visto in farmacia e l'esposizione del prodotto influenza sempre più la scelta della marca sia per l'automedicazione, sia per i parafarmaci.

Un cliente sempre più consapevole, ma sicuramente anche attento al valore dei propri acquisti. Valore che non si declina tuttavia unicamente nella ricerca di convenienza economica o nella prossimità, ma che è ricercato sempre di più in uno "shopping" attivo e coinvolgente: sotto il profilo "emozionale" e dal punto di vista del consiglio professionale.

Questo cliente in evoluzione fa parte di un contesto che alza il livello della sfida competitiva e che richiede alle farmacie, in un momento economicamente non facile anche dal punto di vista finanziario, di trovare risorse per fare investimenti nella gestione dello spazio a libero servizio, nella presenza di personale specializzato e in aree dedicate ai servizi di analisi.

Proprio i riscontri di chi ha fatto tali investimenti sono però incoraggianti: le farmacie che hanno investito in queste tre direzioni hanno conseguito performance migliori di quelle che hanno mantenuto un approccio più "tradizionale".

Il primo gruppo rispetto al secondo ha fatto rilevare, tra gli altri indicatori: una frequenza di visita superiore (3 contro 2 volte al mese), una fedeltà della clientela superiore dal 5% al 10%, uno scontrino medio superiore dal 20 al 25%.

Si profila in definitiva un cliente che, se da un lato ha più alternative e dimostra di possedere capacità di valutazione e consapevolezza derivanti dalla circolazione di informazioni sia sui prodotti sia sui luoghi d'acquisto, d'altra parte è anche sensibile alle proposte della farmacia e alle leve dell'in-store marketing.

Considerando che i consumi per i farmaci, prodotti e servizi per l'igiene e prodotti per la cura della persona sono tra i pochi che sono comunque cresciuti nel periodo di crisi 2007-2012 e che in tutti i comparti si sta riscontrando **un forte ritorno al commercio di vicinato a discapito dell'ipermercato e delle grandi aggregazioni commerciali**, la farmacia si trova teoricamente in una posizione di vantaggio per andare a soddisfare le richieste del "re-cliente".

Per farlo la farmacia deve, però, operare alcuni cambiamenti rilevanti nella proprio modo di proporsi e nelle proprie attività:

- deve aumentare la propria capacità di leggere ed analizzare la domanda;

- deve aumentare la concorrenza nel proprio bacino competitivo;

- deve investire nel personale (sia in termini di specializzazione, sia in termini di formazione e incentivazione alla gestione della relazione con i clienti);

- deve imparare a gestire lo spazio di vendita e di comunicazione del punto vendita.

Insomma deve **iniziare a fare marketing "professionale"**! ...facendo attenzione, in particolare per quel che riguarda l'ultimo punto, a non scivolare in modelli d'offerta clonati dal "mass market", perché non ci sono le dimensioni che consentono le economie di scala della grande distribuzione e soprattutto non è quello che il cliente vuole.

Se l'ecologia crea nuovi lavori, la globalizzazione è fonte d'inquietudine, i mezzi d'informazione cambiano i comportamenti delle persone che diventano più individualiste e hanno bisogno di maggiori garanzie, di conseguenza il cliente è cambiato molto negli ultimi anni.

Negli anni Novanta veniva conquistato principalmente dal prezzo dei prodotti offerti. Si spiega così l'esplosione dei supermercati, dei saldi, delle promozioni.

Anche oggi il prezzo riveste grande importanza, ma si sono verificati dei cambiamenti:

- il cliente non è più disposto ad acquistare prodotti che costano poco, ma che non rispondono esattamente ai suoi bisogni;

- la consulenza nella scelta del prodotto ha assunto un'importanza pari a quella del prezzo;

- la richiesta d'assistenza negli acquisti porta a una domanda crescente della distribuzione specializzata.

A questo si unisce una sorta di narcisismo del cliente, che vuole distinguersi dalla massa, affermare la sua individualità.
Il cliente vuole essere riconosciuto, rispettato; vuole acquistare un prodotto personalizzato. Tende a lasciare la distribuzione di massa e ricerca un rapporto one-to-one. Vuole che ci si occupi di lui, è diventato edonista.

La distribuzione si adegua. Queste tendenze sono evidenti in profumeria, nell'abbigliamento, nelle calzature.
Il cliente è più esigente, edonista e narcisista, vuole prodotti che gli assomiglino.

Cosa è accaduto in questi ultimi cinquant'anni?

- Nel periodo compreso tra la Seconda Guerra Mondiale e la metà degli anni Settanta, di fronte a un forte sviluppo economico il cliente scopre la società dei consumi;

- nel 1974 si verifica la prima crisi petrolifera, ma si continua a spendere e ad acquistare;

- nel 1983 esplode il fenomeno della disoccupazione e la gente comincia a preoccuparsi in merito alla sicurezza del lavoro. Si comincia a risparmiare e ad avere paura del futuro;

- nel 1991 scoppia la Guerra del Golfo e la società dei consumi si trasforma profondamente;

- nel 1998, con la ripresa economica, si ricomincia a consumare con rinnovato dinamismo, ma l'euforia è di breve durata;

- nel 2001 riprende la crisi e il tasso di disoccupazione ricomincia a salire.

I cambiamenti sociali determinano un nuovo modo di consumare.

Il cliente ha la sensazione di essere imbrogliato dalle imprese, dall'aumento artificiale dei prezzi, dalle innovazioni fasulle, dalla vendita forzata, dalla pubblicità menzognera.
Sviluppa, di conseguenza, senso critico e reclama garanzie sempre maggiori sui prodotti che gli sono offerti.
Pretende garanzia e sicurezza.

Uno studio condotto in Francia nel 1999 afferma che il 64% dei clienti non ha fiducia negli iper e nei supermercati. Il grande amore è finito.
Si continua ad acquistare in queste strutture di distribuzione, ma con numerose riserve.

Sono i cambiamenti sociali a determinare un nuovo modo di consumare:

- l'allungamento della speranza di vita si riflette sulla vita individuale ma anche su quella collettiva;

- la salute è diventata fonte di preoccupazione in tutta la società. La ricerca del benessere e dell'armonia è un valore essenziale nella vita personale e anche in quella professionale: oggi è necessario avere una salute di ferro per rispondere alle esigenze dell'impresa moderna;

- l'insicurezza si presenta sotto varie forme: sanitario-alimentare (mucca pazza, polli da diossina, sostanze geneticamente modificate), personale (delinquenza, guerre ecc.).

- Dall'impotenza a livello politico-istituzionale (scandali finanziari, fusioni e acquisizioni, disoccupazione di massa) consegue una perdita di fiducia dei salariati nei confronti dei dirigenti delle aziende in cui lavorano. L'insicurezza crescente ha una conseguenza diretta sul cliente, che è diventato un individuo stressato e pauroso, che desidera essere rassicurato;

- informazione e comunicazione possono accrescere le insicurezze del cittadino. I mezzi d'informazione, alla ricerca dello scoop, esagerano e accrescono stress e paura. Internet cambia il modo di consumare, è lo strumento di una civiltà nuova nella cultura, nella pubblicità e, in particolare nel commercio. I tassi d'incremento dell'e-commerce appaiono enormi. L' e-commerce e la vendita per corrispondenza in genere rappresentano un concorrente indiretto per le farmacie. Per corrispondenza si acquistano piccola ortopedia, misuratori di pressione, fasce e cerotti, medicinali OTC e prodotti parafarmaceutici. Questo commercio aumenta vertiginosamente. Internet è un collegamento a livello mondiale. Si può acquistare un prodotto in qualsiasi paese, in Belgio, in Svizzera, in Germania, negli Stati Uniti. Si possono acquistare sostanze la cui vendita, per esempio è proibita nello stato in cui si vive. Dato che manca una giurisprudenza a livello della distribuzione, queste sostanze, compresi i medicinali d'uso domestico, possono circolare senza ostacoli.

Bisogna riflettere e trovare una risposta. La concorrenza obbliga a fare di meglio.

Il tempo libero ha assunto un ruolo più importante di quello delle ore lavorative e si carica d'angoscia e stress.

La televisione offre quotidianamente immagini di dolore. Una volta si veniva a conoscenza di disgrazie o calamità che colpivano la regione di appartenenza. Oggi, entrano nelle case notizie sulle catastrofi che avvengono sull'intero pianeta: vissute in tempo reale, modificano il morale dei cittadini e si riflettono sul comportamento dei clienti.

Il cliente cerca di dimenticare.
Gli osservatori affermano: "Si esce dalla società del consumo per entrare in quella della consolazione".
Si compra per dimenticare.
La crescita percentuale della **popolazione senior**

provoca un aumento costante della domanda di beni e servizi. Questa parte della popolazione assume un'importanza sempre maggiore rappresenta il 50% della clientela per le imprese che operano nel settore dello svago e del divertimento.

Il potere d'acquisto dei senior è di gran lunga superiore a quello che avevano negli anni Sessanta, come lo è la loro determinazione al consumo rispetto a quarant'anni fa: sono, oggigiorno, persone piene di vita, che non restano chiuse in casa ma viaggiano, si vestono, vogliono restare giovani e dunque spendono.

Negli Stati Uniti, già da una quindicina di anni si è capito che questo settore della popolazione avrebbe potuto trasformarsi in una miniera d'oro.

I commercianti intelligenti hanno installato nei loro negozi una segnaletica che tiene conto della presbiopia, tipica delle persone di una certa età. COSA STAI ASPETTANDO A FARLO NELLA TUA FARMACIA?

Questa fetta della popolazione è legata a valori della tradizione, sicurezza, garanzia e ha una caratteristica molto importante: diventa fedele, quando trova chi risponde alle sue attese in termini di onestà, garanzie e buoni consigli.

I senior, a differenza dei giovani, non amano passare da un negozio all'altro.

Come rispondere alle attese dei clienti

In Francia, gli acquisti di medicinali non rimborsabili rappresentavano l'1.5% delle spese domestiche negli anni Settanta, mentre nel 2000 sono saliti al 2.8%.

Secondo uno studio realizzato negli anni settanta, la stragrande maggioranza dei francesi attribuiva la responsabilità della propria salute al medico e ai medicinali.
Un'inchiesta, condotta tra il 1995 e il 1998, afferma che per il 72% dei Francesi la salute dipendeva innanzitutto dalla loro diretta e personale attenzione al problema.

La formazione proveniente dal mondo della medicina ha creato una nuova coscienza tra la popolazione. Il cliente sa che è responsabile della sua condizione.
Questa condizione ha cambiato anche il modo di vedere la farmacia. Ieri era considerata un luogo di incontro di malati; vi si andava con una prescrizione

e ci si limitava ad acquistare i farmaci indicati.
La FARMACIA oggi è un luogo frequentato da persone sane, che vogliono restare tali.

Il FARMACISTA diviene la persona che aiuta a prevenire le malattie ed elimina la necessità dell'intervento del medico.

La nascita di questa nuova figura di farmacista è legata anche all'importanza crescente delle spese sanitarie. L'assistenza sanitaria pubblica taglia le spese e aumenta la quantità di denaro che il cliente deve spendere. Si viene ad avere un'assistenza sanitaria a due velocità: una per quelli che possono permettersi le assicurazioni e le mutue private e un'altra per i meno abbienti.
Il farmacista deve sapersi confrontare con questa situazione, offrendo la sua disponibilità quando il cliente si trova a disagio.

Il consumo degli alimenti provenienti dall'agricoltura biologica è cresciuto del 30%, contro il 4% dell'agro-industria convenzionale. Il **mercato bio** detiene solo una piccola percentuale del mercato alimentare complessivo, ma l'insicurezza e la paura diffuse tra i clienti spingono ad acquistare prodotti bio, anche quando i prezzi sono di gran lunga superiori a quelli dei prodotti convenzionali. Il biologico è un overdrive del mercato.

Il cliente chiede prodotti dermocosmetici naturali e controllati. In occasione di una recente inchiesta, alla domanda "che prodotti mettete sul viso, sulla vostra pelle?", il 78% delle donne interrogate ha risposto "prodotti naturali. A base di piante e prodotti controllati dal dermatologo".

Non bisogna fare economia di spiegazioni con la clientela. I clienti ricevono informazioni dal web, dalla televisione, dalle riviste, ma spesso sono parziali, incomplete.

Il cliente vuole essere aiutato nella scelta. Ha bisogno di un'informazione PRECISA.
I clienti, in genere, non ritengono di alcuna utilità le informazioni contenute nei foglietti illustrativi che non sono chiari e utilizzano termini di difficile comprensione. I clienti preferiscono le spiegazioni dirette fornite dal farmacista, che è obbligato a non deludere per poter rimanere punto di riferimento e quindi dovrà specializzarsi sempre di più.

Il 50% dei francesi è convinto di essere male informato. **Una prima risposta è fornire una comunicazione chiara e semplice nelle vetrine, nei prodotti, nella documentazione, nella segnaletica, nelle promozioni ma SOPRATTUTTO NEL LINGUAGGIO CHE DEVE ESSERE FACILE PER ESSERE CAPITO.**

Se hai compreso che la sicurezza è una rivendicazione prioritaria dovrai allora proporre prodotti autentici, naturali, biologici, ecologici.

Si reclama maggiore competenza da parte del distributore. E' la "conditio sine qua non" per innovare in modo corretto, per comprendere i bisogni dei clienti e portare soluzioni in termini di prodotti e servizi, per entrare in relazione con il cliente a livello quasi individuale...

Un nuovo modello di consumo

S'individua un'inversione di tendenza che ha un segno negativo nei confronti di ipermercati e supermercati, delle grandi superfici, e che è favorevole alla piccola superficie e al ritorno a una dimensione umana.

Il cliente chiede prodotti e servizi su misura, intimità nel rapporto commerciale, presa in carico personalizzata, marketing one-to-one.

Non si può più chiedere al cliente di fare la coda, di aspettare il suo turno per poi servirlo in modo sbrigativo: questo tipo di rapporto tra cliente e farmacista è terminato.

La farmacia è al centro di questo genere di problematica. In genere, è una piccola superficie, dove sarebbe sufficiente rivedere un po' la concezione e adattarsi ai bisogni del cliente.

I senior sono un nuovo Eldorado. Se ci si dimentica di loro, si sacrifica il 20-30% del fatturato. Nel campo della bellezza, in dermocosmetica, il 48.5% dei prodotti per le cure del corpo è acquistato dalla clientela senior, cui si devono poter offrire comfort, comodità, convivialità ecc.

Il rapporto qualità/prezzo è rimpiazzato dal rapporto valore/costo.

In altri termini, è necessario giustificare il prezzo di un prodotto in rapporto ai benefici che apporta. Il cliente non guarda in primo luogo al prezzo, ma ai risultati che il prodotto garantisce; non vuole spendere poco ma inutilmente. Il cliente vuole poter difendere la spesa che ha sostenuto sulla base dei benefici che questa gli ha arrecato.

Se la società del consumo tende a divenire la società della consolazione **sarà necessario animare, dare fascino alla quotidianità**. La farmacia deve cessare di essere un luogo triste, dipinto con colori troppo seri, i cui ambienti e le cui strutture sono sempre così simili tra loro. Si deve dinamizzare.

Se il vostro negozio è sempre lo stesso e non presenta mai delle novità, l'atteggiamento del cliente rimane immutato: entra, compra, paga e se ne va. E' importante animare la farmacia.

Le aspettative **ecologiche** diventano sempre più pressanti: il rispetto della natura e dell'ambiente, i prodotti biologici e, ancora, i contenuti umanitari.

Nella vendita il messaggio umanitario assume una valenza sempre più efficace.
Non è un caso che molti marchi riservino una percentuale del prezzo di vendita ad azioni umanitarie. Il cliente acquista volentieri, dicendo a se stesso: "Compro, consumo e compio una buona azione".

Un'altra apertura verso clienti vecchi e nuovi è rappresentata dai test e dalla prevenzione, ancora poco sviluppata.
Il cliente chiede che in farmacia non si parli che della sua salute.

Se vuoi costruire un'impresa sostenibile dovrai trovare tutti i modi per fornirgli informazioni specialistiche per far fronte ai suoi problemi.

Che la nuova farmacia italiana abbia inizio!

BONUS#1

Se vuoi approfondire il tema de "L'analisi del comportamento del cliente in farmacia", iscriviti al gruppo riservato ai titolari di farmacia tramite il link:

www.facebook.com/groups/farmaciavincente

Potrai subito scaricare il **QUESTIONARIO ALLA CLIENTELA**, un prezioso strumento che ti permetterà di conoscere meglio il TUO cliente ed iniziare a pianificare immediatamente la tua nuova strategia. Potrai inoltre unirti alla comunità di centinaia di titolari farmacisti che ogni giorno si scambiano consigli su come migliorare le vendite della propria attività ed avere più ore libere.

Ti aspettiamo sul nostro gruppo "Farmacia Vincente", su Facebook!

Ascolta tuo figlio, stai perdendo clienti!

Probabilmente non sei interessato a far crescere ulteriormente la tua farmacia. *"Chi me lo fa fare"*, ti ripeti e ripeti a tuo figlio *"Negli anni d'oro ho guadagnato molti soldi, comprato diversi immobili e ancora oggi la mia farmacia è sana e va bene, il fatturato è leggermente in aumento! Sicuramente potrei fare di più, ma ho raggiunto degli equilibri e tutto ciò implicherebbe nuove energie ed investimenti.*
IO HO PERSO LE MOTIVAZIONI, *la passione,* **nella farmacia non ci credo più**, *se vorrà ci penserà mio figlio!!"*.

Se questo è il tuo pensiero, lascia in pace tuo figlio, i suoi sogni e le sue ambizioni. Lui fa parte del cambiamento e, se saprà interpretarlo, ha una grande occasione per realizzare la propria carriera.
Non mettergli paura, non ha bisogno delle tue ansie

e pessimismo, di chi ha visto tempi migliori, ha solo bisogno di spazio e fiducia.

Gli hai "suggerito" la facoltà di farmacia, probabilmente privandolo della libertà di seguire i propri sogni ed ambizioni. *"E' l'attività di famiglia, una sicurezza per il tuo futuro, scegli farmacia ed avrai sempre la possibilità di coltivare le tue passioni, ti darò una mano io"*.

Con questa promessa, a volte a seguito di notevoli contrasti, tuo figlio è diventato farmacista, ha portato avanti una facoltà di cui non era inizialmente convinto, tanta chimica, poco cuore, attratto dalla prospettiva di una vita "più comoda".

Ora che è al tuo fianco gli ripeti ogni giorno che se fossi tornato indietro non gli avresti consigliato questa direzione, la farmacia non è più la stessa di un tempo. Continui a riempirlo di timori per il suo futuro. **TI SEMBRA GIUSTO?!**

A te, mamma o papà titolari di farmacia dico di ascoltarlo oggi con attenzione: sarà la sua energia, incoscienza ed inesperienza a dare una nuova alba alla vostra attività!

Girando per le strade e parlando con tanti titolari, riscontro come il veloce cambiamento delle abitudini delle persone non è stato ancora percepito dalle farmacie. Si vive sempre di più 24 ore su 24, 7 giorni su 7 ma le farmacie continuano a mantenere i propri orari, la propria offerta, lo stesso approccio.
Il pubblico ha completamente cambiato il proprio modo di reperire informazioni e prodotti, ma la pro-

posta della farmacia è la stessa di 30 anni fa.

STAI PERDENDO CLIENTI!
Non ti risulta? Ti spiego perché.

Mi capita spesso di raccogliere le confessioni dei farmacisti ed una diffusa riguarda il rendimento degli ultimi anni: *"Le confesso architetto che con i colleghi partecipo alle lamentele del periodo ma in realtà la nostra farmacia, anche se di poco, è sempre cresciuta come fatturato"*.

Questa convinzione largamente diffusa ha ulteriormente limitato il cambiamento in farmacia richiesto prima di tutto dai consumatori. La reazione del titolare ad un periodo di crisi è stata ancora una volta l'immobilismo: aspettiamo tempi migliori! Questa tendenza ad aspettare è conseguenza dell'incapacità diffusa di imboccare una nuova strada, a costo certo di sbagliare e di perdere, ma forte di averci creduto e di averla presa.

L'impresa, e ben venga l'impresa in farmacia, è rischio, investimento, delusioni che ci fanno più forti, battaglie che ci rendono più duri, vittorie che ci rendono fieri, uniti in famiglia come con i nostri collaboratori, motivati, che ci fanno amare il nostro lavoro.

Avete perso la passione? Sfidatevi!

Sono queste le sensazioni che vuole provare tuo figlio, sono questi gli "errori" che ti chiede di poter commettere.
Non c'è nulla di male in questo ed è forse l'occasione giusta per invertire una tendenza che, anche se non

lo stai ancora percependo, inesorabile spazzerà via ogni attività che la ignorerà: parliamo dei bisogni della gente e delle necessita di un cliente che oggi comanda incontrastato il mercato.

Il tuo cliente oggi sta cambiando grazie all'utilizzo dei media, oggi trova gran parte delle informazioni nella rete. Tuo figlio (forse anche tu), conosce bene Facebook ed i blog, compra su Amazon ed Ebay, prenota i suoi viaggi su Expedia e Booking... **confrontati con lui.**

Chiedigli come pensa di poter rendere migliore la vita dei vostri clienti anche grazie ai media e di convincerli nel futuro a fare ancora acquisti in farmacia. Sono certo inizierete a condividere una NUOVA idea, assieme.
Si può sempre provare no?

Ieri pomeriggio verso le 15 ho attraversato Roma assieme a mio figlio per accompagnarlo ad una partita di calcio. Quartieri immensi, Tuscolano, Tiburtino, Quadraro. Palazzi alti, tanto traffico e tante persone in giro per le strade piene di vita, di negozi, di bar e ristoranti, librerie e abbigliamento.
La città è viva, ma le farmacie aprono ancora alle 16 (salvo rari casi), 5 giorni a settimana come 30 anni fa.

Non è data una terza opzione

Mi rivolgo a:

- i figli di titolari che oggi più che mai sentono le responsabilità e la paura di fare delle scelte e sbagliare;

- i farmacisti insoddisfatti che avrebbero voluto fare altro ma oggi lavorano in farmacia come i genitori;

- coloro che si sentono maltrattati da un sistema che gli ha trasformati in un "passafarmaco dell'industria";

- tutti quelli che sentono di essere stati per anni sfruttati da chi li considerava come "polli da spennare";

- quelli che sono pronti a voltare pagina ma non sanno come fare;

- coloro che si sentono oppressi da chi gli vuole insegnare e gli dice che non sanno fare nulla, che tutto è cambiato e che il fallimento della loro attività è alle porte;

- chi, come me, crede fermamente nel futuro della farmacia, convinto che il cambiamento sarà una grande occasione.

A tutti voi sono vicino perché credo di conoscere cosa state provando. So che non è facile, ma è il momento di reagire e riprendersi in mano la propria attività ed il proprio futuro **facendo impresa** in quanto NON E' DATA UNA TERZA OPZIONE.

L'accettazione del rischio

Il farmacista italiano si trova di fronte ad un bivio:

1. continuare a fare il farmacista alla vecchia maniera (fino a che morte non ci separi!),

2. o diventare un imprenditore a 360°.

La premessa della seconda via è che l'imprenditore dovrà prendersi ulteriori rischi in quanto sta proprio in questo la differenza con il dipendente. E' proprio il rischiare che, quando si ha ragione, giustifica il guadagno di una cifra alta. Non si può nel 2016 pensare di fare impresa senza rischiare.

Da figlio e nipote "d'arte", capisco chi vive con l'ansia di non essere all'altezza dei predecessori. Con la crisi che morde le aziende è facile bloccarsi col terrore di fare qualsiasi cosa.

Perché... se si agisce, e si sbaglia, tutta la famiglia, la società, gli amici e persino i concorrenti ti guarderanno con compassione facendo la comparazione con i parenti di successo.

Oggi il rischio più alto è quello di stare fermi. E' arrivato quindi il momento di assumersi le proprie responsabilità e superare le proprie paure, **è arrivato il momento di prendere il controllo della propria vita.**

C'è stato un periodo d'oro in cui non serviva fare tanto per avere risultati. La gente non poteva andare su internet e privilegiava la raggiungibilità. Anche questo aspetto premiava le farmacie, esercizi di vicinato.

Oggi il libero mercato ed internet stanno modificando gli equilibri velocemente. Il cliente s'informa costantemente e sceglie, si confronta, si sposta, acquista a distanza con un click.

Nonostante tutto questo si presenta oggi una grande occasione per la farmacia italiana, quella di occupare uno spazio ancora vuoto sul mercato: la prevenzione, il benessere ed il desiderio crescente di salute di un cliente sempre più informato e attento.

E' la svolta per chi stava stretto dietro al bancone ed oggi ha l'occasione di mettere alla prova tutte le proprie abilità!

Una nuova proposta

Più le nostre vite diventano virtuali, più abbiamo bisogno di contatto fisico.

Mi aspetto che la farmacia sappia interpretare le nuove esigenze sempre più diffuse della clientela.

Abbiamo bisogno di riscoprire i nostri sensi, i nostri valori, le nostre emozioni.

Gli spazi, per convincerci a fare acquisti, dovranno sempre più essere luoghi di esplorazione, che interpretano i bisogni della gente, della famiglia, che intrattengono e danno energia positiva.

Il farmacista dovrà quindi sempre di più proporre, trovare clienti e risolvergli i problemi, farli stare bene. In sintesi saper... VENDERE (imparando e applicando le tecniche del marketing professionale in farmacia).

Marketing professionale in farmacia

"Marketing professionale" significa fare impresa in farmacia senza trasformarla in un supermercato.

Negli ultimi anni ho visto tante farmacie orientarsi verso un'immagine simile a quella della GDO con la convinzione che in questo modo si sarebbero potuti ottenere ottimi risultati.
L'esempio fallimentare delle farmacie Francesi che

per prime hanno adottato questo modello e l'attuale crisi della grande distribuzione, sono ragioni sufficienti per comprendere che non si possono semplicemente abbassare i prezzi per pensare di sbaragliare la concorrenza.

L'unica alternativa possibile oggi è scegliersi una una nicchia di mercato e lavorare su di questa.

Fuggi inoltre dalla tentazione di allargare la gamma di prodotti con l'idea che "*più prodotti offro e più gente attiro*".

Fuggi da tutti gli esperti che, imparato l'esempio dalla GDO, pensano di applicarlo fotocopiato alla farmacia italiana. NON FUNZIONERÀ! **Fare marketing professionale in farmacia significa rivolgersi ad un target specifico con un'idea differenziante per realizzare una nuova proposta.**

Il web inoltre potrà aiutarti a captare meglio tutte le informazioni utili per stabilire il tuo target di clienti e a raggiungerlo, limitando i rischi. Ti aiuterà a posizionarti come scelta preferita nella mente di una nicchia di clienti prima che lo faccia la concorrenza.

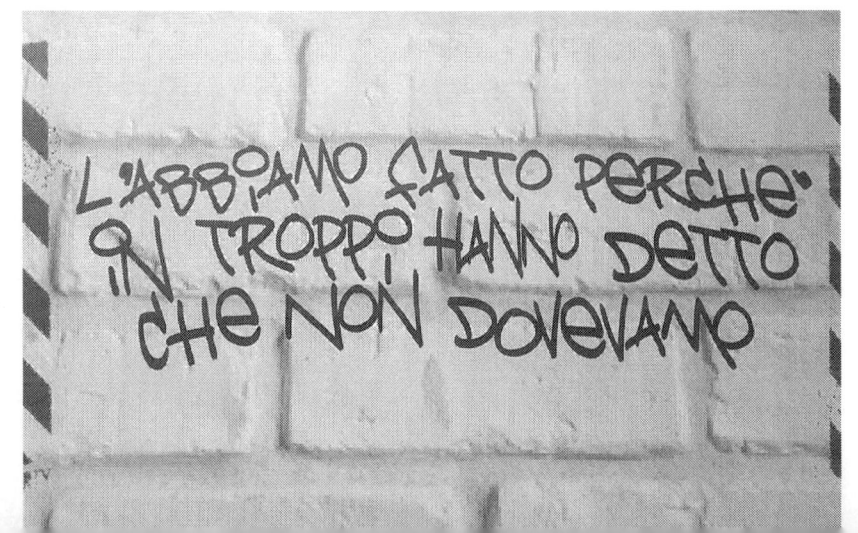

Pensa fuori dagli schemi
(Think out of the box)!

Prendi in mano le redini della tua vita professionale senza accampare scuse. Le idee di successo sono là fuori, ti basta cercarle e guardarle con mente aperta.

Se il tuo preciso dovere è semplicemente far comprare un determinato prodotto e/o servizio ai clienti per aiutarli a migliorare la propria vita dovrai continuare a far questo anche nel futuro ma con la capacità di selezionare, attrarre e lavorare con un target specifico di clienti sensibili alla tua proposta specifica.

Se la tua attuale strategia sul mercato non funziona devi cambiare strategia! Solo allora potrai valutare le offerte che ti verranno rivolte.

Come si giudica un arredo o un progetto per una farmacia senza avere in testa quali obiettivi si vogliono raggiungere?

Questo ragionamento dovrà riguardare ogni aspetto della tua attività: che tipo di farmacia voglio fare, a chi la voglio rivolgere, che immagine quindi avrà' che servizi offrirà, ecc.

Tutto ciò è possibile, avere oggi successo in farmacia è possibile, oggi più di ieri aggiungo, perché dipende solo da te. Dovrai volerlo ed essere disposto al confronto, condividendo idee, esperienze ed energie e **avrai bisogno di una squadra agguerrita per costruire una farmacia vincente.**

L'incubo delle catene (di farmacie)

Il Disegno Di Legge Concorrenza segna l'ingresso del capitale in farmacia.

E' un momento cruciale perché significa l'ingresso di un nuovo spietato concorrente: LE CATENE DI FARMACIE.
L'arrivo delle catene di farmacie fa paura perché:

- Si temono farmacie più competitive sul prezzo

- Si temono farmacie concorrenti più forti e strutturate in grado di:
    - riorganizzare e modernizzare il punto vendita;
    - migliorare la comunicazione dentro e fuori il punto vendita;
    - sviluppare e far funzionare consulenze e servizi;
    - fidelizzare meglio la clientela;

- darsi delle regole;
- ottimizzare i processi di vendita;
- formare il personale;

- Si teme una concorrenza che sappia usufruire di grandi risparmi per logiche di scala:
    - sugli acquisti;
    - sul personale;
    - sul marketing;

PIU' IN GENERALE, le cose che NON si conoscono fanno paura, i titolari italiani non sono abituati a competere (non è una tragedia!!), ci si sente piccoli e indifesi di fronte alle grandi organizzazioni...

Insomma, l'arrivo della GDO ha fatto chiudere gli alimentari, l'arrivo delle catene di farmacia farà chiudere le farmacie! Questo è un rischio concreto!!

Sono mesi che sento parlare i farmacisti di questo nuovo pericolo... *"la fine si avvicina, mi dicono, questa volta siamo fritti!!"*

Ci risiamo, dico io e penso: questo è ciò che rimane della categoria? Non ci credete più ...o è solo PAURA?

E se invece fossimo in un momento eccezionale per la farmacia italiana, un momento ricco di opportunità, di quelli che *"... se fossi nato in quegli anni allora sì che avrei fatto i soldi veri e svoltato la mia carriera e la mia vita!!"*.

Oggi ti spiegherò una teoria poco nota che potrà trasformare il tuo incubo in un sogno.

SAM WALTON, fondatore e proprietario della più grande catena al mondo, l'americana WAL-MART diceva:
"*I commercianti indipendenti probabilmente devono ripensare ai loro programmi di merchandising, di pubblicità e promozione una volta che un discount arriva sul mercato.*
Hanno bisogno di evitare di competere e fare quello che sanno fare meglio di come noi lo facciamo. Non ha alcun senso cercare di sotto quotare i prodotti di Wal-Mart, per esempio, su qualcosa come un dentifricio. Non è quello che il cliente sta cercando in un piccolo negozio. Comunque la maggior parte degli indipendenti è meglio, credo, che facciano quello di cui sono stato fiero per anni quando lavoravo come un commesso: **uscire dal balcone ed incontrare e soddisfare ad uno ad uno i clienti.**
Fate loro sapere quanto li apprezzate! *e poi fate suonare il registratore di cassa...*"

La strategia delle catene di farmacie

Negli ultimi 10 anni ho avuto l'opportunità di collaborare con catene di farmacie piccole, sotto i 20 punti vendita, medie e grosse oltre i 1000 punti vendita.

Mi sono confrontato con gli amministratori delegati, i manager dei diversi reparti (acquisti, sicurezza, merchandising, ecc.), i farmacisti collaboratori e gli altri membri dello staff dei punti vendita.

Ho osservato i loro negozi ed il loro pubblico, ho compreso le loro strategie ed ambizioni, ho analizzato la loro offerta ed il modo di promuoverla capendo una fondamentale caratteristica che accomuna tutte le catene di farmacie rendendole completamente diverse e non sovrapponibili alle farmacie indipendenti: si rivolgono al mercato di massa (MASS MARKET).

Diversamente da quanto accade nei territori in cui le catene di farmacie sono nate e si sono diffuse (USA, CANADA, MESSICO, RUSSIA, CINA, ecc), in gran parte dell'Europa e nello specifico in Italia, l'ingresso delle catene di farmacie significherà prima di tutto la necessità di comprarle.

Le società che vorranno entrare nel mercato dovranno per forza acquistare le farmacie da chi ce l'ha già e quindi il prezzo lieviterà. Le future "catene" dovranno comprarsi le esistenti che quindi aumenteranno esponenzialmente di prezzo e valore aggiungendo loro un costo superiore in entrata che inevitabilmente si scaricherà sui prezzi al consumo, limitando quello che potrebbe essere l'indubbio beneficio collettivo dalle "catene" ossia la riduzione dei prezzi al pubblico.

Il provvedimento consente sì di realizzare grandi catene di farmacie, che saranno però gestite da dipendenti.

La nuova legge rappresenta invece la libertà per il farmacista che potrà decidere di restare indipendente o di crearsi esso stesso una catena. Potrà altresì aggregarsi ad altre catene o creare nuove forme di alleanza.

Il fallimento della grande distribuzione, l'arrivo dell'e-commerce

Quando si parla di supermercati, non si può non ricordare la storia di Walmart, numero uno mondiale della grande distribuzione, 1 milione e 400 mila dipendenti negli Stati Uniti e vendite per 476 miliardi di dollari, pari a circa un quarto del PIL italiano.

Un gigante che è andato avanti per più di 50 anni come un carro armato e che all'improvviso, davanti ai colossi e-commerce, ha cominciato a tremare.
Appena qualche giorno fa infatti Walmart ha annunciato ai mercati che gli utili nel 2016 resteranno fermi ai livelli di quest'anno, mentre nel 2017 potrebbero scendere tra il 6 e il 12%.

È bastata questa notizia per far crollare il titolo a *Wall Street* del 10% in una sola seduta, il calo giornaliero più forte dal 1988, quando Sam era ormai all'apice del successo e fu nominato da *Forbes* l'uomo più ricco d'America per la sesta volta consecutiva.

"*Ogni anno che passa per Walmart diventa sempre più difficile competere con Amazon*", ha scritto di recente il *New York Times* facendo un esempio esemplificativo: "*Nel 1999 Amazon era una società appena nata con un fatturato annuo di 1,6 miliardi di dollari contro i 138 di Walmart.*
L'anno scorso il fatturato di Amazon è stato 54 volte quello del '99, quasi tutto proveniente da vendite online.
Il fatturato di Walmart è più o meno tre volte quello di quindici anni fa (486 miliardi) e solo il 2,5% viene dall'online".

Gli investitori, in questa guerra tra Golia, hanno già incoronato il vincitore: nel mese di luglio il valore di Borsa di Amazon ha superato per la prima volta quello di Walmart ed ora è sopra di ben 75 miliardi di dollari. Un caso emblematico, perché anche fuori dai confini a stelle e strisce, la cosiddetta GDO (grande distribuzione organizzata) ha iniziato già da tempo a mostrare segni di cedimento.

Anche in Italia Amazon non ha perso tempo e da quest'estate ha cominciato a vendere alimentari a lunga conservazione e prodotti per la cura della casa, attualmente in beta la vendita di prodotti di cura e benessere per la persona.

I colossi della GDO invece hanno dovuto guardare in faccia la realtà: i consumi sono i più bassi dagli anni'90. Lo sanno bene i principali gruppi della GDO: Coop, Conad, Selex, Esselunga, Auchan e Carrefour che stanno rivedendo le loro strategie di business alla luce dei nuovi competitor come i colossi internet e gli operatori specializzati che in Italia sono passati da una quota di mercato dell'8,4% del 1998 all'11,9% del primo semestre del 2015.

Ma non solo, perché in questa lotta del carrello, si sono affacciati sul mercato anche altri operatori specializzati come Eataly contro cui, non a caso, si è più volte esposto il patron dell'Esselunga Bernardo Caprotti. "*Lui*"- ha detto riferendosi a Oscar Farinetti - "è l'uomo che sa tutto, viene qui a Milano e ci insegna cos'è il food. Vendeva frigoriferi e televisori, ma ora è un grande esperto, è l'oracolo. È un chiacchierone formidabile".

Un caso, quello di **Eataly**, studiato nei manuali di marketing perché ha saputo "emozionalizzare" quello che la gente ha ormai poca voglia e tempo di fare: la SPESA.

Limitando i costi con la scelta di pochi punti vendita (26 in tutto il mondo), alzando la qualità, concentrando tutto nello stesso luogo: spesa, ristorante, piacere (con musica, incontri e concerti).

HO UNA DIVERSA VISIONE DELLA FARMACIA. Più vera e riconoscibile, con un'immagine coerente al ruolo del professionista che ha nella farmacia la sua sede. Quindi con un aspetto diverso da quello della grande distribuzione.

La farmacia italiana, negli anni della crisi è stata circondata da presunti esperti di marketing e comunicazione provenienti dalla GDO. Aziende che volevano trasferire l'esperienza della GDO nella farmacia italiana.
Tutto questo avviene quando la grande distribuzione sta fallendo. Quando il 3x2 sta fallendo, quando la comunicazione commerciale sta fallendo ed i consumatori si sono stufati!

CHI AMA ENTRARE IN UN SUPERMARKET? Chi vuole passare il proprio tempo oggi in un supermarket? E quindi...

...in un futuro che renderà sempre più facile l'acquisto su internet per quali ragioni dovrei entrare un domani ancora in farmacia se potrò acquistare gli stessi prodotti on-line??!!

Nel futuro le persone sceglieranno i luoghi non per la necessità ma per il piacere di frequentarli, per l'esperienza d'acquisto, la professionalità, la riscoperta dei sensi e delle emozioni, il sorriso, i rapporti personali.

Penso ad una farmacia che non imiti il supermarket. Una farmacia dove stiano bene i titolari, lo staff, la clientela e di conseguenza anche il business.

Penso ad una farmacia che comunica con le diverse aree espositive le sue varie "anime"; penso ad un farmacista professionista capace di gestirle, integrarle e proporle nel loro insieme.

Solo così si potrà comunicare la vera specializzazione della farmacia, solo così si manterrà l'alleanza col pubblico: sapore antico ed insieme moderno.

Per dirla come Gail Sheehy *"Se non cambiamo non cresciamo, se non cresciamo non stiamo realmente vivendo"*.

La comunicazione in farmacia è una truffa

La comunicazione in farmacia è una truffa.

La comunicazione che viene oggi proposta alle farmacie non porta a nessuna redditività, a nessuna distinzione sul mercato ma solo ad omologare la propria immagine a quella della grande distribuzione.

L'esperienza delle farmacie francesi insegna. Un rapporto della settimana scorsa dell'ordine dei farmacisti francesi dice che *"aumentano le chiusure di farmacie. Le farmacie francesi sono in crisi"*.

In USA e in Europa stiamo assistendo al crollo della GDO.
Il cliente è stufo, vive freneticamente, è sempre davanti ad uno schermo, non ha nessuna voglia di passare il proprio tempo libero in un SUPERMERCATO,

ha bisogno di riscoprire sensazioni vere, di emozionarsi.
Farmacie francesi e GDO hanno una cosa in comune oltre alla crisi: un'immagine commerciale. Puntare sul cartellone 3x2, sulla promozione, su luoghi anonimi, omologati e privi di anima ha oggi i primi verdetti: non rende, non attrae, non funziona.

Corrono ai ripari le catene americane. Anche lì, nella patria dei drugstores, si sono accorti che perdevano clienti e stanno cambiando la strategia: negozi più piccoli, più accoglienti, emozionali, più attenti alle necessità delle persone...

Proliferano le farmacie a misura d'uomo, specializzate, umane, professionali. In America si chiamano "Farmacie indipendenti" e sono oggi l'incubo delle catene!

Non mi credi? Pensi che sono un pazzo a dire queste cose? Ti capisco, ma forse è meglio che continui a leggere...

Corre ai ripari la GDO. Nei paesi scandinavi è completamente diversa da quella nostrana: negozi più piccoli, accoglienti, emozionali, a misura d'uomo..
Sta andando proprio così in Usa e nel nord Europa, avrai letto anche tu... e in Italia?

Hai visto il nuovo format Autogrill? Conosci i Carrefour express? Sai che Starbucks, catena internazionale di caffetterie americana, sta sbarcando in Italia? Cosa hanno in comune?
Ancora... negozi più piccoli, più accoglienti, emozionali, più professionali.

Per anni, approfittando delle insicurezze che i grossi cambiamenti hanno creato nei farmacisti italiani, i "professori del marketing", si sono riversati sulla farmacie per insegnargli ciò che avevano imparato dalla grande distribuzione.
Ottimo, grazie! I risultati sono ora visibili a tutti, sono sulle prime pagine dei giornali.

Forse sei ancora in tempo, forse ti sto salvando, forse non diventerai un venditore di gelati!

Non è necessario per sopravvivere diventare un DRUGSTORE (per chi non lo sapesse: emporio aperto 24/24 che vende di tutto, compresi i farmaci). Sono sicuro non era nemmeno quello che avresti voluto diventare quando scegliesti Farmacia: pensare al cartello 3x2, ad aggiornare il volantino delle promozioni, organizzare le offerte speciali, ordinare, sballare, prezzare per vendere con ricarichi da fame prodotti delle multinazionali che ripetono "siamo NOI i Leader! questo è quello che la gente vuole! li abbiamo osservati, abbiamo analizzato il loro comportamento, NOI sappiamo!!".

IO so invece cos'è la farmacia italiana e lo sai bene tu, lo sapeva tuo nonno o tuo padre ancora di più.

Si è guadagnata uno spazio nel cuore delle persone perché vicina a loro, nel momento del bisogno. Si è guadagnata la stima dei clienti grazie al farmacista perché lì, sul campo ogni giorno, ad ascoltarli, a sopportarli, a gioire ed arrabbiarsi assieme a loro, come nelle migliori storie, quelle vere... quelle della vita.
Riparti allora da qui. Dalla gente, dai loro bisogni. La tua missione è sempre la stessa: farli stare

bene. Se lo continuerai a fare te lo riconosceranno, come hanno sempre fatto.
Certo che sono cambiate tante cose e velocemente. E' chiaro a tutti che saper rispondere oggi ai bisogni della gente significa rinnovarsi ed allargare la proposta alla prevenzione, al benessere ed ai servizi. Non si torna indietro, ma bisogna inquadrare bene come avanzare.

Io penso ad un luogo caldo ed invitante per accogliere le persone e consigliarle, stargli vicino.
Un luogo per loro!

Altro che catene, drugstores, multinazionali. Ritrova la TUA Farmacia, la tua identità, l'identità della tua proposta e falla diventare il tuo punto di forza.
Costruisci la TUA missione con il tuo nome e cognome, **rafforza la tua identità, ascolta i bisogni delle persone, diffondi il tuo messaggio.**

Non sarà il cartellino del prezzo in promozione a fare il successo della farmacia.
Vendi il prodotto/servizio per l'esperienza che il cliente avrà grazie a quel prodotto/servizio.

Non è il rifacimento del logo o l'esposizione dei cartelloni delle brands delle multinazionali che ti renderanno forte ma un'attenta e ragionata strategia volta ad individuare una proposta unica e differente da quella dei concorrenti.

Non sono le scelte commerciali che vincono alla lunga, ma quelle del cuore.

Il tuo batte?

FARMACIA
SALUTE E BENESSERE

Soldi buttati nel logo della farmacia

In un'epoca come questa di grandi e veloci trasformazioni sociali, economiche e culturali, le professioni stanno subendo mutamenti radicali. Così anche tu, farmacista, stai giustamente pensando di rimetterti al passo coi tempi ridefinendo gli obiettivi. Ma tra il dire ed il fare...

Finisce l'epoca delle farmacie come "esercizio di vicinato" tutte uguali ed inizia quella delle "farmacie differenti", ultra-specializzate, riconoscibili, digitali, immateriali, uniche per servizi, professionalità, assortimento ed offerta di prodotti.

Le farmacie che rispondono al telefono *"pronto farmacia"* e si presentano come tutte le altre, o peggio COMMERCIALI come un piccolo supermarket della salute, lasceranno presto spazio e mercato a quelle che guardano al futuro con ottimismo perché impegnate nel costruire una propria identità aziendale al fine di interpretare le mutazioni sociali ed i nuovi stili di vita.

Sei ancora in tempo per rinnovarti ma non potrai aspettare a lungo.

Educare il cliente

La strada da percorrere sarà lunga e faticosa. Il lavoro che ti aspetta non sarà solo traghettare la farmacia verso il cambiamento (capire la direzione e compiere tutte le azioni necessarie al cambiamento), ma dovrai impegnarti ad EDUCARE il cliente.

Vanno cambiati i clienti, che per anni hanno associato la farmacia ad un dovere, la spedizione della ricetta.

In farmacia andiamo principalmente quando abbiamo un problema e dobbiamo spedire la ricetta medica. Si entra e si raggiunge il farmacista al banco (unica figura abilitata nel fare questa operazione), si consegna la ricetta, si paga e si va via.

Ce l'hai insegnato tu, e prima ancora tuo nonno e tuo papà, a comportarci così in farmacia. In silenzio, in fila con la ricetta in mano.

Tu d'altronde, hai accettato passivamente, hai sempre chiesto ai tuoi collaboratori di essere veloci e non sopportavi di vedere i clienti fermi in coda a sbuffare. Del resto andava bene così, la tua farmacia cresceva ogni anno, i clienti non mancavano e apprezzavano il tuo consiglio...

Andava bene che tutte le farmacie erano uguali perché questo significava dividersi le ferie, i turni, le ricette mediche senza paura della concorrenza, della competizione, di fallire...

Oggi la concorrenza, come il futuro fanno paura, lo posso comprendere ma non ti giustifico, non giustifico il tuo immobilismo, lo stare a guardare.

Non ti manca nulla per poter reagire e riprenderti il mercato che invece presto potrà sfuggirti di mano, ti verrà sottratto sotto gli occhi.

Prenderanno il tuo cliente, che hai curato per anni e ti daranno il ben servito. I grandi gruppi con i loro prodotti "mass market", che per anni hai contribuito a rendere conosciuti ed apprezzati, presto saranno i tuoi concorrenti più agguerriti.

Coloro che per primi hanno proposto i prodotti per la salute a libero servizio si sono presto resi conto che la loro vendita non è scontata. Non basta mettere un prodotto sullo scaffale per venderlo.

Lo sa bene la Aboca, che ha deciso di comprare 24 farmacie comunali a Firenze per poter rafforzare il proprio marchio "Apoteca natura" e la propria strategia senza dover passare per le richieste dei farmacisti titolari. In questo modo potrà proporre i suoi prodotti al consumatore finale, senza compromessi.

Creare un'immagine distintiva e descrittiva della propria offerta è oggi la sfida.

Dovrai ripensare ad un re-branding della farmacia e superare i vecchi schemi sopra descritti. Uno dei passi fondamentali in questa direzione sarà quello di stabilire il tuo posizionamento distintivo sul mercato ed "*alzare la bandiera*", personalizzando la propria proposta e, certamente, anche la propria immagine.

Non si tratterà di rifare il logo farmacia, biglietti da visita, carta intestata, veline da pacchetti, sacchetti di plastica o carta... ma di allargare gli orizzonti e le quote di mercato.

Sito, vendita online, social, applicazioni per smart phone potranno diventare strumenti di vendita se collocati all'interno di una strategia di comunicazione ben pianificata con un obiettivo specifico rivolta ad un TARGET di clienti.

Se non è così, risparmia i soldi!

Se non padroneggi ancora questi concetti, se leghi il marketing alle agenzie di comunicazione, ai creativi ed alla pubblicità su riviste e cartelloni fermati e ricomincia, hai preso una strada che non ti porterà a nessun risultato significativo.

Andava bene questo tipo di pubblicità in un altro momento, quando la domanda superava l'offerta (non troppi anni fa), ma oggi possiamo avere ciò che vogliamo con un click.

Il logo della farmacia

Il logo come proposto alle farmacie dalle agenzie di comunicazione ma anche da alcune aziende di consulenza o arredamento, non serve a nulla.

Il logo serve ai BRAND. Tu sai cos'è un brand?

Il BRAND è un nome, simbolo, disegno, o una combinazione di tali elementi, con cui si identificano prodotti o servizi di uno o più venditori al fine di DIFFERENZIARLI (questa è la parola chiave), da altri offerti dalla concorrenza.

PROPRIO QUELLO CHE SERVE A TE OGGI! Ti serve diventare la prima (o al massimo la seconda), risposta quando il cliente ha un'esigenza.

Voglio liberarmi dal mal di testa? Il "Moment" è un BRAND.

Il logo allora diventa necessario al BRAND, perché è ciò che per primo si imprime nella memoria del cliente così da permettergli di ricordare e distinguere una proposta dalle altre concorrenti.

Probabilmente hai un logo anche tu. Lo hai disegnato tu, un tuo parente creativo o peggio ti è stato "omaggiato" durante i lavori per i rifacimento della farmacia: lo ha realizzato un mastro marmista appositamente per te...

Non nasconderti, so che comunque ti piace e che sei affezionato... ma ti devo dire la verità, ti devo dare la pillola blu! NON SERVE A VENDERE!

Da solo il logo, anche il più riuscito (sulla carta), NON SERVE A NULLA. Dovrai elaborare invece (SUBITO!) la corretta strategia del prima e dopo.

PRIMA
Definire il posizionamento differenziante

DOPO
Mettere in pratica tutte le azioni per far in modo che la tua farmacia specializzata sia al primo posto nella mente dei clienti.

La fionda di Davide
di Aldo Cacco - titolare farmacia

Recentemente ho letto la traduzione di un articolo a firma Malcolm Gladwell pubblicato originariamente su "*The New Yorker*".

Qual era l'argomento ?

Cosa ha fatto scattare in me il desiderio di dedicare pensieri e considerazioni sull'organizzazione del lavoro in farmacia? L'oggetto di questo articolo era lo studio di determinate azioni che rivoluzionando le consuetudini risultavano proprio per questo motivo, vincenti.
La più famosa tra quelle citate riguardava lo scontro tra Davide e Golia. Il primo ha potuto prevalere sul secondo perché ha usato una strategia di combattimento inaspettata, questa gli ha permesso di essere vincitore, risultato che non avrebbe potuto ottene-

re se avesse combattuto secondo i canoni abituali e previsti. La seconda strategia vincente studiava una squadra di basket di ragazzine americane che per sopperire a carenze tecniche e atletiche nei confronti delle avversarie ha sviluppato delle tattiche di gioco basate sul pressing nel campo avversario. Non vorrei perdermi in spiegazioni tecniche sulla pallacanestro, comunque questa squadra ha continuato a vincere perché le avversarie sono state disorientate dal modo originale in cui venivano intesi l'attacco e la difesa rivoluzionandone le consuetudini. L'articolo in questione continuava con un altro paio di esempi, aventi lo stesso comune denominatore: il successo di iniziative che uscivano dagli schemi abituali. A conferma di quanto letto, alcuni giorni dopo mi imbattevo nel racconto di un imprenditore tedesco che dopo aver rilevato una catena di aree di servizio autostradali in crisi, ne risollevava le sorti ristrutturando le toilette rendendole più comode e pulite. Questa azione non riguarda il business tipico dell'azienda ma se pensate a quante volte è successo a ciascuno di noi di desiderare un ambiente un po' più confortevole durante una sosta tecnica capite il perché del successo di questa inaspettata iniziativa.

Ma che legame può esserci tra quanto scritto finora e il mondo della farmacia?

La realtà che conosco direttamente perché vissuta nella mia farmacia o indirettamente per conoscenza di situazioni di colleghi raccontate o lette nelle nostre riviste, mi portano a pensare che le azioni dei titolari di farmacia siano tutte basate sul mantenimento delle consuetudini e che quindi le strategie aziendali siano formulate per ottenere un discreto risultato al

netto di un tranquillo modo di operare.
Qualche esempio?

- Gli arredamenti della farmacia. A parte qualche raro esempio, sono tutti uguali. La dislocazione dei mobili sembra clonata e non è certo la scelta del colore o del materiale degli stessi che siano significativi di un intervento singolare.

- La varietà merceologica dell'esposizione.
Osservando le foto delle farmacie pubblicate nelle nostre riviste la cosa che salta di più all'occhio è l'omologazione della scelta dei prodotti e dello spazio di esposizione destinato ad essi. Le somiglianze vengono ancora più acute nello spazio dedicato ai farmaci da consiglio che ormai è situato sempre o quasi alle spalle del banco.

Dopo questi esempi viene da pensare che nessun imprenditore farmacista operi delle differenziazioni per essere vincente nel proprio segmento, che nessuno di noi usi la fionda di Davide o il pressing a tutto campo per ambire a essere il leader della propria categoria. Ma è proprio vero tutto questo? Un po' sì e un po' no. Perché nonostante tutte queste innegabili situazioni oggettive ce ne sono altre di carattere più soggettivo:

- Le idee del titolare;
- Le capacità e professionalità del personale;
- Il category management;
- Il merchandising;
- Il marketing;
- Le operazioni di promozione e di sconto;
- Il bacino di utenza;

Tutto questo e tanto altro ancora portano comunque a una certa differenziazione tra farmacie e decretano il successo di una piuttosto che di un'altra.
Ma queste azioni sono delle reali innovazioni, delle rivoluzioni o solo delle effimere iniziative alle quali viene dedicato comunque un grande impegno che però può essere vanificato da un qualsiasi parcheggio più comodo o dalla fortunosa (forzata?) altrui vicinanza con qualche ambulatorio medico?
In generale i farmacisti resteranno con le mani in mano o impiegheranno tutte le loro risorse soggettive e oggettive per far prosperare la propria azienda?

Credo che a parte qualche rarissimo caso non documentabile nessuno di noi abbia dei vicini così autolesionisti da favorire con la loro inerzia le iniziative della concorrenza e questo porta alla considerazione finale che il nostro sistema è fatto per auto-limitarsi, per fare in modo che il modo di agire comune sia il mantenimento di una consolidata e immutabile strategia di gruppo, cosa di per sé non disprezzabile se lo stesso gruppo portasse avanti una vera strategia, sulla cosa mi permetto, alla luce di quanto è successo in questi ultimi anni, di nutrire qualche dubbio.

Ma ritornando alla fionda di Davide e alle toilette tedesche, cosa mi riprometto di fare di realmente innovativo per sviluppare la mia azienda?
Al momento attuale non lo so proprio.

Credo di avere fatto, come tutti, quanto di mia competenza per sviluppare la mia azienda. Mi sono impegnato a fondo studiando e cercando di impostare la farmacia secondo quanto previsto dalle strategie abituali.

Mi auguro che le iniziative intraprese siano servite per incrementare il fatturato più di quanto era ipoteticamente immaginabile dalle contingenze. Mi illudo a pensare che, a causa di rilevanti impedimenti legati alla viabilità della zona , la mia farmacia non riesca ad esprimere al pieno le sue potenzialità.

Nella mia città siamo in 6 farmacie e teorizzando che il 15 % della popolazione graviti nella mia farmacia come posso fare per rendere questa quota il più fedele possibile e cosa posso fare affinché il restante 85% non escluda a priori la possibilità di arrivare, qualche volta, fino a me. Fino ad ora ho combattuto accettando le regole abituali, ma da ora cercherò di procurarmi la fionda di Davide, per arrivare , pur nel rispetto della deontologia professionale, ad un'azione vincente.

Se ci riuscirò non ne ho la più pallida idea, mi riprometto però di pensarci, di farlo con forza e determinazione e con l'aiuto di chi vorrà condividere questi pensieri.

LE FONDAMENTA DI UNA FARMACIA VINCENTE

Le 6 regole del successo di Arnold Schwarzenegger

La gente mi chiede ogni volta: "Quali sono i segreti del tuo successo?"

La prima regola è: CREDI IN TE STESSO.
Ma la cosa più importante è che devi scavare a fondo, scavare in profondità e chiederti: *"Chi vuoi diventare?"*.

Non cosa ma CHI? E non mi sto riferendo a chi i tuoi genitori o i tuoi insegnanti vogliono che tu sia, ma cosa vuoi TU.

Sto parlando di capire da solo cosa ti rende FELICE, non importa quanto possa sembrare folle per le altre persone.

Quindi la regola numero uno è certamente CREDI IN TE STESSO. Non importa come la pensano gli altri.

La regola numero due è: INFRANGI LE REGOLE.
Abbiamo cosi tante regole nella vita per ogni cosa. Infrangi le regole. Non la legge, le regole.

E' impossibile essere veramente originali se si è troppo ben educati e non si vuole pensare fuori dagli schemi.

Dopotutto, quale è il motivo di stare su questa Terra se ciò che vuoi è solo essere amato da tutti evitando guai?

Infrangere le regole è ciò che ho fatto nella vita e che, naturalmente, mi porta alla **regola numero tre: NON AVERE PAURA DI FALLIRE.**
In tutto ciò che abbia mai tentato ero sempre pronto a fallire.

Non si può sempre vincere, ma non avere paura di prendere delle decisioni!

Non puoi farti paralizzare dalla paura di fallire o non ti spingerai mai oltre.

Continua a costruire credendo in te stesso e nella tua visione sapendo che è la cosa giusta da fare, il successo arriverà. Per cui non aver paura di fallire.

La regola numero quattro è: NON ASCOLTARE LE PERSONE NEGATIVE.
Quante volte ti hanno detto che non puoi fare questo o di non fare quello perché non è mai stato fatto prima?

Io amo quando qualcuno mi dice che nessuno l'ha

mai fatto prima perché allora quando lo farò vorrà dire che sarò stato il primo!

Per cui non prestare attenzione alle persone che ti dicono che non può essere fatto. Io ascolto sempre me stesso e dico: "Sì, posso farlo!".

E' questo mi porta alla **regola numero cinque, che è la più importante di tutte: FATTI IL MAZZO!** Ho sempre creduto nel non lasciare nulla di intentato.

Mohamed Ali, uno dei miei eroi preferiti, era estremamente in forma negli anni '70 e quando gli chiesero: "*Quante sessioni di addominali fai?*", rispose: "*Io non prendo nota di tutte le mie sessioni perché inizio a contare solo quando inizia a farmi male. Quando sento dolore allora inizio a contare. Questo è ciò che realmente conta*".

Questo è ciò che ti rende un campione e questa regola è universale: NESSUN DOLORE NESSUN GUADAGNO.

Inoltre lascia che ti da un consiglio: sicuramente è importante divertirsi nella vita, ma ricorda che mentre sei là fuori andando alle feste o ciondolando in giro, qualcun'altro nello stesso momento sta lavorando sodo, sta diventando più sveglio, qualcun'altro sta vincendo.
Ricorda solo questo. Se vuoi vincere non c'è assolutamente altro modo fuori dal duro, duro lavoro.

In ogni caso, nessuna delle mie regole sul successo può funzionare a meno che tu non faccia qualcosa.

Ho sempre pensato che ci sono 24 ore al giorno. Dormi 6 ore e te ne rimarranno 18. Ora, so che ci saranno alcuni di voi che diranno: *"beh, aspetta un minuto, io dormo 8 o 9 ore"*. A loro voglio consigliare di dormire più in fretta! Ricorda, non puoi scalare la vetta del successo tenendo le mani in tasca.

E ciò mi porta alla **regola numero sei**, una regola davvero importante. **Si tratta di RESTITUIRE.** Qualunque strada prenda nella vita, devi sempre trovare il tempo di restituire qualcosa.

Qualcosa alla comunità, qualcosa al tuo stato e al tuo paese: prendersi cura e aiutare la gente ti darà più soddisfazione di qualsiasi altra cosa tu abbia mai fatto.

Se vuoi avere successo ricorda quindi queste 6 regole:

CREDI IN TE STESSO
INFRANGI LE REGOLE
NON AVERE PAURA DI FALLIRE
IGNORA LE PERSONE NEGATIVE
LAVORA COME UN PAZZO
RESTITUISCI QUALCOSA

La nuova missione: "fare architettura"

Nella premessa del libro ti avevo promesso **regole pratiche subito applicabili**, giusto?

1. Sii visibile, ponendo i tuoi locali in zone di grande traffico, veicolare, pedonale, turistico;

2. scopriti con grandi vetrine aperte perché l'interno diventi visibile ed un tutt'uno con il marciapiede;

3. fatti riconoscere con un'insegna ed un logo che comunichino la tua professionalità prima del tuo commercio usando luci e grafica esclusiva, ma non invasiva, perché la tua presenza sia recepita come rassicurante;

4. privilegia sempre locali più grandi, non rispar-

miare sulle superfici. Lo spazio diventerà il tuo alleato più prezioso non solo per avere più metri lineari di esposizione, ma per aggiungere col tempo sempre nuovi servizi per i tuoi clienti e per il tuo staff.

L'aumento demografico della popolazione ed il suo invecchiamento che si allungherà via via con le scoperte farmacologiche ti porterà in farmacia non solo nuovi clienti, ma un pubblico affezionato ove saprai cogliere il bisogno di consiglio ed assistenza.

La formula sarà quella del **"fare architettura"**, per trovare un sorta di intrigante intesa tra cliente ed il tuo ambiente.

Come? In molti modi:

1. Diversificando l'ambiente con sistemi differenti che daranno più riconoscibilità ai settori e più qualità ai tuoi prodotti. Il modello drugstore, piani continui sia a parete che a centro locale è obsoleto, anonimizza te e la tua offerta lasciando il cliente in balia del prodotto;

2. riprenditi il cliente! Lui di fronte ad una iper-offerta avrà bisogno del tuo aiuto ed acquisterà da chi li saprà dare il valore aggiunto del consiglio;

3. Trasforma il consiglio in azione introducendo aree di servizi specializzate per la cura e prevenzione, per il wellness e la bellezza;

4. Forma il personale perché ti rappresenti ade-

guatamente e sia all'altezza in ogni circostanza, fallo crescere attraverso continui aggiornamenti e gratificazioni. **Fare squadra significa fare architettura aziendale;**

5. il tuo locale diventi il palcoscenico del tuo lavoro, del tuo tempo;

6. invita i tuoi clienti a conoscerti meglio. Offri loro il risultato della tua esperienza, la tua cultura, il tuo modo d'intendere il rapporto umano. Fai in modo che ogni tua scelta parli di te, della riconoscenza verso la città, il quartiere, la via che ti ospita e le persone che vi abitano;

7. crea, attraverso i dettagli e la scelta di materiali, colori, luci un'atmosfera magica ove il tuo cliente si senta a suo agio a prescindere del suo stato sociale, perché l'ambiente non si riduca alla sola componente visiva, ma sia anche legato alle sensazioni che vivere uno spazio, oltre che vederlo, riesce a trasmettere.

Il BENESSERE E' LO SCOPO COMUNE, questo è il valore dell'architettura.

La valutazione dello spazio, il percorso e l'ubicazione: i fattori VES e VEM

Tutto passa attraverso lo spazio. Se ne hai poco fai di tutto quindi per riuscire ad acquisirlo.

Il bene spazio è diventato oggi molto importante e lo diventerà sempre di più in futuro. Qualsiasi politica tu abbia in mente, dovrai prima di tutto fare i conti con lo spazio che hai a disposizione.

Ma come si organizza lo spazio di una farmacia per renderlo il più possibile REMUNERATIVO?

Senza rapportarsi a superfici che rappresentano oggi un'eccezione, partiamo da una media ragionevole (futuribile) in campo Italia e cioè una superficie totale di 200 metri quadrati (mq).

In questa superficie l'obiettivo del progetto è quello di dare al pubblico il maggior utilizzo possibile, che valuto per quelle superfici, attorno ai 150 mq.
Vuol dire che il progetto deve riuscire in ¼ della su-

perficie a far stare tutto ciò che non è commerciale, quindi etico, laboratorio, ufficio, controllo e servizi.

Al settore bellezza, tenuto conto del suo peso nel mercato globale e del suo trend positivo in farmacia, viene riservato uno spazio attorno al 30%, che nel nostro esempio è pari a 45 mq.

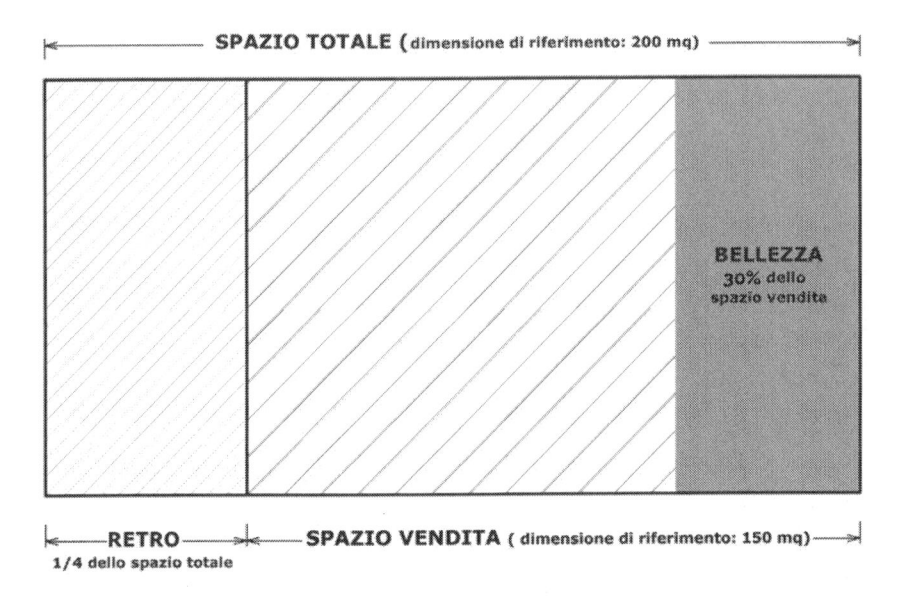

SPAZIO TOTALE (dimensione di riferimento: 200 mq)

BELLEZZA
30% dello spazio vendita

RETRO
1/4 dello spazio totale

SPAZIO VENDITA (dimensione di riferimento: 150 mq)

Per fare un caso concreto supponiamo che i nostri 45 mq rappresentino uno spazio di 10 metri (m) x 4,5 m e che diamo come valore di riferimento il massimo utilizzo dello spazio possibile, cioè nel nostro caso sulla larghezza di 4,5 m due espositori alle pareti ed altri due centrali, l'uno di schiena all'altro, con 2 corridoi di passaggio e questo per 10 m. di lunghezza.

Fissiamo ora dei valori sull'arredo, prevediamo cioè che gli espositori abbiano 8 file di piani profondi 30 centimetri (cm), sia a parete che in centro locale.

Dividendo i metri lineari totali di esposizione per la superficie del locale avremo un valore VES (valore espositivo) pari a 7 (sette), che diventa il nostro indice di riferimento.

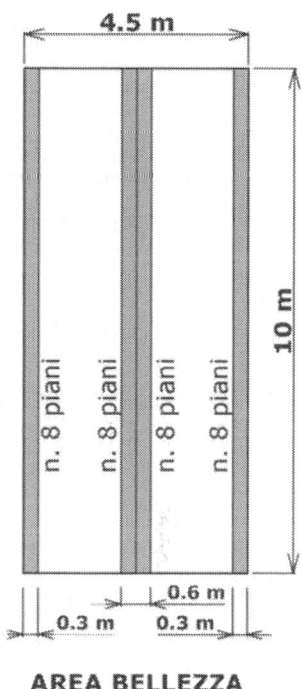

Come viene calcolato il VES

$$VES = \frac{40 \text{ ml} \times 8 \text{ ripiani}}{45 \text{ mq}} = 7$$

AREA BELLEZZA
45 mq

Significa cioè un valore per uno spazio espositivo limite, dove non ci sono né banchi di vendita, né zone di servizio. Massima esposizione possibile, facilmente raggiungibile con percorsi comodi ma controllati solo attraverso telecamere perché per utilizzare meglio lo spazio a centro locale, gli espositori sono alti come i paretali, quindi il cliente non vede il personale (e viceversa). Il suo riferimento è il sistema espositivo con piani continui tipico della GDO.

Il farmacista potrà in maniera semplice ed immediata valutare come si colloca il suo attuale layout o quello che ha in programma di realizzare.
Più il VES supererà il valore 7 e più l'ambiente sem-

brerà saturo, poco godibile, fino a sembrare un vero bazar.

Viceversa più diminuirà il VES e più l'ambiente sembrerà vivibile e piacevole, trovando spazi per l'attesa, per i servizi (trattamenti estetici viso e corpo) per l'informazione, per il consiglio, con banchi o semi-top.

Il valore 7 non solo varierà a seconda le diverse esigenze dei settori merceologici, ma dovrà rapportarsi a due fattori: l'ambiente ed il farmacista.

Il primo è oggettivo, ogni progetto, per quanto rispettoso di tutte le migliori tecniche di marketing, dovrà tener conto delle realtà strutturali, specie in Italia e nei centri storici dove le superfici open space sono alquanto diverse da quelle disponibili nella grande distribuzione.

Il secondo è soggettivo, perché tiene conto dell'uomo-farmacista, da qui la necessità di considerare e sviluppare il VEM, valore emozionale.
Il VEM cerca di interpretare la cultura, la tradizione, la specializzazione del suo titolare con strumenti scenografici, e non solo, che personalizzino l'ambiente, rendendolo unico ed inconfondibile.

Ritengo, ad esempio, che un albero di cedro del Libano, col suo profumo, col suo rifarsi alla naturalità dell'ambiente, renda molto di più in immagine e fidelizzazione di un metro di esposizione.

Per concludere un buon progetto sarà un dosato equilibrio tra limiti strutturali, VES e VEM.

La teoria delle 6 zone

In linea teorica il settore etico, che rimane il reparto trainante di tutta la farmacia, è posizionato nel punto più distante e diametralmente opposto a quello dell'ingresso, per costringere il cliente a percorrere il tratto espositivo più lungo possibile.

Lungo il percorso od i percorsi (andata e ritorno) se la farmacia dispone di una entrata ed un'uscita, le zone assumono importanza economica differente: aree calde più redditizie in contrapposizione a quelle fredde, economicamente più critiche.

L'esempio tipo, schematizzato qui a fianco, prevede un ingresso decentrato a destra rispetto al fronte stradale, un percorso antiorario del cliente, il reparto bellezza posizionato nelle vicinanze dell'ingresso a destra e presieduto da un operatore ed una serie di servizi.

Altri settori quali il settore igiene, sanitari, naturale e quello infanzia-sanitario presidiano altre zone.

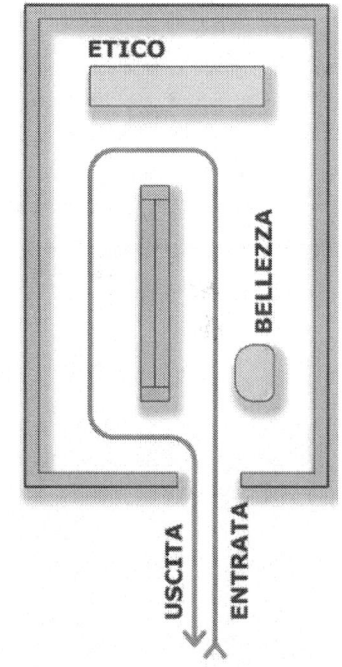

Esistono regole universali che definiscono con chiarezza come organizzare lo spazio adibito alla vendita? La risposta è NO.
Spesso le caratteristiche strutturali degli ambienti

sono tali che una posizione preferibile in via ipotetica non può essere realizzata perché mancano le condizioni.

Voglio prendere come paragone la distribuzione degli spazi (layout), di un Autogrill sull'autostrada.

Il cliente entra attraverso barriere che controllano gli accessi, che sono unidirezionali. Subito ha la cassa per pagare ciò per cui è entrato, la consumazione al banco (etico). A destra ha un grande spazio dove può consumare da seduto, con giornali e consumazione a self-service (settore bellezza con servizi satelliti).

Quando ha consumato percorre le zone a libero servizio, prima alimentari (natura, celiachia), poi giochi, musica, igiene (paido, sanitari, igiene), fino all'uscita. In questo caso prima si soddisfa il motivo primario per cui si è entrati (caffè, ovvero farmaco) e poi ad acquisto effettuato si viene tentati dai prodotti a libera vendita. Concetto opposto al precedente, ma come si è visto altrettanto valido.

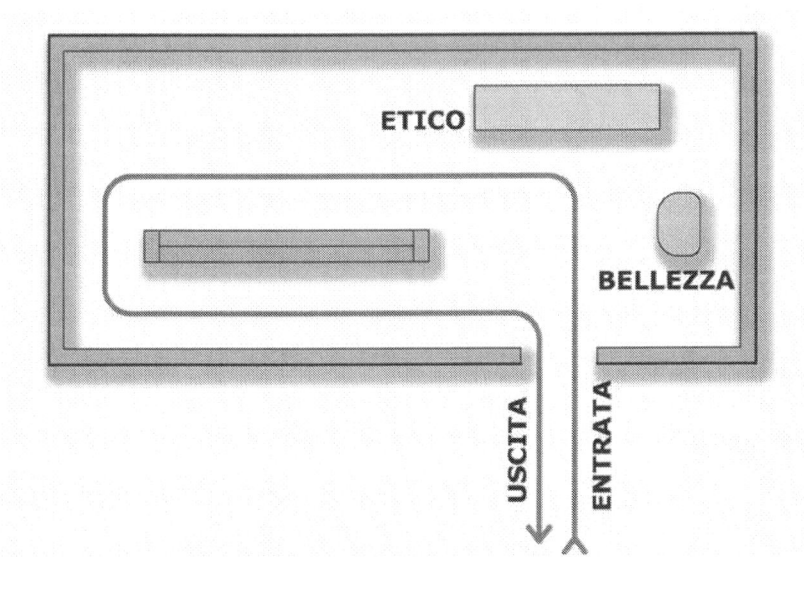

Man mano che le superfici aumentano, cambiano i percorsi e lo spazio da riservare ai servizi satelliti, sempre più numerosi.

E dove si colloca il settore bellezza nei locali farmacia?
A seconda del percorso che farà il cliente, premesso che, come sul quadrante dell'orologio l'etico sia posizionato alle ore 12 e l'ingresso sia alle ore 6, il settore cosmetico sarà posizionato alle ore 3.

Il cliente entrando viene attratto dal settore bellezza, dispone di tempo e soldi (non ha ancora fatto la fila all'etico e non ha ancora speso).

Ma il discorso cambia se la superficie è superiore o dislocata in maniera differente. Allora si può pensare ad un ingresso centrale con ingresso ed uscita e percorso del pubblico rotatorio a 360°.

Ma ci sono ancora altre variabili.

Nel settore bellezza pensiamo ad un angolo per il make-up, salette per trattamenti estetici viso e corpo, fino a zone wellness vere e proprie. Gli operatori necessitano di banchi di riferimento, per dare un consiglio, per ascoltare un problema. Lo spazio di relazione abbisogna di comfort con zone attesa ed atmosfere appropriate.

Se usiamo un VES 7 il percorso del pubblico sarà fluido attraverso percorsi a corridoio, come nei duty-free agli aeroporti. Non ci sono servizi satelliti, non c'è presenza fissa dell'operatore e serviranno spazi lunghi piuttosto che larghi.

PRIMA   DOPO

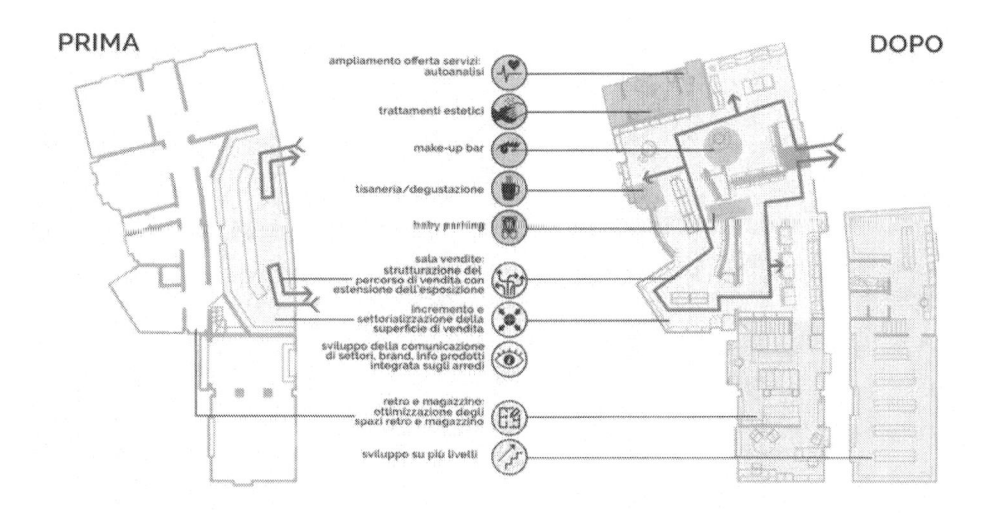

ampliamento offerta servizi: autoanalisi
trattamenti estetici
make-up bar
tisaneria/degustazione
baby parking
sala vendite: strutturazione del percorso di vendita con estensione dell'esposizione
incremento e settorializzazione della superficie di vendita
sviluppo della comunicazione di settori, brand, info prodotti integrata sugli arredi
retro e magazzino: ottimizzazione degli spazi retro e magazzino
sviluppo su più livelli

Spazi attivi e spazi passivi

In linea generale s'intende "area etico", tutto ciò che non è area commerciale.

Per area commerciale s'intende lo spazio utilizzato dal pubblico, che chiameremo spazio attivo perché produce reddito diretto alla Farmacia. Di conseguenza tutto lo spazio privato è considerato spazio passivo, perché i suoi costi, necessari a produrre reddito, sono a carico della zona pubblico.

L'obiettivo evidente è quello di ridurre al minimo necessario lo spazio passivo a favore della crescita di quello attivo.

Ma fino a che punto si può ridurre quello spazio che di fatto è, e resterà, il vero motore della Farmacia?

Nella Farmacia il cliente trova la medicina di cui abbisogna. E' questa sua capacità di far trovare il medicinale dovunque sul territorio in qualsiasi ora che la rende così unica.

Per contro esigenze di bilancio richiedono attenzioni su settori extra-farmaco che necessitano di molto spazio per essere proposti col valore aggiunto del consiglio. Il paradosso è che oggi la Farmacia, intesa nel senso più etico del termine, ha bisogno di cedere spazi sempre più grandi al non-etico per sopravvivere.

Il progetto deve tener conto di queste esigenze opposte e più riuscirà ad ottimizzare lo spazio necessario ad entrambi i settori, privato e pubblico, etico e commerciale, e più rapidamente l'investimento sarà ammortizzato.

Nello spazio passivo possiamo elencare i servizi igienici che oltre ad esigenze personali dovranno rispettare i regolamenti locali per quanto riguarda l'accessibilità alle persone portatrici di handicap, le zone spogliatoio e quelle di ripostiglio per la pulizia.

In corrispondenza dell'ingresso merci, magari con una zona protetta per il parcheggio colli durante le ore di chiusura, saranno previste le zone controllo, smistamento, ordini.

L'ufficio sta assumendo nel tempo sempre più importanza. Da una zona privata dedicata quasi esclusivamente a funzioni contabili, sta diventando una vera cabina di regia. C'è una zona operativa dove sono posizionate le varie attrezzature, dalle stampanti "all-in-one", alla cabina di regia per passare in linea la comunicazione sui monitor in sala vendita, dalla cassaforte al frigobar, al divano letto per il servizio notturno, al tavolo riunioni non solo per trattative commerciali ma per riunire il proprio staff e condividere nuove strategie.

Il laboratorio sarà dimensionato e ubicato secondo le esigenze dei singoli fruitori. Potrà essere di dimensioni discrete (9 mq) o minimo di legge, chiuso o solo isolato, a vista pubblico o no. L'attrezzatura sarà commisurata al suo utilizzo: cappa a flusso laminare o a braccetto, piastre in vetroceramica con mobili a base fissa o spostabili. Anche in questo caso, ove presenti regolamenti locali, le scelte ne dovranno tener conto.

Ed infine il prodotto più importante, il farmaco.
La strategia di stoccaggio riveste un ruolo primario nella gestione della Farmacia: le politiche degli sconti, le strategie d'acquisto e di rifornimento devono essere attentamente valutate in funzione del capitale investito, della sua rotazione e del costo dello spazio occupato in funzione del ritorno dell'investimento.

In questo contesto mi limito ad ipotizzare una serie di pezzi a deposito che dovranno essere stoccati nel magazzino con scaffalature a giorno fisse, una serie di pezzi a media rotazione che dovranno essere stoccati negli armadi spostabili ed i farmaci a rapida rotazione che saranno stoccati nelle cassettiere o nel robot. Infine alle spalle del banco etico si prevede spesso un retro-banco con doppia funzione: decongestionare il lavoro al banco, specie quando sono a mono-postazione, e contenere nei cassetti i farmaci a pronto impiego a rapidissima rotazione. Nella parte superiore esposizione dei prodotti SOP.

E' importante tener presente che il rapporto sala vendita-resto è passato dai non lontani 1/2:1/2 agli attuali 2/3:1/3, anzi ultimamente, essendo la superficie media dei locali che si rinnovano aumentata a circa 200 mq, tale media tende ad essere 3/4:1/4, ovvero 75% dato allo spazio attivo ed il resto lasciato allo spazio passivo.

E chi non ha 200 mq? Consiglio di utilizzare, ove possibile, i piani superiori od inferiori della Farmacia.

Verifica l'agibilità di tali locali all'utilizzo dello spazio passivo e dirotta su quei livelli tutto quanto possibile per aumentare al piano ingresso lo spazio attivo. Le combinazioni possono essere moltissime: portare il cliente anche a livelli diversi da quello d'ingresso attraverso ascensori o elevatori; portare il medicinale ai banchi da livelli diversi attraverso sistemi di automazione.

In questo caso lo spazio attivo può superare anche il 90% ed il sistema Farmacia cambiare completamente!

Contro chi vendi

"Non c'è spazio per tutti", questo è quello che pensa la GDO quando parla della farmacia: c'è spazio per me e gli altri devono morire! Questo è il marketing oggi e bisogna conoscerne le regole...

Nell'obiettivo di occupare una posizione da protagonista nel mercato della salute, non esiste esclusioni di colpi. Siamo solo all'inizio di una guerra da cui uscirà un solo vincitore.

- La GDO attacca duramente la Farmacia
- AMAZON attacca duramente la Farmacia
- La parafarmacia attacca duramente la Farmacia

Attaccano la farmacia in tutti i modi, ma principalmente sui suoi punti di forza, quelli che l'hanno resa ciò che è oggi: VICINA, ITALIANA, DI COMUNITÀ, INDIPENDENTE, PROFESSIONALE grazie ad un sistema che l'ha preservata tale ne tempo e che la rende oggi un punto di riferimento per la gente comune, per tutti noi!

Questo sistema, grazie alle campagne di comunicazione messe in piedi dalla concorrenza, è diventato il diavolo: la casta, la ricchezza diffusa, i poteri forti, il risparmio per i cittadini!
GDO, AMAZON, parafarmacia fanno quello che devono fare: COMBATTONO, hanno una missione.
Nel mercato oggi si combatte. Hai capito? Si combatte! ...e per combattere lo si deve fare 1) contro qualcuno, 2) con un esercito, 3) con una missione.

- La Farmacia contro chi combatte?
- La Farmacia ha un esercito?
- La Farmacia ha una missione?

Facciamo un salto in Francia

L'ordine nazionale dei farmacisti Francesi lancia una campagna di "valorizzazione" del settore, con l'obiettivo di ricordare ai cittadini che *le farmacie francesi non sono esercizi commerciali come gli altri*.
In un anno la farmacia si è vista ridurre la propria marginalità di 2,5 punti percentuali grazie alla riforma sulla remunerazione ma soprattutto per le scelte operate dai farmacisti francesi negli ultimi anni.

Incredibile, ci siamo sorbiti per anni la superiorità delle farmacie francesi ed ora fanno retromarcia a 360°! Le multinazionali con tanto di ricerche SCIENTIFICHE sul comportamento del consumatore in farmacia sono anni che ci vogliono spiegare che, come le farmacie francesi, bisogna prendere spunto dalla GDO. Il risultato lo leggiamo ogni giorno, fallimento, chiusure, fallimento, guerra delle promozioni, fallimento.

GRAZIE FRANCIA, grazie di averci insegnato (per anni), a NON fare come te!

Nell'ultima conferenza a cui ho assistito, organizzata da una multinazionale del cosmetico francese, il tema era inesorabile quello degli anni precedenti:

- In FRANCIA si acquistano più prodotti oltre l'etico che in ITALIA;

- in FRANCIA il consumatore osserva l'offerta promozionale di media 9 minuti e 22 secondi, MOLTO DI PIU' che in ITALIA;

- In FRANCIA il 70% dei consumatori esplorano l'offerta promozionale, in ITALIA solo il 41%...;

Questa volta però... alla fine... quasi ai saluti... il relatore si è fatto scappare una frase in più del tipo: "*attenzione però, a non esagerare con i cartelli e le promozioni perché in FRANCIA le cose non stanno andando poi così bene!*".

ECCO!

Va da se che ognuno fa il suo gioco, GDO, MULTINAZIONALI, INTERNET, POLITICA ma oggi è arrivato il momento di fare la partita della FARMACIA, la TUA impresa.

- Il nemico, la concorrenza, ti sta sparando contro e oggi lo riconosci;

- Possiamo creare un esercito, dipende solo da te;

- La missione della farmacia oggi è bellissima e si riassume in una parola: **BENESSERE**;

Nessuno la potrà realizzare oggi meglio della farmacia e nessuno ti DEVE convincere del contrario.

Se sei nell'esercito hai bisogno di armi.
Te ne allego di seguito una, un messaggio potentissimo.
Se la condividi falla tua, stampala e appendila all'ingresso in farmacia come benvenuto per i tuoi clienti.

Ora sei abile e arruolato!

Essere felici è l'ambizione più grande

Il primo passo verso la felicità lo compie il cliente, scegliendo la prevenzione per lui ed i propri cari.

Benvenuti nella FARMACIA _____

BONUS#2

Potrai scaricare "l'immagine di benvenuto in farmacia" in alta definizione ed in formato personalizzabile per la tua farmacia iscrivendoti al **gruppo riservato ai titolari di farmacia** tramite il link:

www.facebook.com/groups/farmaciavincente

Qui potrai immediatamente scaricare "L'immagine di benvenuto in farmacia", ed iniziare a comunicare da subito in modo nuovo con la tua clientela.
Potrai inoltre unirti alla comunità di centinaia di titolari farmacisti che ogni giorno si scambiano consigli su come migliorare le vendite della propria attività ed avere più ore libere.

Ti aspettiamo sul gruppo "Farmacia Vincente", su Facebook!

Il manifesto della farmacia

Credi che la farmacia sarà ancora utile alle persone?

Con l'arrivo delle catene ma soprattutto della vendita online, la farmacia come la intendi oggi avrà futuro?

Se pensi che la farmacia debba continuare ad esistere allora ti sarai anche chiesto "perché?".

Ti sarai chiesto perché un cliente dovrebbe venire nella tua farmacia invece di comprare nella grande distribuzione o su internet:

- Perché è comoda? Internet lo è di più;

- Perché è conveniente? Internet e la GDO lo sono di più;

- Perché l'unica scelta? Domani potrebbe non esserlo;

- Perché è professionale, preparata, accogliente, emozionante, piacevole? Sei proprio sicuro che è così che i clienti vedono la tua farmacia?

La scelta fatta da molti farmacisti è sotto gli occhi di tutti:

PROFESSIONALE? > NO, sembra un market;

PREPARATA? > NON quanto dottor Google, la formazione in farmacia non è mai stata la priorità;

ACCOGLIENTE? > Come una GDO o un negozio di ferramenta;

EMOZIONANTE? > No, visto che creare un luogo che emoziona costa di più;

PIACEVOLE?> Non conosco persone che si recano in farmacia per piacere, lo devono fare, punto.

Per WIKIPEDIA la farmacia è oggi il locale in cui avviene l'erogazione del farmaco con tutte le avvertenze pertinenti... ma io so, TU lo sai che può essere molto di più...

Questa FARMACIA, come la intendiamo noi, dovrebbe avere un MANIFESTO, dei punti fermi da tenere ben saldi.

01 LA NOSTRA MISSIONE Ci impegniamo ogni giorno per far star bene le persone

02 IL BENESSERE UNISCE Il benessere è un obbiettivo che accomuna tutti, a prescindere dalla posizione sociale e dal pensiero. Confrontarsi sul benessere crea aggregazione, rassicurazione e felicità

03 LA NOSTRA PROFESSIONE Abbiamo deciso di trasformare questa missione in un lavoro e dedichiamo tutte le nostre energie per imparare, condividere e proporre percorsi di qualità per il raggiungimento di una condizione psicofisica migliore

04 CI METTIAMO LA FACCIA In questo modo garantiamo il nostro consiglio

05 TERRITORIALITÀ Siamo legati alle nostre terre e alla nostra gente. Privilegiamo l'Italia ed il nostro territorio e ci impegniamo perché la gente ne riconosca i valori e ne sia orgogliosa

06 ASSIEME Accogliamo tutti, accudiamo tutti. Cerchiamo un'attenzione speciale per ognuno.

07 CURARSI, PREVENIRE, STAR BENE In Farmacia ognuno può trovare un confronto e tante risposte, scoprire, conoscere, esplorare, studiare, informarsi

08 EDUCAZIONE ALLA SALUTE Raggiungeremo il nostro obiettivo quando il cliente capirà che è co-responsabile del benessere degli altri, sarà cosciente che le sue scelte di ogni giorno si riflettono sulla salute e sul benessere di tutti.
Responsabile quindi non solo della qualità della pro-

pria vita ma anche di quella degli altri.

09 QUALITÀ Ci impegniamo a proporre solo prodotti e servizi di alta qualità per migliorare la nostra vita e quella dei nostri clienti. Ci impegniamo per consentire alla maggior parte delle persone di accedervi, garantendo prezzi convenienti e sostenibili. Mettiamo a disposizione di tutti la possibilità di capire, in modo non invasivo, l'origine dei prodotti proposti ed i valori e la storia che stanno alla base della loro produzione.

10 SINCERI Mai dovremmo incorrere nella tentazione di utilizzare strumenti di persuasione occulta per incitare a comprare più del necessario

11 FARMACIA ETICA Trasmettere ai nostri clienti i valori della FARMACIA ETICA, uno spazio vicino, aperto, umano, famigliare dove sentirsi bene. Una risorsa territoriale che trasmetta sicurezza, felicità, equilibrio, vigore, energia, positività, sensazioni naturali, emozioni, calore. Se avremo successo staranno bene i nostri collaboratori e miglioreremo la vita delle persone.

IL MANIFESTO DELLA FARMACIA

www.farmaciavincente.it

01 LA NOSTRA MISSIONE

Ci impegniamo ogni giorno per far star bene le persone

02 IL BENESSERE UNISCE

Il benessere è un obbiettivo che accomuna tutti, a prescindere dalla posizione sociale e dal pensiero. Confrontarsi sul benessere crea aggregazione, rassicurazione e felicità

03 LA NOSTRA PROFESSIONE

Abbiamo deciso di trasformare questa missione in un lavoro e dedichiamo tutte le nostre energie per imparare, condividere e proporre percorsi di qualità per il raggiungimento di una condizione psicofisica migliore

04 CI METTIAMO LA FACCIA

In questo modo garantiamo il nostro consiglio

05 TERRITORIALITÀ

Siamo legati alle nostre terre e alla nostra gente. Privilegiamo l'Italia ed il nostro territorio e ci impegniamo perché la gente ne riconosca i valori e ne sia orgogliosa

06 ASSIEME

Accogliamo tutti, accudiamo tutti. Cerchiamo un'attenzione speciale per ognuno

07 CURARSI, PREVENIRE, STAR BENE

In Farmacia ognuno può trovare un confronto e tante risposte, scoprire, conoscere, esplorare, studiare, informarsi

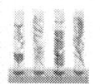

08 EDUCAZIONE ALLA SALUTE

Raggiungeremo il nostro obiettivo quando il cliente capirà che è co-responsabile del benessere degli altri, sarà cosciente che le sue scelte di ogni giorno si riflettono sulla salute e benessere di tutti. Responsabile quindi non solo alla qualità della propria vita ma anche quella degli altri

09 QUALITÀ

Ci impegniamo a proporre solo prodotti e servizi di alta qualità per migliorare la nostra vita e quella dei nostri clienti. Ci impegniamo per consentire alla maggior parte delle persone di accedervi, garantendo prezzi convenienti e sostenibili. Mettiamo a disposizione di tutti la possibilità di capire, in modo non invasivo, l'origine dei prodotti proposti ed i valori e la storia che stanno alla base della loro produzione

10 SINCERI

Mai dovremmo incorrere nella tentazione di utilizzare strumenti di persuasione occulta per incitare a comprare più del necessario

11 FARMACIA ETICA

Trasmettere ai nostri clienti i valori della FARMACIA ETICA, uno spazio vicino, aperto, umano, famigliare dove sentirsi bene. Una risorsa territoriale che trasmetta sicurezza, felicità, equilibrio, vigore, energia, positività, sensazioni naturali, emozioni, calore. Se avremo successo staranno bene i nostri collaboratori e miglioreremo la vita delle persone

LA FARMACIA che la gente vuole è un luogo sociale, etico, in cui ritrovarsi e con cui confrontarsi sul benessere per essere felice assieme ai propri cari.

E' una missione meravigliosa, LA TUA, e se la intraprendi nel modo giusto trascinerà gli altri e non avrà rivali. Internet e la GDO come sembrano piccoli ed indifesi in confronto alla missione di realizzare qualcosa dove le persone stanno bene...

Se lo vorrai, ora hai un manifesto.

BONUS#3

Potrai scaricare "Il manifesto della farmacia" in alta definizione per stamparlo ed appenderlo nella tua farmacia visitando il nostro **BLOG Farmacia Vincente** tramite il link:

http://www.farmaciavincente.it

Qui potrai immediatamente scaricare "il manifesto della farmacia", per trasmettere a collaboratori e clienti i valori in cui credi ed iniziare a comunicare da subito in modo nuovo con i clienti.
Potrai inoltre unirti alla comunità di farmacisti che seguono e commentano consigli su come migliorare le vendite della propria attività ed avere più ore libere.

Ti aspetto sul BLOG di "Farmacia Vincente"!

FOCUS: IL CONTROLLO DEL BUSINESS IN FARMACIA

I rischi di realizzare una farmacia commerciale

Chissà se anche quest'anno gli "esperti" racconteranno la stessa storia ai convegni di categoria?
Per anni ti hanno suggerito pratiche commerciali esasperate nascondendo il fallimento di centinaia di farmacie in tutta Europa.. ma le informazioni oggi circolano veloci ed è più difficile prendere in giro.

I santoni, i sedicenti esperti non mi sono mai piaciuti. Incontrarli non significa dialogo e condivisione:
"si fa così! So io il perché!
Conosciamo ciò che vuole il consumatore!"

...ma quanti farmacisti hanno comunque dato loro retta in questi anni, spero solo per pigrizia...

Di questi convegni ricordo alcuni passaggi memorabili: *"Il consumatore in farmacia compra il brand!*

Il loro marchio deve essere ben visibile dappertutto!"
...e certo, se lo dite voi che rappresentate le multinazionali!!

"Prendete spunto dalla GDO, loro hanno insegnato a mettere il prodotto nel carrello... insegnatelo anche ai clienti della farmacia"

...grazie! ma ci è arrivata notizia che la GDO è in crisi nera da anni!! La gente si annoia, la qualità è pessima, la convenienza non c'è.
Inoltre la guerra dei prezzi ha divorato le marginalità ed il loro modello di business E' GIÀ FALLITO.

Breaking news farmacie in Inghilterra
Un farmacista ha pubblicato una lettera sul Guardian: *"Sono un farmacista di comunità. Ogni settimana tratto centinaia di prescrizioni, dispenso medicinali, seguo i pazienti nelle loro terapie, effettuo medicazioni e fornisco altri servizi farmaceutici. Per farlo, sto in piedi dieci ore al giorno, intervallati da una ventina di minuti per una pausa pranzo».*
«Il lavoro dei farmacisti – spiega – ha un impatto diretto nella cura del paziente, ma a volte sembra che i cittadini non lo sappiano. Sembra che il nostro sia un ruolo di semplice commerciante di medicinali, che si risolve nel prendere le confezioni dai cassetti e metterle in una busta".

Breaking news farmacie in Francia
Proteste in Francia per servizio televisivo che definisce farmacisti "commercianti". Il reportage ha cominciato definendo i farmacisti "i commercianti me-

glio pagati di tutta la Francia".
L'Uspo, uno dei tre sindacati nazionali dei titolari di farmacia: "Non è questo il modello che noi vogliamo per la farmacia di domani" ha rincarato la Fspf *"l'immagine del farmacista che emerge dall'inchiesta risulta distorta, viene dipinto come un distributore di scatolette intento a scimmiottare la grande distribuzione organizzata"*.

Ma se questa è l'opinione diffusa allora perché si continua a proporre al farmacista di prendere spunto dai supermarket!!! Perché si vuole promuovere la farmacia commerciale??!!

Gli "esperti delle multinazionali", per avvalorare le loro tesi, portano alcuni esempi:
"questa foto rappresenta quello che NON dovete fare e questo (logo multinazionale gigantesco in primo piano su espositore), quello che VA FATTO!"

Ricordo che tra le immagini delle cose da NON fare e che venivano derise, viste come assurde (da denuncia!), c'erano farmacie storiche o di grande impatto emotivo grazie anche all'utilizzo di decorazioni, marmi, cascate d'acqua, cimeli storici e vasi antichi, arredi di antiquariato, arte...

Converrai con me che ci sono in Italia negozi bellissimi e di successo che sanno toccare il cuore di chi ha la fortuna di viverli o frequentarli.
Al di fuori di tutte logiche commerciali, questi posti rimangono impressi nella mente delle persone.

Sono spazi che si legano alla nostra vita. Non si dimenticano. Il bello, grazie al cielo, rimane impresso

per sempre!
Tra questi posti magici, patrimonio di ognuno di noi ci sono anche tante farmacie, luoghi ricchi di atmosfera che ispirano qualità, professionalità e benessere da sempre.
Arredi in legno intarsiati o decorati a mano, locali storici in contesti mozzafiato, spazi originali ed accoglienti, mai banali, CHE SANNO RACCONTARE UNA STORIA orgoglio di un quartiere, di una città e dell'Italia intera.

In questa storia mi ritrovo ancora adesso e, con me, sono certo tante persone, forse anche tu.

Non sono un tradizionalista, non voglio consigliarti di trovare un ebanista o un antiquario per rifare la farmacia di tuo nonno... voglio solo suggerirti di **non dimenticare il cuore.**

L'acquisto è un processo emozionale.
Una farmacia autentica, originale, unica è ancora quella che oggi, meglio di tanti cartelloni ed offerte, potrebbe attrarre clienti per emozionarli e predisporli all'acquisto, facendosi ricordare per fidelizzare e produrre UTILI...

... e non è così, **RACCONTANDO UNA STORIA in cui le persone si possono immedesimare**, CHE SI FA BRANDING?

Sarebbe bello che un giorno anche tu decidessi di reagire. Non hai bisogno ancora di "esperti", se vuoi trovare la strada del cambiamento e della sostenibilità.

E' già dentro di te, ti basta tirarla fuori...

Abbiamo un problema, stai perdendo clienti

Forse lo stai osservando anche tu: da parecchio tempo **il modello di business della farmacia Italiana non funziona più!**

L'impresa farmacia italiana che oggi conosciamo nasceva legata alla ricetta medica e non ha mai fatto nulla per acquisire clienti (salvo aprire la saracinesca ed attenderli).

Oggi ne entrano di meno e fanno acquisti da altre parti principalmente attratti dalla comodità ed il prezzo. La situazione non potrà che peggiorare.

Le principali aziende online di prodotti farmacia in Italia vendono con ricarico 10%. Un negozio virtuale paga in maniera ridotta affitti, personale, bollette. Non certo i costi fissi di un esercizio fisico.

Sempre di più, coloro che cercheranno il PREZZO potranno confrontarlo su scala mondiale ed acquistare alle migliori condizioni sul mercato globale... con un semplice CLICK.

La tua strategia è il prezzo? Pensi sia ciò che il cliente cerca? Domani NON lo cercherà in farmacia perché saprà trovarlo altrove!
Il cliente che ha un problema di salute, ancora oggi, si reca dal medico che gli scrive la ricetta medica. Con questa si reca in farmacia e la spedisce ricevendo un farmaco. Ha sempre vinto la farmacia più comoda perché vicina a casa o al lavoro o allo studio del medico, meglio se con parcheggio e ben rifornita.

Ma le cose stanno cambiando velocemente.

Storace ha introdotto gli sconti, il S.S.N. è sempre meno remunerativo e la concorrenza è in forte aumento (vendita online, nuove farmacie, catene, GDO, parafarmacie ma anche profumerie, erboristerie, palestre, ortopedie, sanitarie, centri estetici, ecc...).

Anche il consumatore è cambiato! Oggi ha facile accesso alle informazioni e si documenta, confronta, si consulta sulla rete e .... si fida sempre meno del farmacista che, essendo un generalista, viene percepito come *"un commerciante ben pagato"*, ma sempre meno come *"il professionista esperto di cui fidarsi"*.

Il prezzo del prodotto proposto diventa l'unica variabile e la farmacia è destinata a perdere clienti.

Nonostante tutto questo... la farmacia NON FA marketing e ASPETTA I CLIENTI che entrano dalla porta senza mettere in pratica nessuna azione significativa per evitare di perderli e/o per acquisirne di nuovi. Gran parte dei farmacisti associano ancora il MARKETING alla semplice comunicazione, alla pubblicità dell'*agenzia creativa* o all'esperto del massimi sistemi proveniente dalle università o dalle multinazionali.

Tutto questo non serve alla Farmacia che rischia di perdere clienti o addirittura di fallire.

- IERI bastava possedere una licenza per avere finanziamenti ed utili, OGGI sta aumentando velocemente l'offerta di salute e benessere

- IERI hai semplicemente replicato quello che facevano le altre farmacie, OGGI il MARKETING PROFESSIONALE ti permetterà di migliorare le vendite di prodotti e servizi.

I principi del marketing sono universali e DEVONO essere applicati anche in farmacia.

Quali sono le principali criticità della farmacia italiana?

- vende roba di altri (non ha il controllo del proprio business);

- la singola farmacia non è un brand riconosciuto;

- non costruisce il valore dell'azienda ma quello dei prodotti delle multinazionali;

- non fa nulla per acquisire nuovi clienti e rimane nei suoi confini (sempre più stretti);

- non fa marketing;

Se per "*Marketing commerciale*", intendo le regole ed i metodi importati dalla GDO che non attraggono più (pubblicità, grafiche, volantini, promozioni, ecc.), voglio definire "*MARKETING PROFESSIONALE IN FARMACIA*" un nuovo approccio di vendita tagliato a misura per la farmacia Italiana.

Marketing professionale in farmacia è l'insieme di tutte le azioni per vendere prodotti e servizi in farmacia senza trasformarla in un supermercato, riassumibili in 5 punti:

- scelta del posizionamento differenziante;

- alzare la bandiera;

- il piacere di entrare in farmacia;

- comunicazione professionale;

- acquisizione clienti.

Diventare una farmacia unica e riconoscibile: il posizionamento differenziante

La prima cosa da evitare oggi è quella di essere percepiti come **GENERALISTI**.

Hai una farmacia? Sappi che per tutti sei un generalista! Tutto questo fino a poco tempo fa non era un male ma oggi potrebbe portare la farmacia ad estinguersi.

Per anni la farmacia italiana è sempre stata la stessa ma andava bene a tutti così. Le farmacie si dividevano il mercato, i clienti, il territorio, gli orari, le ferie. Tutti amici, tutti contenti.
Di meno le persone, che vogliono sempre di più... si chiama evoluzione della specie e non ci sono cure.

Nonostante *Darwin*, il cliente italiano ha continuato

per anni a mettersi in fila davanti al bancone.
Tantissimi prodotti venivano passati gratuitamente dal servizio sanitario nazionale, che meraviglia, l'attesa valeva certamente la pena! Ma oggi si è meno disposti ad attendere e domani ancora meno.

Oggi chi va in farmacia lo fa perché deve

Per dare un futuro alla tua farmacia devi concentrare le energie per far entrare quelli che hanno a cuore la propria salute. Una buona notizia: sono tanti e sono in crescita.

L'informazione, sempre più veloce, sta convincendo le persone che si può stare meglio, mangiare meglio, vivere meglio e di più. Di queste notizie la rete ne è piena e troviamo tanti articoli che parlano dei problemi di salute... ma, se noti, pochi danno soluzioni.

Dare soluzioni non è cosa banale, significa conoscenza della persona, identificazione del problema e responsabilità... ricordati, tutto questo internet non può ancora farlo ma TU SI, LO FAI OGNI GIORNO.

E' vero, dottor Google sa tutto, molto più dei farmacisti ma le soluzioni dove sono? quelle che leggo saranno corrette? E' una questione di fiducia.
Nella rete cerchiamo le risposte ma sappiamo che non ci possiamo fidare sino in fondo, non possiamo dare piena fiducia a quello che ci viene proposto; della nostra salute e di quella dei nostri cari si sta parlando!!

Se noti, il cliente continua comunque a chiederti un

consiglio e ti dice: "*ho visto su internet e volevo avere la tua opinione*" e tu pensi dentro di te... Allora ti servo ancora brutto...! Si, servi ancora caro amico mio farmacista, ma in modo diverso.

La comunicazione orizzontale

Sono finiti i tempi della comunicazione verticale. Prima c'era chi sapeva e chi ASCOLTAVA perché riconosceva nel farmacista qualcuno che ne sapeva più di lui.

Oggi, grazie al web, la comunicazione è diventata ORIZZONTALE: i super-informati vogliono condividere ciò che hanno appreso in rete e NON SONO PIÙ DISPOSTI AD ASCOLTARE PASSIVAMENTE.

Non funziona più il professore dietro al bancone, sappiamo che non esiste un professore universale. Oggi funziona "fare squadra con il cliente", la "comunicazione accanto", il "dialogo assieme".
Questo è oggi il modo per fidelizzare il cliente. Solo se ti poni in questo modo continuerai a farti scegliere anche domani.

La farmacia vista dalla gente

Tutti ci chiediamo cosa fare per stare bene, per far felici i nostri cari e migliorare la nostra vita ma su internet alla fine troviamo i pericoli, raramente le soluzioni.
E se la soluzione invece fosse ancora la FARMACIA?
Oggi la Signora ROSSI, impiegata e madre di 2 figli,

lavoratrice come il marito, ci risponderebbe così:
"La farmacia sotto casa mia? Cos'ha di felice! ci vado quando ho un problema, spesso lunghe attese, difficoltà nel parcheggio, musi lunghi, ambienti famigliari solo al figlio dell'anziana titolare, sono quelli ereditati dal nonno che per primo aprì la farmacia... da allora sono rimasti gli stessi!!"

"La farmacia non è la soluzione per il mio benessere. Il mio dentista mi ha chiesto specificatamente uno scovolino 0,35 e ieri non l'ho trovato. Il fisioterapista che sta seguendo mio marito mi ha detto che se non trovavo i prodotti da lui descritti era ora di cambiare farmacia."

"La commessa a cui avevo richiesto un prodotto per curare l'abbassamento della voce l'altro giorno mi ha proposto una caramella naturale da 19€, soldi buttati ed era pure cattiva."

"La prossima volta mi farò consigliare dal dottor Google e comprerò tutto su internet"

Se hai perso di vista l'obiettivo, ti voglio ricordare che il tuo preciso dovere oggi è far comprare un determinato prodotto o servizio per aiutare la Signora ROSSI a migliorare la propria vita, per essere felice assieme ai suoi cari. Nient'altro!

La nuova direzione della farmacia

- Sta cambiando il cliente
- Sta cambiando il mercato
- Sta cambiando la concorrenza

Certo, il mondo gira!
Ma come deve cambiare la farmacia?

Deve SPECIALIZZARSI, il cliente deve riconoscere nel farmacista uno SPECIALISTA.

Perché SPECIALIZZARSI?
- Per restare sul mercato forti contro la concorrenza;
- per guadagnare credibilità;
- per dare valore alla tua azienda, oltre la licenza;
- per ampliare il tuo bacino d'utenza;
- per raggiungere solide alleanze grazie ad una missione comune;
- per fare marketing;

Cosa significa SPECIALIZZARSI?
Significa convincere un target di persone interessate che la tua farmacia è la migliore soluzione ad un loro specifico problema e che se lo vogliono veramente risolvere dovranno venire da te.
Pronti per la sfida? QUESTO E' IL PRIMO FONDAMENTALE PASSO.
Si tratta di pensare ad una nuova strategia. E' arrivato il momento di trovare il proprio POSIZIONAMENTO DIFFERENZIANTE e FOCALIZZARSI!

Più sarai differente, intrinsecamente diverso, polarizzato in ciò che proponi rispetto ai tuoi concorrenti, più le tue possibilità di sopravvivenza e di evoluzione aumenteranno. Più resterai uguale ai tuoi concorrenti, magari con le solite balle della "maggior qualità, orientamento al cliente, assistenza e cortesia", più rischierai di essere spazzato via dalla faccia della terra... è solo una questione di tempo.

Come faccio a trovare il mio posizionamento, in cosa mi dovrei SPECIALIZZARE?
I risultati straordinari li potrai ottenere prendendo idee fresche da altri settori e applicandole in maniera innovativa in farmacia. Ti chiedo di pensare "fuori dagli schemi" e di prendere in mano le redini della tua vita professionale senza accampare scuse. Le idee di successo sono là fuori, ti basta cercarle e guardarle con mente aperta...

Comunque voglio darti alcuni suggerimenti pratici per aiutarti a trovare correttamente la tua specializzazione e voltare pagina:

1 - Analizza bene la concorrenza e stabilisci gli ambiti che non sta prendendo in considerazione come dovrebbe. Tra questi stabilisci la tua specializzazione. Si chiama "*Orientamento alla concorrenza*".
La tua specializzazione, quella su cui dovrai basare la tua futura strategia, si stabilisce così.

2 - Fatti alcune domande
- In che cosa ti differenzi completamente dai tuoi concorrenti? Cosa hai fatto nell'ultimo mese per accentuare quella differenza? E nell'ultima settimana? E oggi?
- Cosa fai per comunicare costantemente quel fattore differenziante che ti rende unico?
- Quali prodotti o servizi identici a quelli dei tuoi concorrenti dovresti ELIMINARE dalla tua proposta, dalle tue offerte e dalla tua comunicazione in generale?
- Su cosa ti riprometti di lavorare da oggi stesso per aumentare la tua differenza sul mercato?
- Puoi promettere qualcosa di speciale che i tuoi

clienti compreranno da te e che la tua concorrenza non può promettere?
- Il tuo prodotto o servizio ha delle caratteristiche che la concorrenza non ha e che siano rilevanti?
- Hai dei risultati da mostrare che ti differenziano dalla concorrenza?
    - anni nel mercato;
    - numero di clienti serviti;
    - numero prodotti venduti;
    - numero delle lauree e/o specializzazioni;
    - premi ricevuti;
    - successi ottenuti;
    - durata nel tempo del servizio/prodotto;
    - la tua farmacia ha qualcosa di attrattivo ed inusuale?
    - c'è un modo unico in cui presenti o consegni il tuo prodotto o servizio?
    - c'è qualcosa di diverso nelle confezioni dei tuoi prodotti?

3 - Quali sono le prime azioni da fare?
- Confrontati onestamente con la concorrenza;
- individua il messaggio diverso dalla concorrenza (logo e grido di battaglia);
- comunica il tuo posizionamento ai clienti;
- informa il cliente sul confronto con la concorrenza;

4 - Informa quotidianamente il tuo cliente sul fatto che ha di fronte 3 tipi di scenario:
- cosa succede se fa questa cosa con te
- cosa succede se la fa con la concorrenza
- cosa succede se non fa nulla e rimane col suo problema

Il legame al territorio e alla storia rende forti

Papà dice che stai trasformando la sua farmacia in un anonimo market! E cosa penserebbe allora il nonno che è stato sempre amato e stimato da tutti gli abitanti del quartiere, parlano ancora di lui!

Certamente il cronometro scorre e non si può fermare, cambiamento significa soprattutto evoluzione, è giusto così! ma ritengo che il farmacista debba continuare a **rappresentare il territorio**, i suoi abitanti ed i loro valori, debba avere un ruolo sociale per meritare la fiducia delle persone.

L'ordine dei farmacisti francesi ha deciso recentemente d'investire in una campagna nazionale per spiegare alla gente che, contrariamente a quanto scrivono sui giornali (ed all'opinione ormai diffusa), il farmacista NON è il commerciante più pagato di

Francia ma un professionista di cui potersi fidare.
Il farmacista non è più riconosciuto come esperto, come professionista, ma come venditore e quindi si corre ai ripari dopo anni di trasformazione verso un modello di farmacia troppo simile alla GDO per immagine e proposta: il bancone è rimasto quello del passato, ma davanti un bazar.

Le farmacie sono dei "bazar", questo è quello che pensa la gente.
Apri gli occhi, basta chiedere. In farmacia non si va volentieri, si è costretti. Anonimi e bui scaffali orizzontali continui (per non perdere un centimetro di esposizione), ed al centro gli **espositori delle case** che tanto piacciono alle multinazionali. Ma piacciono molto anche al farmacista indipendente visto che li mette ovunque (nota che nelle catene strutturate questo non avviene).
Richiedono poco impegno, vendono di più con la loro comunicazione accattivante e rendono al farmacista qualche "extra", un trattamento "speciale" da parte degli agenti. Peccato occupino tutti gli spazi più caldi e di maggior valore in farmacia, peccato che essendo tutti diversi facciano confusione, peccato che uno studio sul comportamento del consumatore in farmacia (svolto su centinaia di farmacie in tutta Europa), stabilisca che, quando ben ordinata e comunicata, l'esposizione verticale a scaffale renda 7 volte quella degli espositori delle case.
Con gli espositori cartonati in fin dei conti, si guadagna meno e si perde di identità e personalità.

Nella giungla di cartellini e cartelloni di ogni genere, dove i prodotti vengono prima delle esigenze del clienti, dove i messaggi pubblicitari vengono prima delle rassicurazioni del farmacista, dove l'esposizione urlata viene prima dell'educazione sanitaria, **il cliente in farmacia si sente smarrito**.

Sulla carta sembrava funzionare... "*Più espongo, più vendo*", mi sentivo ripetere... "*la gente viene attratta da un'ampia offerta!*". Ma allora cosa sta succedendo? Come mai la GDO è in crisi? Come mai le farmacie chiudono? Perché stai leggendo questo articolo e non vedi l'ora di conoscere se esiste una soluzione?

Si va sempre meno a comprare nei market ma le persone continuano a mangiare. Si viene meno in farmacia ma le persone sono sempre più bisognose di cure.. Mentre alcuni danno la colpa alla crisi aumentano a 2 cifre gli acquisti di prodotti biologici, eccellenza italiana che detiene il 23% delle culture biologiche nel mercato mondiale. Se molte farmacie hanno diminuito gli investimenti in infrastrutture, innovazione, formazione, tecnologie passando gli ultimi anni ad osservare l'andamento del mercati (e la discesa inesorabile dei profitti), altre si sono specializzate, rinnovate, ingrandite, si sono differenziate ed hanno aumentato il numero di clienti, stanno crescendo a 2 cifre.

Voglio farti una confessione...

Anch'io ho voluto nel passato dare un taglio netto, cambiare direzione e rinnegare per alcuni versi gli insegnamenti e le indicazioni di mio nonno e poi di mio padre. Vedevo nel cambiamento a tutti i costi e nelle tecnologie più evolute la soluzione. In un certo istante della mia carriera mi sono convinto che, grazie all'informazione, sarei risuscito ad avere il pieno controllo della mia attività. Mi sbagliavo, guardavo solo davanti al mio naso dimenticando l'ambiente che mi circondava: non avevo una visione a 360° per raccordare il passato al futuro.

Se sei convinto che la farmacia come la intendeva tuo padre sia un lontano ricordo, un modello ormai sepolto (e probabilmente hai seguito la corrente sperimentando pratiche commerciali aggressive in ambienti omologati), come mai allora le tue scelte non stanno portando agli stessi risultati, allo stesso successo del passato?
Colpa della crisi, di internet e dell'aumento della concorrenza? Colpa della politica?

La colpa è tua, sei tu quello che decide la strategia ed oggi queste decisioni pesano più che nel passato. Se i clienti acquisteranno sempre meno nella tua farmacia è colpa delle tue scelte ma sei ancora in tempo per riprendere il controllo della tua attività ed in questo articolo di spiegherò come fare.

Recentemente mi sono confrontato con il manager di una grossa catena internazionale di farmacie, grazie alla collaborazione con la Sartoretto Verna™.
David è un *opportunity seeker*, si occupa di pianificare il futuro di un'azienda proprietaria di oltre 1000 farmacie. David è irlandese, ha studiato in America e lavorato negli Stati Uniti e Londra con grosse società prima di approdare nel campo della farmaceutica. Uno dei segreti, delle *pepite d'oro*, che ho avuto la fortuna di apprendere e che oggi voglio trasferirti, è la sua visione della farmacia.
Per David le persone continueranno a scegliere la farmacia come negozio fisico solo se saprà attrarre

con la promessa di un'esperienza unica, appagante: la *customer's experience*.
Apple ha aperto le danze introducendo un concept in cui lo scaffale è diventato tavolo e il focus si è spostato dal prodotto all'interazione con esso. Samsung si spinge oltre: dalla cucina al mondo dove catturare un selfie... stupore e divertimento. Comincia la nuova era dei **flagship esperienziali**.

Non è una grande emozione invece quella di recarsi in un supermercato per fare la spesa vero? infatti questo modello comportamentale è bello che morto e ne sta nascendo uno nuovo fatto di interazione, prova... che risponde alle esigenze del consumatore. Non lo hai ancora notato? Ci sono negozi *food* di nuova generazione, che stanno sostituendo le lunghe corsie di infiniti prodotti che oggi non attraggono più. L'acquisto ricorrente per necessità o con l'obiettivo del risparmio avverrà presto solo tramite il web. Non avrà presto più senso impiegare il proprio tempo per approvvigionarsi di prodotti di prima necessità come il sale, il latte, l'acqua o la pasta.

In Italia abbiamo un patrimonio immenso tramandato dai nostri avi. Questa fortuna la riconosciamo solo quando ci viene tolta o quando qualcuno che non la vive c'è lo fa notare. C'è bellezza attorno a noi, nella nostra via, nel nostro quartiere che nella fretta non sappiamo riconoscere, dimenticandoci di goderne. Siamo circondati dalla storia, da meravigliosi paesaggi, colori, sapori, tradizioni, profumi che apprezziamo poco. Il nostro sguardo è troppo rivolto sugli schermi, ma la felicità sta altrove. Continuamente cerchiamo nel telefonino informazioni nella speranza di ottenere "il controllo", ma soffochiamo valori, relazioni, sentimenti. Questa è la vita di oggi, la vita del cliente che devi riconquistare o comunque convincere a continuare a venire presso la tua attività!

Non sono un nostalgico, ne un tradizionalista. Sono della generazione "nati con il computer" che ha sposato una ragazza svedese conosciuta 15 anni fa grazie ad internet! Scrivo per condividere un punto di vista strategico che sono certo ti potrà tornare utile, consentendoti di recuperare i clienti che già oggi non fanno più acquisti nella tua farmacia.

Se ci rifletti, la farmacia, differentemente da tutte le altre attività, è portatrice di un immenso patrimonio storico ed ha un incredibile punto di forza che, se sfruttato, potrà renderti unico, riconoscibile e quindi appetibile. **Il legame al territorio ed alla storia rende forti**.

Puoi e DEVI ricordare al tuo cliente da dove venite, puoi e DEVI essere portatore delle bellezze che ti circondano. Riconquista la sua fiducia facendoti portatore di valori, tradizioni del territorio, come faceva tuo nonno e tuo padre.
Fai del "genius loci" del paese, del quartiere, della via che condividete il "Brand" di cui essere orgoglioso, in cui ritrovarsi, di cui avere fiducia. Da questo filone, seguendo questa direzione strategica non potrai che dimostrare coerenza, rafforzarti ed emergere quando molti stanno scomparendo nel "grande mare" dell'anonimato e del generalismo.

Sii unico, la tua unicità è la tua storia, la tua attività ha un valore storico.

I clienti sceglieranno la tua farmacia perché orgogliosi di riconoscersi in essa, perché parte anche della loro storia, del loro territorio. Un luogo dove ritrovarsi, amarsi e farsi coccolare, dove essere se stessi, di cui fidarsi.

Le prime 5 cose che una farmacia dovrebbe fare per trasformarsi in un'azienda

Stai iniziando a comprendere che il marketing NON è la pubblicità o il volantino dell'agenzia "creativa" e che non ti servirà a nulla se la tua farmacia continuerà a fare le stesse cose per assomigliare a quella di qualcun altro.

Oggi va cambiato il modello del business! Come?

Questo è in sintesi il programma e ti invito a prenderci confidenza:

1) CREA E PUBBLICA CONTENUTI
Se hai un prodotto o servizio che soddisfa alcuni bisogni e risolve uno o più problemi dovrai informare costantemente il tuo potenziale cliente con contenuti di valore. Non importa come: scegli uno strumento

e comincia. Blog, video su Youtube, newsletter cartacea o digitale, podcast, report da distribuire, libro, ecc.

2) CREA LA TUA LISTA CLIENTI

Inizia a strutturare un lista clienti. In altre parole offri qualcosa GRATUITAMENTE in cambio dei dati di contatto dei tuoi potenziali clienti (potrebbe essere un file digitale contenente contenuti di valore per il tuo target, una prova gratuita del tuo prodotto o servizio, un buono da usare, ecc).

3) CREA UNA LETTERA DI VENDITA

La lettera di vendita è la spina dorsale di OGNI campagna di marketing PROFESSIONALE che FUNZIONI. Se riesci a scrivere una lettera di vendita di svariate pagine, probabilmente hai sviscerato a sufficienza come deve essere proposto il tuo prodotto o servizio sul mercato.

4) CREA COLLEGAMENTI CON FIGURE INFLUENTI NEL TUO CAMPO

Raduna attorno a te tutte le figure influenti relative al tuo campo ovvero esperti in vari aspetti che ruotano attorno alla soluzione offerta dal tuo prodotto o servizio ai quali associare la tua immagine.

5) FAI PUBBLICHE RELAZIONI DAL VIVO

Partecipa a tutti gli eventi di settore ai quali ti è possibile prender parte, ma soprattutto CREA eventi che ti permettono di incontrare i tuoi potenziali clienti senza la pressione di una trattativa uno a uno con un venditore. (Non si tratta della giornata con il promoter delle case multinazionali che viene da te per "piazzare i suoi prodotti" al posto tuo, evitandoti di sporcarti le mani, ma di momenti interessanti e piacevoli dove tu assieme a veri esperti condividerete valore vero con il pubblico potenziale).

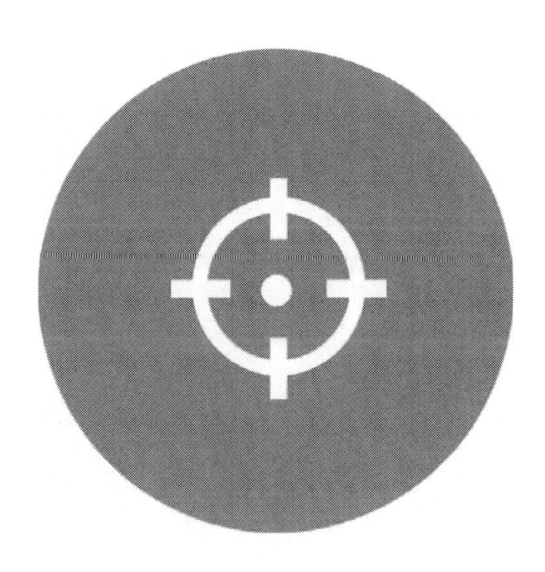

I 6 PILASTRI del marketing professionale in farmacia

1. Privilegio la vendita di ciò che faccio (es. prodotti a marchio, prodotti e servizi che danno territorialità, consulenze personalizzate, il pacchetto prodotto/servizio della mia farmacia "dal risultato garantito"!);

2. ciò che non vendo o che vendo troppo poco VA FUORI (analisi magazzino per creare movimento di cassa);

3. costruisco il mio BRAND farmacia trovando il mio posizionamento differenziante;

4. 1 mio prodotto/servizio = 1 marchio;

5. più modelli per l'acquisizione dei clienti;

6. Proposta professionale (immagine/prodotto/ servizio);

BONUS#4

Se vuoi approfondire il tema del "Marketing professionale in farmacia" abbiamo preparato per te alcuni VIDEO!!

Più di 3 ore di interventi dei più grandi esperti italiani oggi in materia di marketing professionale in farmacia, comunicazione, comportamento del consumatore in farmacia ed e-commerce in farmacia.

Sentirai dal vivo imprenditori di successo, titolari d'azienda e non semplici formatori, che ti racconteranno strategie di successo frutto di un'esperienza PRATICA maturata sul campo.

Per prendere visione dei contenuti che cambieranno definitivamente il tuo modo d'intendere il futuro della farmacia iscriviti al gruppo riservato ai titolari di farmacia tramite il link:

www.facebook.com/groups/farmaciavincente

Qui potrai immediatamente guardare i VIDEO SUL MARKETING PROFESSIONALE e scaricare altri strumenti utili.
Potrai inoltre unirti alla comunità di centinaia di titolari farmacisti che ogni giorno si scambiano consigli su come migliorare le vendite della propria attività ed avere più ore libere.

Ti aspetto sul nostro gruppo "Farmacia Vincente", su Facebook!

Creare una squadra affiatata in farmacia

In questo periodo di nuove aperture di farmacie e sconvolgimenti ancora in corso molti farmacisti titolari stanno cercando nuove opportunità.

Collaboratori che se ne vanno in altre regioni per aprire la loro attività, titolari che vendono per aprire uno stabilimento balneare...

Sempre di più mi capita di parlare con titolari che sembrano perseguitati dalla "maledizione del collega farmacista":

1) ci mettono MESI a trovare la persona giusta da inserire;

2) la formano investendo fine settimana, soldi e corsi di formazione;

3) questa persona riesce FINALMENTE ad essere autonoma ed inizia a produrre;

4) ma, proprio quando inizia a ripagare degli investimenti fatti su di lei decide di abbandonare la farmacia (ha altri progetti, si metterà in proprio, investirà il suo tempo nella famiglia, ecc.);

5) di conseguenza il titolare, che aveva iniziato a rilassarsi e a godere di un po' di libertà dal banco (e di incassi in più), è costretto a ritornare sul fronte, ammazzarsi di lavoro e fare i salti mortali per poi ... RICOMINCIARE tutto da capo.

Conosci qualche tuo collega in questa situazione? Forse quello che ho descritto ti suona famigliare?

Ci sono titolari di farmacia che vivono ciclicamente questo schema. Persone che hanno CONTINUI ALTI E BASSI nel corso degli anni e che, prima con le parafarmacie ed ora con le nuove aperture, si creano costantemente concorrenti formati paradossalmente da loro stessi! Momenti in cui lo staff funziona e poi all'improvviso, tutto da ricostruire!

Sono questi i momenti in cui ci si scoraggia, si pensa di abbandonare tutto e che non ne valga la pena.
Come si può costruire un'impresa se continuamente le sue basi vengono minate?

La premessa di creare una squadra stabile, motivata e che collabora per raggiungere un obiettivo comune (far crescere l'azienda farmacia e quindi ogni membro del team), DEVE essere la mentalità diffusa. Ma come instillarla nella mente dei collaboratori?

Se mi guardo in giro, ci sono squadre affiatate, direttori e collaboratori di farmacia che si comportano come se l'azienda fosse loro, persone abili e responsabili.
Veri e propri campioni che decidono di giocare a servizio del TEAM (il bene comune), e che danno il meglio proprio all'interno dello stesso.
Gente autonoma, di fiducia, seria e onesta... Che indossa la maglietta della squadra e la mette bene in mostra (come dovrebbe essere!), di fronte a clienti e dipendenti.

I titolari che sanno come creare questo clima, sono quelli che appena entro in farmacia mi presentano tutto il personale compreso il magazziniere, per discutere la strategia ed ampliare le analisi.

Com'è possibile?

VOGLIO CONFESSARTI UN RETROSCENA: nell'ultimo mese abbiamo dovuto gestire un grave imprevisto causato dall'inadempienza di un nostro fornitore. Claudia, la nostra responsabile della logistica, ha fatto i salti mortali per ben 2 giorni (telefonate, e-mail, corrispondenza, ecc.), senza sosta, per poter risolvere tutto.
Proprio quando la parte difficile è stata risolta, ho scoperto che Claudia aveva un impegno programmato da settimane a Milano.
Non solo non me lo aveva accennato, ma non me lo ha fatto minimamente pesare nemmeno a posteriori. Ha lavorato per priorità, dimostrando VERA RESPONSABILITÀ.

Devo ammettere che non si tratta di un evento straordinario: Simone, Laura, Igor e, ovviamente, Claudia hanno agito più volte in questo modo. È LA NORMALITÀ.

La nostra azienda ha uno staff che produce SENZA la mia presenza fisica costante come titolare. Non solo: ho molti clienti che hanno uno staff pronto a tutto pur di realizzare gli obiettivi della loro farmacia e consentire ai loro titolari di avere molte ore libere per sé stessi.

Tutto questo non è fortuna, è solo una questione di approccio e METODO.

A volte non si può fare nulla per cambiare una decisione di vita ma, se non vuoi perdere i tuoi collaboratori più validi, devi lavorare su degli aspetti ben precisi che hanno a che fare con te e con la tua azienda. Devi lavorare sul TUO SISTEMA e sulla TUA ORGANIZZAZIONE AZIENDALE.

Dovrai analizzare il modo in cui fai selezione, formazione e inserimento ma anche stabilire una MISSION AZIENDALE CHIARA per tutti.

Se la tua farmacia non ha una specializzazione ed una missione chiara per il futuro, anche il tuo personale avrà difficoltà ad identificarsi e perseguire giorno per giorno una rotta.

Inoltre, gratificare il personale non significa solo aumentare bonus e stipendi, significa soprattutto CRESCITA PROFESSIONALE.

Tutti vogliamo sentirci apprezzati, dal datore di lavoro ma anche dai clienti, essere riconosciuti per il nostro valore, per le nostre capacità e conoscenze.

A questo punto, voglio rivelarti 5 PUNTI CHIAVE che dovrai assolutamente tenere presente per attrarre e mantenere i collaboratori più validi.

1) Stabilisci la rotta in cui deve andare la tua farmacia.
ALZA LA BANDIERA. E' arrivato il momento di definire con esattezza cosa vorrai fare da grande. Rispondi alla domanda: perché il cliente obiettivo (quello che vorresti attrarre, che vorresti come cliente ideale), dovrebbe preferire la tua farmacia rispetto a tutte le altre? (tolto il fattore comodità o abitudine che varrà sempre meno).

2) Specializza il tuo personale.
Grazie ad un progetto stimolante ed unico potrai coinvolgere il personale che sarà entusiasta di seguirti in questo progetto..
Cerca la tua specializzazione, trovala! Rendili partecipi di questa scelta, includi i tuoi uomini nella decisione e dai loro precise responsabilità.

Stiamo parlando di cambiamento di strategia e specializzazione. Quale migliore occasione quella di pianificare la crescita dei propri collaboratori in linea con i nuovi obiettivi aziendali.

3) Dagli una prospettiva di crescita economica e professionale.

4) Stabilisci incentivi di gruppo per creare una squadra affiatata.
Ecco un esempio pratico: partiamo da un dato... fondamentale, che devi imparare a monitorare: il nu-

mero medio di prodotti venduti per scontrino (extra farmaco di ricetta). Hai questo dato? Partiamo da qui.

Ipotizziamo che rientri nella media italiana di 1,09 prodotti venduti. Questo numero sarà il tuo punto di partenza.
Fatti prima 2 calcoli, poi organizza una riunione con TUTTO lo staff e comunica che la farmacia oggi ha questa performance (mettiamo caso a 1,09 prodotti venduti di media oltre il farmaco). Per il prossimo mese fissa un nuovo obiettivo da raggiungere tutti assieme (obiettivo di squadra che riguarda tutti, anche il magazziniere), per esempio a 1,15 .

A obiettivo raggiunto a fine mese, nuova riunione per distribuire i bonus ma soprattutto alzare nuovamente l'asticella (magari 1,20).

Lo sai che ci sono farmacie che riescono a vendere di media 8 pezzi!?
Le prospettive di crescita seguendo questo approccio possono essere davvero interessanti!

5) Non permettere negatività e invidie ma cerca l'unione e la coesione del gruppo
Sii inflessibile e manda via le mele marce, chi rovina l'armonia e la coesione del gruppo e chi non produce.

So bene che in Italia non è semplice, che licenziare ha un costo (anche emotivo) e che la farmacia è una piccola azienda dove si lavora tutti i giorni fianco a fianco come una famiglia allargata, MA DEVI AGIRE PER IL BENE COMUNE!! (È o non è la farmacia che paga a tutti lo stipendio?)

IL PIACERE
DI ENTRARE
IN FARMACIA

La farmacia delle persone
di Corrado Petella - farmacista titolare

Mi chiamo **Corrado Petella** e sono un farmacista.

La mia farmacia ha oltre un secolo di storia ed una radicata tradizione sul territorio in un piccolo paese che amo ma che conta poco più di diecimila anime, geograficamente posizionato in un punto dove arrivi solo se ci vuoi arrivare.

Il momento è sicuramente difficile per tutte le farmacie, i fatturati sono diminuiti ed i cambiamenti incombono come una spada di Damocle.
L'unica soluzione è chiudersi in un profondo e continuo lamento e gettare la spugna. Sono un farmacista, un professionista ma... il futuro mi spaventa.

Assolutamente no! Nulla di tutto ciò!
Il cambiamento, a mio avviso continuo ed inarresta-

bile del settore farmacia, può essere un grosso stimolo ed una grande opportunità. E' proprio inseguirlo, o precorrerlo che mi dà ogni giorno l'entusiasmo di mettermi all'opera.

La farmacia di oggi e del futuro può essere una struttura, come poche, in grado di offrire varietà di prodotti e di servizi prestigiosi che, con la professionalità e la percezione di qualità che comunica, creano un mix inimitabile.

Ma tutto ruota intorno alle persone, al cliente, quello che ci preferisce e quello che vogliamo persuadere a preferirci. Ogni giorno, da anni, mi chiedo quali sono le sue necessità, i suoi desideri, le sue aspettative.

La risposta, che pure cambia con i tempi è, in sintesi, costantemente questa: essere accolto nel miglior modo in un luogo dove può trattenersi piacevolmente, essere guidato e consigliato da personale esperto e formato, essere soddisfatto dalla scelta dei prodotti e dai servizi offerti, addirittura essere piacevolmente sorpreso da novità che spesso scoprono riscontri inaspettati, essere sicuro che tutto questo presso la nostra farmacia c'è tutti i giorni.

E la farmacia, con il suo enorme potenziale di fidelizzazione e con il motore della naturale esigenza d'ingresso della gente, così gestita, diventa vincente, praticamente ovunque.

Abbiamo imparato a muoverci nel mondo della prima infanzia attraverso una nuova idea di punto vendita dalla quale è nato un brand. Abbiamo oggi integrato

questa realtà nella farmacia. I bimbi sono il nostro sorriso quotidiano. Un bimbo che sta per nascere è fonte di enorme felicità ed entusiasmo che possiamo condividere con le mamme e le loro famiglie.
Crciamo un rapporto meraviglioso e, rispondendo alle loro esigenze, acquisiamo clienti amici.

Ma la mia farmacia di oggi è l'immagine di una visione condivisa.

Qualche anno fa infatti ho voluto conoscere, poiché ammiravo le sue realizzazioni, l'architetto Luca Sartoretto Verna.
Dopo alcuni incontri, che sono serviti per conoscerci, ho trovato in lui la stessa idea del mondo della farmacia attuale e futuro, un'idea ottimistica, fattiva e propositiva. In poco è nata una sincera amicizia ed abbiamo fatto squadra. Con il suo team interpretava al meglio quanto condividevamo e mi ha consegnato un realizzazione che rispecchia perfettamente il mio ed il suo concetto di farmacia vincente.

Certo non sempre la strada sarà facile, l'innovazione può spaventare, gli investimenti possono essere onerosi e generare preoccupazione ma, se ci si pone le giuste domande, credendoci e confrontandosi con chi può indicarci percorsi e fornirci soluzioni, mi sento di affermare che è la strada giusta ed il vero rischio è l'immobilità.

Oggi i miei clienti entrano in farmacia con il sorriso... quello del farmacista può essere davvero un bellissimo mestiere.

La farmacia dove le persone si sentono bene

Più le nostre vite diventano *virtuali* e più abbiamo bisogno di contatto fisico.

Mi aspetto che la farmacia sappia interpretare le nuove esigenze sempre più diffuse della clientela.

Tutti abbiamo oggi maggior bisogno di riscoprire i nostri sensi, i nostri valori, le nostre emozioni.

Gli spazi per convincerci a fare acquisti dovranno essere sempre più luoghi di esplorazione, che interpretano i bisogni delle persone.

Poniti come obiettivo il realizzare ambienti professionali ed emozionanti che le rendono felici.
Se starete bene tu, il tuo staff ed i tuoi clienti, starà bene il business della tua farmacia (che non è solo

uno spot ma una missione meravigliosa!).

Realizza l'obiettivo di cambiare l'approccio con la clientela

Se in passato la tua farmacia era focalizzata su di te (o su tuo padre o qualcuno della tua famiglia), è arrivato il momento di spostare il focus sulle persone, sui tuoi clienti.

Ecco alcuni consigli pratici per passare dall'IO al TU:

1. in tutti i materiali promozionali inizia la frase con "TU" invece che la parola "IO" o "ME";

2. parla ai tuoi clienti con sentimento. Prendi a cuore i loro problemi di salute e condividi il loro progetto di benessere. Non spiegare come funzionerà il tuo prodotto e/o servizio ma spiegali quali sono i benefici che potranno ricevere utilizzandolo. Spiegagli come miglioreranno l'idratazione della pelle, poi presentagli la crema che vuoi vendergli...;

3. chiedi ai tuoi clienti cosa vogliono;

4. ascolta;

Comincia a pensare che **per concludere le vendite dovrai farlo dalla prospettiva di chi vuole fare solo ciò che è più intelligente, utile, pratico e redditizio per l'altra parte.**
Le tue conversazioni dovranno essere autorevoli, significative ed interessanti.

Dovrai rivolgerti agli altri con domande ben poste e in grado di suscitare il loro interesse. Quando ti rispondono, dimostra di averli ascoltati, ripetendo la risposta con le tue parole.

I consumatori oggi non vogliono niente di meno del "meglio del meglio!", alzando costantemente l'asticella delle loro aspettative a ogni interazione, esperienza, acquisto.

Ascolta ciò che la gente ti sta dicendo.
Nota le loro espressioni facciali e il loro linguaggio del corpo e guardali negli occhi.

Devi immaginarti dall'altra parte del banco e porti alcune domande:

1. Se fossi al tuo posto perché dovrei volere questo? Ciò che stai dicendo mi convincerebbe?

2. Perché dovrei reagire positivamente alla tua proposta o offerta?

3. Quali sono i vantaggi per l'altra parte?

4. Come ciò che mi proponi farà stare meglio me e i miei cari? come migliorerà la mia vita, il mio lavoro, il mio futuro?

5. Perché dovrei preferire ciò che mi proponi al non fare nulla?

Lo scopo è fornire un risultato talmente desiderabile da costringere il cliente ad intraprendere un'azione immediata.

La maggior parte delle persone ignora quali sono i propri problemi. Non li hanno mai espressi a parole. Il tuo compito è di essere la persona che esprime in modo chiaro il problema che stanno tentando di risolvere...
...ed il modo migliore di far parlare le persone è chiedergli qualcosa su loro stesse.

La farmacia del dottor *Corrado Petella* ed il marchio *Optima* sono un esempio concreto di come alcune farmacie stanno imparando ad attrarre la clientela grazie ad una proposta unica e differente da tutte le altre.

Luoghi professionali e famigliari capaci di mettere a proprio agio le persone, pensati per creare socialità ed intrattenere oltre che per accogliere ed ascoltare.

Qui la gente CONDIVIDE, prova, esplora, gioca, s'incontra, dialoga, si cura, va in cerca di novità e si tiene in forma.

Del vantaggio competitivo di questo nuovo modello di farmacie dovranno avere paura le catene di farmacia e la vendita online.

4+1 punti per una nuova comunicazione in farmacia

1. In farmacia si confonde "personalizzazione" con "comunicazione";

2. spesso si comunica poco e male;

3. il linguaggio utilizzato non è sempre quello che la gente comprende;

4. il messaggio prevalente è quello delle multinazionali;

    +

5. diventa un brand riconosciuto per ottenere i migliori risultati di vendita grazie alla comunicazione.

1) In farmacia si confonde "personalizzazione" con "comunicazione"

Se reputi sia arrivato il momento di cambiare passo e stai valutando se affidarti ad uno dei tanti "esperti" che offrono il "miracoloso restyling", devi sapere che il risultato finale sarà probabilmente una rinfrescata dei locali: nel migliore dei casi otterrai un nuovo look ma non cambierai i processi di vendita.

Nel passato rinnovare la farmacia significava ristrutturare i locali e gli arredi e comunque portava ad un risultato in termini economici. L'operazione, oltre ad un risparmio fiscale innescava energie, stimoli e curiosità da parte di collaboratori, clienti e fornitori che immediatamente si traducevano in maggiori introiti. Oggi questo approccio può non essere più sufficiente per ottenere gli stessi benefici.

Hai già compreso infatti che:

- servono locali più ampi per migliorare l'offerta di prodotti e servizi;

- è necessario formare il personale per restare credibili;

- bisogna diventare imprenditori per gestire un'organizzazione più complessa.

Le richieste dei clienti sono sempre più specifiche, la veloce diffusione delle informazioni sta alzando l'asticella. Mantenendo gli stessi approcci del passato si rischia oggi di non riuscire ad interrompere l'inesorabile calo di profitti (e la fuga di clienti).

Ti serviranno strumenti di monitoraggio (hardware) e di analisi (software), per comprendere i bisogni della clientela ed operare scelte strategiche in tempo reale.
Dovrai comunicare le iniziative che nascono dalla lettura di queste analisi con chiarezza e costanza.

Si parte da qui.

Ancora oggi però chi decide di rinnovare oggi la farmacia "rinfresca", ma raramente cambia approccio e mentalità iniziando veramente a comunicare con il "cliente obiettivo".

Se per "personalizzazione" s'intende la fotografia di un preciso istante, **COMUNICAZIONE IN FARMACIA significa mettere in atto quotidianamente tutte quelle azioni necessarie per conquistare la fiducia di un cliente obiettivo.**

La comunicazione va pianificata ed organizzata per ricordare al cliente obiettivo cosa la tua farmacia può fare per lui in un modo unico, speciale e differente da tutti gli altri.
Da qui l'invito ad evitare di spendere soldi nello studio di un logo, nella realizzazione di un volantino, di una pagina pubblicitaria o nella "rinfrescata miracolosa", senza prima aver definito una strategia ed un piano di comunicazione.

2) Spesso si comunica poco e male

Prova a farti alcune domande. Osserva la tua farmacia con gli occhi di un tuo cliente potenziale.

Cosa vedi?

Se fossi nei panni di un tuo cliente riusciresti immediatamente a capire l'offerta a te riservata ed i suoi vantaggi? Ciò che leggi ti fornisce tutte le informazioni che generalmente ricerchi prima di fare un acquisto?

Facciamo un gioco: immagina di essere un uomo di 40 anni padre di 2 bambini (quello che magari hai deciso essere il tuo cliente obiettivo, la famiglia).

Sono un capofamiglia informato sull'importanza di prevenire per star bene ed ho come obiettivo "essere felice assieme ai miei cari".
Sto imparando ogni giorno, documentandomi, che fare moderata attività fisica è fondamentale per il mio benessere psicofisico, fumare fa male, gli zuccheri vanno assunti con moderazione e che probabilmente i pomodori vengono dalla Cina...
Oggi, grazie ad internet, conosco di più i prodotti, i prezzi, molti dei problemi che mi circondano e l'importanza di vivere sano e di prevenire.
Mi sono abituato a ricercare, confrontare, analizzare prima di decidere e preferisco fare queste operazioni in autonomia.

So che grazie all'informazione ed il confronto posso limitare le fregature ed è diventata un'abitudine quella di fare ricerche, analisi e verifiche sul web.

Voglio migliorare la mia salute e la mia vita ma... non so esattamente come raggiungere questo obiettivo. La farmacia potrebbe essere la guida che cerco?

Sei dunque nei panni di un cliente potenziale di 40 anni che percorre in macchina la strada della farmacia (la tua). Cosa vedi? Riesci a leggere? Oltre la croce verde lampeggiante c'è qualcosa che attrae la tua attenzione e ti invita ad entrare, che ti ispira fiducia?

Una cosa ti colpisce!... è il cartellone (che occupa tutta la vetrina, l'unica a disposizione oltre a quella d'ingresso) e che pubblicizza la crema che piace tanto a tua moglie... Quel cartellone ti stimola a fermarti (il 12% dei clienti in farmacia entra per un'informazione che riceve durante la giornata), con un po' di fortuna trovi parcheggio ma, improvvisamente, realizzi che lo stesso prodotto, se lo compri su internet lo potrai avere a molto meno... e comunque arriverà in giornata... Rapida verifica su Amazon, in effetti si risparmia ben 10€, un CLICK, acquistato.

Altro scenario possibile:
... hai trovato parcheggio a 30 metri dalla farmacia. Cosa vedi? Cosa riesci a leggere in vetrina? C'è qualcosa che attrae la tua attenzione? Qualche novità? In che modo ciò che leggi può esserti utile?

Decidi di entrare ma... CHE CASINO, un vero e proprio bazar di espositori delle case, cartelli e cartellini tutti diversi. La prima cosa che incontri è il cartellone arancione come al supermercato con la scritta "offerta".

Tanti prodotti ma non si capisce chiaramente a cosa servono, a cosa potrebbero esserti utili, quanto costano!
Giorno dopo giorno ti stai abituando, grazie a internet, a confrontare le infinite opzioni di prodotto e

prezzo, online puoi valutare, capire, scegliere.
Ma qui invece il confronto è molto più difficile.

Sei comunque alla ricerca di un confronto, cerchi un farmacista libero, magari sorridente e pronto ad ascoltarti. C'è fila davanti al banco, prendi il numeretto e per non perdere la posizione ti sistemi lì davanti, sul televisore davanti a te danno le previsioni del tempo e la pubblicità di un prodotto di pulizia per le dentiere...

Per le altre cose facciamo un'altra volta, quando ci sarà meno gente o magari online... o ancora meglio farò venire quella santa di mia madre, costretta ogni settimana a questo calvario per la cardio aspirina di papà... e pensare che in alcuni paesi Europei ho letto che già è possibile spedire la ricetta comodamente da casa!!

3) Il linguaggio utilizzato non è sempre quello che la gente comprende

Area prescrizioni, OTC, SOP, CUP, galenica, paido, nutraceutica, igiene orale, check-up sono solo alcuni dei termini che vengono utilizzati per indicare servizi e reparti in farmacia.

Lo so che li utilizzi anche tu!

Così comunicano oggi le farmacie più evolute, quelle che hanno compreso la necessità di orientare il cliente agli acquisti. Il problema è però che non considerano che l'italiano medio molto spesso non comprende questi termini "tecnici".

Perché la comunicazione funzioni dovrai impegnarti affinché questa "arrivi" alla gente. Serve un linguaggio nuovo se si vuole vendere di più in farmacia, più vicino alle persone, più semplice ed immediato. Parlare con il linguaggio della gente ti darà incredibili risultati di vendite, ti farà conoscere, amare, apprezzare.

Parlare un linguaggio comprensibile ai più e che sa condurre le persone ad obiettivi specifici significa saper utilizzare una tecnica raffinata, l'arte del **copywriting**!

Pioniere di questa filosofia nella GDO è la catena "Eataly", che ha introdotto un nuovo approccio alla comunicazione già presente da anni in altri settori.

Eataly "narra delle storie" con l'obiettivo di avvicinare i clienti a nuovi prodotti ed indurli all'acquisto, storie di prodotti spesso sconosciuti alle masse.

Personaggi come il "fattore Mariangela Prunotto" entrano come per incanto nel nostra vita e conquistano la nostra fiducia.

Storie di sudore e fatica, sogni e scoperte, passione ed obiettivi dei produttori dei magici prodotti di Eataly sono descritti da esperti copywriter che, come per magia, ci convincono ad acquistare prodotti NO-BRAND, sconosciuti ai più.

Voglio adesso fornirti alcuni **esempi inediti del MIO modo d'intendere una nuova comunicazione in farmacia.** Si tratta di testi che potresti utilizzare online sui social, siti internet o fisicamente nel negozio collocandoli in diversi punti della farmacia tramite appositi cartelli personalizzati o su video.
Li ho scritti per te, sono tuoi.

Prima di uscire dalla farmacia:

"Grazie per esserti preso cura di te"

"Stare bene significa essere felici assieme ai propri cari".
Arrivederci dalla farmacia _____

"Nessuno è perfetto, nemmeno la farmacia _____*."*
Ma se ci dite dove abbiamo sbagliato possiamo evitare l'errore per il futuro.
Al banco ci sono i moduli dedicati ed un omaggio per te! Come sono antipatici quelli che non sbagliano mai.
Arrivederci dalla farmacia _____

Benvenuto in farmacia:

"Sorridete, forse in questa farmacia abbiamo trovato il segreto che vi permetterà di vivere 10 anni di più".

"Sorridete, forse in questa farmacia abbiamo trovato il segreto per far dormire felici i vostri bambini".

"Sorridete, forse in questa farmacia, tra le tante ricette, abbiamo trovato quella del benessere".

"Facciamoci furbi, esiste un segreto per essere felici in ogni stagione.

Abbiamo i rimedi per te e la tua famiglia"
Le specialità della farmacia _____

"Essere felici è l'ambizione più grande
Il primo passo verso la felicità lo compie il cliente, scegliendo la prevenzione per lui ed i propri cari".
Benvenuti nella farmacia _____

"PRENDITI IL BIGLIETTO E GODITI L'ATTESA NELLA FARMACIA _____
Ci piaceva chiamarvi per nome... Ma preferiamo farvi vivere con tranquillità il tempo dei vostri acquisti"

Area vendita:

Perché i nostri prodotti sono migliori

Perché ti renderemo felice

Perché ti faremo stare meglio

Perché ti faremo più bella

Abbiamo a cuore la tua famiglia

Amiamo i bambini

Amiamo lo sport

Gustati la vita

Tante idee per il tuo benessere

Tante idee per vivere meglio

C'è un atleta in ognuno di noi

"Abbiamo creato i prodotti (marchio farmacia) x anni fa..."

Perchè i prodotti del Laboratorio galenico sono migliori

Perchè le tisane della farmacia _____ sono le più buone

Un pensiero per le persone che ami. Oggi è il giorno giusto per regalare

Abbi cura del tuo corpo è l'unico posto in cui devi vivere

Descrizione prodotto territoriale:

Prodotto: Crema fluida idratante nutriente
Azienda: Helan
Produzione: eco bio cosmetica
Certificazioni: ICEA (Istituto Certificazione Etica ed Ambientale)
Località geografica: Liguria

Post per pagina social della farmacia:

Il tuo cuore è un bene prezioso: prenditi cura di lui! Misura con regolarità la pressione arteriosa fin da giovane e #ascoltailtuocuore per prevenire lo #scompensocardiaco...
Dall'1all'8 Maggio Passa in farmacia... I nostri Farmacisti in prima linea con tanti consigli X questa importantissima campagna di prevenzione!

GIORNATE EUROPEE DELLO SCOMPENSO CARDIACO

Misura con **regolarità** la pressione arteriosa

RETE

e se avesse scritto...:

"Mi chiamo Attilio C. e tengo alla tua salute (e ad averti a lungo come cliente felice !)
Dall'1 all' 8 Maggio ti aspetto in farmacia per prendermi PERSONALMENTE cura di te, questa volta del tuo cuore, grazie ad un consulto accurato e professionale sulla pressione che durerà pochi minuti ma regalerà sonni tranquilli a te ed i tuoi cari.
Prenota un appuntamento chiamando il numero _____ o inviando una mail a _____. Questa volta è GRATUITO e riservato ai clienti speciali come te.
In regalo la mia personale guida su "I Consigli del tuo farmacista Attilio C. per un cuore sempre in forma dai 40 in su"

Catena o network di farmacie indipendenti:

Noi non siamo una CATENA, siamo una famiglia

Noi non siamo una CATENA, siamo la tua comunità

Noi non siamo INTERNET, siamo vicini a te

4) Il messaggio prevalente è quello delle multinazionali

La tua farmacia parla poco di te e troppo delle multinazionali. Rivendi prodotti di altri e questo oggi non va più bene, non ti da controllo.
Cartelloni, espositori, organizzazione delle categorie, informazioni statiche ed animate sono prevalen-

temente fornite e collocate nel punto vendita dalle "grandi marche", che utilizzano la tua farmacia per fare il LORO marketing e costruire la fiducia del LORO marchio sottraendo però spazio alla TUA strategia di fidelizzazione.

Hai una strategia di fidelizzazione? Hai un marchio che le persone riconoscono e di cui si fidano? DEVI costruirlo?

E' arrivato il momento di riprendersi il controllo della propria attività e questo non può che passare attraverso la costruzione di un brand (marchio), una proposta unica e differente dalla concorrenza fatta da un vero esperto della salute (TU), riconosciuto come tale.

Una nuova sfida? E' oggi l'unica strada da intraprendere se vuoi tornare a crescere a 2 cifre, indipendente dalla politica e dalla congiuntura economica, indipendentemente dalla chiusura o pedonalizzazione della tua via, indipendentemente dalla CRISI!

Mi trovo spesso a discutere di "espositori delle case" o delle personalizzazioni richieste dalle multinazionali: il loro obiettivo è quello di mettere al centro i LORO prodotti per vendere di più. Dovrai imparare a mettere al centro invece la TUA proposta unica e differente per vendere di più! Gli obiettivi sembrano coincidere, ma da 2 punti di osservazione differenti.

Per ritornare a crescere dovrai seguire una semplice regola: **se non porta il mio nome non lo vendo.**

Quante parole spese ogni giorno a fidelizzare il tuo

cliente verso i brand delle multinazionali che, nel frattempo, distribuiscono anche su canali concorrenti, catene, internet, ecc. E' arrivato il momento di cambiare la strategia.

5) Diventa un brand riconosciuto per ottenere i migliori risultati di vendita grazie alla comunicazione

Se ora comprendi di più l'importanza di focalizzare la tua farmacia ed il significato della parola "brand", ti spiegherò cosa intendo quando dico di vendere SOLO i PROPRI prodotti.

Voglio rassicurarti: nessuna rinuncia se deciderai di specializzarti per costruire il brand della tua farmacia.

Seguimi. Tutto è collegato come un treno.
Ogni vagone va messo in sequenza ed il mezzo non può funzionare senza la motrice. La motrice è la specializzazione. Specializzandoti potrai costruire un brand e fare marketing. Diversamente qualsiasi azione di comunicazione, web, joint venture, prodotti a marchio, ecc. non porterà ai risultati sperati.

Per fare della farmacia un brand unico e differente dovrai creare un "**pacchetto speciale**", associando grazie alla tua esperienza prodotti e servizi in un modo unico (la miscela esplosiva!)

Provo a spiegarmi con un esempio:
Immaginiamo di dover acquistare gli infissi per la nostra casa e, dopo aver visitato gli show-room della

zona, individuato la tipologia ed il prodotto idoneo, verificate le caratteristiche, recensioni e prezzi sul web, di essere pronti all'acquisto alle migliori condizioni proposte dal mercato.

Durante le ricerche siamo stati in grado di individuare:

1. il leader di mercato;
2. l'azienda concorrente più strutturata che compete per la leadership;
3. il grande mare di tutte le altre società che inesorabilmente copiano la proposta del leader con la promessa però di condizioni più favorevoli.

Fino a pochi anni fa c'era spazio per tutti ma oggi le condizioni di mercato sono completamente cambiate:

PRIMA:

- La domanda superava l'offerta;
- circolava meno informazione;
- ci si rivolgeva "all'esperto di zona", grazie ai consigli di amici e parenti;
- il confronto era più difficile.

OGGI (grazie a internet):

- l'offerta supera la domanda;
- è possibile ottenere un gran numero di informazioni che ci danno la sensazione di poter diventare "esperti" della specifica materia;
- è possibile confrontare prezzi e caratteristiche;

Quindi, se la prima cosa che facciamo prima di acquistare è cercare informazioni IERI le trovavamo da amici e parenti o dal consulente vicino a casa (che poteva stabilire il prezzo), OGGI sono sul web.

Bisogna CAMBIARE STRATEGIA e per vendere, nell'esempio degli infissi, l'azienda dovrà farsi riconoscere come un esperta, magari di acustica!

Tra le decine di rivendite di infissi sul mercato la "*infissi silenziosi garantiti srl*" sarà l'unica ad assicurare ambienti protetti anche dai rumori.
I consulenti della "*infissi silenziosi garantiti srl*", oggi riconosciuti come "i massimi (ed ancora unici) esperti di acustica per la categoria infissi, potranno decidere caso per caso la tipologia di infisso da consigliare e non avranno concorrenti sul pacchetto "silenzio garantito", il prodotto di punta (front end), dell'azienda.

La "infissi silenziosi garantiti srl" risulta vincente perché ha saputo creare una NUOVA CATEGORIA tornando ad essere riconoscibile e preferita da un pubblico specifico (coloro che abitano in zone rumorose).

Un esempio simile può essere raccontato in farmacia.

Anche la farmacia è un mercato (ancora), poco segmentato.

La "*farmacia delle macchie della pelle snc*", ha inventato un metodo per eliminare le macchie della pelle. E' un mix di prodotti, consigli alimentari e servizi che funzionano brillantemente spesso eliminando completamente il problema con poche applicazioni e su qualsiasi tipo di pelle.

Soddisfatti o rimborsati dice Il loro slogan.

Tutto il marketing e tutti gli investimenti sulla comunicazione sono fatti per ricordare alle donne di mezza età che tra tutte le farmacie, se vogliono risolvere i loro problemi di macchie sulla pelle QUI DEVONO VENIRE.

Il metodo infallibile della "*farmacia delle macchie della pelle snc*" è il prodotto di punta, il "*front-end*", per cui la farmacia è riconosciuta in tutta la città/regione/nazione.

Per promuovere il suo metodo unico la farmacia investe quotidianamente in comunicazione, vuole ricordarlo costantemente nella mente dei clienti obiettivo, gli accoglie in spazi accoglienti, luminosi, emozionali. Quando i clienti entrano in farmacia vivono un'esperienza indimenticabile.

Il successo del metodo unico sulle macchie, incrementa le vendite di tutti i reparti (vendite di back-end).

Chi ha problemi di pelle ed ha per questo conosciuto la farmacia ed apprezzato le sue soluzioni e consigli acquisterà anche altri prodotti per la salute e benessere, no?

BONUS#5

Per approfondire il tema della comunicazione di Eataly iscriviti al gruppo riservato ai titolari di farmacia e scarica gratuitamente il documento di approfondimento.

Le informazioni che abbiamo selezionato sulla comunicazione, marketing ed il modello di business di Eataly cambieranno definitivamente il tuo modo d'intendere il futuro della farmacia. Iscriviti al gruppo riservato ai titolari di farmacia tramite il link:

www.facebook.com/groups/farmaciavincente

Unisciti alla comunità di centinaia di titolari farmacisti che ogni giorno si scambiano consigli su come migliorare le vendite della propria attività ed avere più ore libere.

Ti aspettiamo sul nostro gruppo "Farmacia Vincente", su Facebook!

Creare un'esperienza d'acquisto unica in farmacia

Abbiamo fin'ora parlato di specializzare la tua farmacia per ritornare ad essere percepito come esperto grazie ad una proposta unica rivolta a clienti mirati.

In questo paragrafo ci concentreremo sull'importanza di far vivere ai clienti un'esperienza unica in farmacia.

Perché creare un'esperienza d'acquisto unica in farmacia?
Perché piacere, felicità, bellezza, gioia e sorrisi servono ad un'attività che nasce rivolta principalmente ai malati, ai bisognosi di cure, agli anziani?

Nessuno di noi rifiuta piacere, gioia, esperienza, circondarsi di positività, naturalità, NESSUNO.

Bellezza e piacere sono democratici! Star bene significa felicità per se stessi e per i propri cari.

In un mondo dove l'informazione ci raggiunge ovunque e la pubblicità è sempre più pressante, le aziende si contendono un posto nella nostra mente e vogliono conquistare la nostra attenzione con i loro prodotti.
I clienti si difendono alzando barriere sempre più alte per cui risulta sempre più difficile conquistare la loro attenzione, la loro fiducia per ottenere il loro tempo e metterli seduti ad ascoltare ciò che abbiamo da proporre.

La globalizzazione sta omologando ogni cosa e se trovare gli stessi prodotti ovunque ci fa sentire a nostro agio e protetti, nello stesso tempo ci appiattisce.

Siamo alla ricerca continua di nuovi stimoli per sentirci vivi, completi.

Per convincerci a fare acquisti vogliamo emozionarci, essere coinvolti in esperienze positive, proposte uniche e personalizzate.
Diversamente resteremo immobili rimandando l'acquisto e se decideremo di acquistare nel futuro lo faremo al prezzo più basso che troveremo sul mercato globale.

E' intuibile prevedere che presto esisteranno principalmente 2 canali per fare acquisti:

1. Internet > qui si acquisteranno i prodotti necessari e ricorrenti privilegiando convenienza e vasto assortimento

2. Negozio fisico > dove si andrà per consulenze o intrattenimento. Parlo di luoghi unici, attraenti, emozionanti, che sapranno stupire, dove si potranno testare i prodotti e ci si potrà confrontare con esperti consulenti. Qui impareremo nuove cose e potremo vivere momenti piacevoli.

Di questa rivoluzione "sociale" in atto ho parlato nella mia tesi di laurea in architettura, discussa alla Sapienza di Roma nel 2002 (per chi fosse interessato, parte della tesi è pubblicata sul libro "ROMA A VENIRE", progetti per una Città dell'informazione e della storia viva, edizioni Aracne). Da qui l'origine del mio pensiero.

Con il professore e relatore Antonino Saggio, ho sviluppato un nuovo "concept" per la Apple. Un *Apple Store*, questa volta parte di un progetto sociale perché il negozio era all'interno di un complesso "*mixité*" di abitazioni, uffici, ristoranti, luoghi di accoglienza, incontro ed educativi con cui venivano creati collegamenti ed iniziative comuni.
La mia ricerca partiva da una costatazione: **la tecnologia stava allontanando le persone.**

Ad esempio un moderno postino davanti al computer aveva una prospettiva di vita con minori relazioni sociali rispetto al passato come sempre più spesso la compagnia dei genitori veniva sostituita da quella di un videogioco o un tablet.

Sono passati 14 anni e basta guardarsi attorno per comprendere la portata dei cambiamenti sociali dovuti al diffondersi delle tecnologie informatiche.

Già allora sentivo la necessità di creare luoghi dove la tecnologia più avanzata potesse avvicinare le persone, facilitandone i rapporti umani e le relazioni sociali.

Spazi di vita dunque, prima che produttivi. Spazi aperti, connessi ai valori reali, quelli che contano davvero: salute, amore, felicità, famiglia.

Tornando a noi però, la domanda che voglio farti adesso è:

Può la farmacia essere ancora un luogo di incontro, di scambio, di relazioni sociali? Può ritornare ed essere punto di aggregazione di una comunità?

Grazie alla collaborazione di farmacisti visionari ho maturato il sogno di trasformare la farmacia in un "*magnete sociale*"!

Il mio obiettivo in Sartoretto Verna™ è oggi quello di fornire supporto ai farmacisti che desiderano riprogettare i loro spazi assieme ai loro processi di vendita, mettendo la tecnologia a servizio delle persone, per avvicinarle.

Saper vendere con il consiglio. Il cross-selling programmato

di Maria Palmieri - Psicologa, Psicoterapeuta, Leadership & Team Coach

Per saper vendere è fondamentale:

- sapere cosa si vende
- avere l'intenzione di vendere
- usare strategie e tecniche di vendita efficaci

Cosa vende una farmacia? Vende la soddisfazione di bisogni primari, secondari e collettivi, vende il diritto alla salute, vende la possibilità di provare a realizzare desideri di cura, benessere e bellezza.

Quando si entra in Farmacia, si entra in un luogo dove tutto viene scelto, per la sua funzione preventiva, curativa e riabilitativa, nella ricerca dinamica della salute. Quando si entra in Farmacia si entra in un luogo dove desiderio/aspirazione e bisogno di sentirsi curati in salute, in bellezza e benessere si fondono, dove necessità e piacere si compenetrano in una simbiosi quasi indissolubile.

La salute, definita nella Costituzione dell'OMS, come "stato di completo benessere fisico, psichico e sociale e non semplice assenza di malattia", viene considerata un diritto e come tale viene concepito dalle persone.

La Farmacia non è, dunque, nell'immaginario collettivo, solo il locale dove si vendono farmaci.
E' molto di più.
La farmacia è un luogo di servizio-consulenza, dove intercettare bisogni, desideri e diritti, dichiarati o ancora inespressi, a cui rispondere con i prodotti e i servizi più adatti.

Tanto più il farmacista sarà capace di scoprire quelle aspettative che il cliente ha quando lo contatta, tanto più sarà in grado di fornire le risposte adeguate e gli verrà facile soddisfare i suoi bisogni, proporgli possibilità che lo avvicinino alla realizzazione dei suoi desideri di salute, bellezza e benessere consentendogli l'esercizio del diritto a questi beni.

In questa cornice, il cliente è un essere i cui primi valori, almeno nel momento in cui entra in farmacia, sono la salute, la bellezza e il benessere ed il farmacista è un professionista che conosce tutte le possibilità di cura disponibili (dalla medicina tradizionale all'omeopatia, dalla fitoterapia alla dermocosmesi, dalla nutraceutica alla galenica, dagli articoli sanitari al make-up...) per poterle consigliare nel modo e nel

tempo più giusto ed opportuno per ciascun cliente.
Il farmacista è un promotore e suggeritore di consigli e prodotti salutari.

Ogni prodotto viene arricchito dal valore aggiunto del donare una corretta educazione alla salute, alla bellezza ed al benessere. Valore aggiunto che dall'esperienza e dalla competenza professionale di ciascun farmacista passa, attraverso la comunicazione, alla persona che domanda salute, bellezza e benessere.

Il farmacista diviene così un educatore, un "caregiver" che guarda la persona nella sua interezza, in una visione globale con i suoi problemi fisici, i suoi stress mentali e il suo bisogno di comunicare.

Il farmacista non vende scatolette e flaconcini ma partecipa attivamente alla cura/terapia/vita del cliente. Il prodotto è un mezzo e non il fine dell'interazione tra farmacista e cliente, tanto che anche un semplice prodotto di make-up può diventare strumento terapeutico.

La salute, la bellezza e il benessere non sono statici ma dinamici, momenti da costruire, conquistare e sostenere in un viaggio fatto di "qui ed ora" in un continuo divenire, in cui la farmacia e il farmacista sono i compagni di viaggio più fidati.

Quella tra farmacista e cliente è una "relazione d'aiuto" attraverso la quale si costruiscono percorsi di cura, di benessere e di bellezza mediante il "consiglio".

Il farmacista è un "counselor".

Secondo l'OMS "il counseling è un processo che, attraverso il dialogo e l'interazione, aiuta le persone a risolvere e gestire problemi e a prendere decisioni; esso coinvolge un cliente e un counselor: il primo è un soggetto che sente il bisogno di essere aiutato, il secondo è una persona esperta, imparziale, non legata al cliente, addestrata all'ascolto, al supporto e alla guida."

Il farmacista-counselor non si limita a sentire la prima richiesta del cliente ma approfondisce attraverso l'ascolto, il dialogo e l'interazione i bisogni e i desideri del cliente per pervenire ad una visione condivisa più ampia della condizione vissuta dal cliente e alle diverse soluzioni possibili che faranno ottenere benefici maggiori rispetto a quelli pensati dal cliente.

E' in quest'ottica di proposta di moltiplicazione dei benefici ottenibili da parte del cliente che si inserisce il *cross-selling*, letteralmente "vendita incrociata", vale a dire la vendita di uno o più prodotti aggiuntivi rispetto a quello richiesto o già venduto per soddisfare le esigenze complessive del cliente.

Offrendo, con gentilezza e competenza, la consulenza su uno o un insieme di prodotti complementari a quello richiesto dal cliente, prodotti che lo aiuteranno a risolvere e prevenire un problema, si possono aumentare in modo sensibile le vendite mentre ci si prende cura di lui dedicandogli attenzione, tempo, informazione, consigli.

Dopo aver ascoltato il cliente, il farmacista deve porre domande specifiche per far scaturire nel cliente determinate emozioni, così da coinvolgerlo e motivarlo maggiormente all'acquisto di prodotti correlati a quello acquistato; le domande dovranno essere aperte, chiuse, chiarificatrici e direzionali.

Il farmacista deve liberarsi dal timore d'invadere il cliente, dall'idea che non sia interessato e dal pregiudizio che non possa sostenere la spesa e, partendo proprio da ciò che lui ha già scelto e deciso di acquistare, consigliare l'acquisto di un prodotto correlato che risponda alle sue necessità e che magari abbia uno sconto a cui è difficile resistere.

Si possono anche presentare al cliente delle confezioni o dei kit che racchiudono due o tre prodotti ben abbinati tra loro che, se acquistati separatamente, costerebbero di più.

Il cross-selling può essere utilizzato sia per il miglioramento della fidelizzazione del cliente (strategia di lungo periodo) sia per aumentare il profitto (tattica di breve periodo).
Dal cross-selling è necessario estromettere i clienti problematici o ridurre il tempo a loro dedicato per consentire un servizio migliore ad altre tipologie di cliente.

La tecnica del cross-selling deve essere usata in modo molto naturale, senza forzatura, e non deve essere applicata se prima il cliente non ha concluso l'acquisto principale, se dice che vuole spendere poco, se c'è poco tempo per motivargli la vendita di più prodotti perché c'è fila oppure se il farmacista non ha chiari i possibili abbinamenti da proporre rispetto a determinate esigenze.

In conclusione, tutti siamo alla ricerca di nuovi stimoli, nuovi offerte, nuovi servizi e tutti siamo alla ricerca di soluzioni, punti di riferimento e buoni consiglieri. La farmacia e il farmacista possono offrire tutto questo, basta esserne consapevoli e decidere di venderlo.

Comunicare dall'esterno

Se la tua unica strategia per acquisire clienti è la vendita diretta, (vendi ai clienti che varcano la porta di ingresso), la tua vetrina dovrebbe attrarre con tecniche assimilabili a quelle di un pavone che fa la ruota con le piume! Dovrebbe essere comunicativa, accattivante, irresistibile e rinnovarsi con periodicità!

Se diversamente, non hai ancora sviluppato canali di vendita paralleli ed in questo preciso istante in vetrina stai esponendo il sandalo invenduto dall'estate scorsa, allora sei messo maluccio!

Se fino ad oggi hai dato per scontate frasi come: *"La prima impressione è quella che conta!"*, oppure *"La vetrina è il primo contatto con il cliente, un biglietto da visita"*, ti consiglio di rivalutarle. E' arrivato il momento di prendersi cura del marketing e della comunicazione a partire dalla vetrina!

Riprogettare l'esterno della tua farmacia ti permetterà di preparare la clientela alla proposta che troverà all'interno, trasmettendo professionalità e competenza.

Per comprendere il successo o meno di qualsiasi iniziativa bisognerà fare delle prove (test) e misurarne i risultati. Non c'è altro modo. Nessuno ha la formula magica, non si può acquistare!

Per promuovere con successo ogni nuova iniziativa (prodotto, servizio, promozione, ecc), dovrai in sequenza:

A) creare il messaggio;
B) misurare i risultati in termini di ingressi e vendite (ma anche, ad esempio, iscrizioni alla tessera fedeltà o alla tua pagina social!), nel tempo stabilito;
C) comparare i risultati delle diverse iniziative e stabilire le migliori;
D) riproporre le migliori iniziative introducendo comunque sempre alcune piccole varianti;

Un modo pratico e veloce per creare un buon messaggio (punto A), è l'utilizzo dei social. Postare una frase, un video o un'immagine su facebook è un modo efficace per scoprire rapidamente (ed economicamente), il gradimento del pubblico obiettivo.

Per scrivere il tuo primo messaggio immagina di dover pubblicare un annuncio su un giornale con l'obiettivo di ricevere più chiamate possibili. Se il titolo dell'annuncio può convincere a chiamare siamo sulla strada giusta.

Fai una prova allora! Crea subito un'offerta irresistibile per un pubblico interessato e testane i risultati!

Imprinting

Una corretta comunicazione in vetrina non deve solo risvegliare e stimolare bisogni o necessità ma contemporaneamente imprimere nella mente delle persone il "grido di battaglia dell'azienda" (CLAIM, slogan, pay-off, promessa, insomma quello che la tua farmacia offre di unico e differente rispetto alla concorrenza).

Se l'allestimento della vetrina che dovrà essere periodicamente aggiornato, il CLAIM rimarrà sempre lo stesso.

La vetrina della farmacia dovrà essere decorativa, comunicativa e tecnologica per:

- valorizzare l'immagine professionale;

- comunicare il posizionamento differenziante;

- aumentare lo spazio visivo/espositivo;

- attirare e catturare l'attenzione del pubblico;

- aumentare le vendite;

Di seguito adesso troverai i **12 suggerimenti "dal risultato garantito" per ri-progettare le vetrine in farmacia:**

1. l'allestimento deve occupare al massimo il 50% degli spazi, il 10% la merce, il 30% lo spazio vuoto ed eventualmente il 10% di pubblicità;

2. tieni presente che il **punto focale** (il primo punto che l'inconscio di un passante guarda), è al centro della vetrina all'altezza di 1,5 metri ed ha un diametro visivo di circa 0.80/1 metro.
Il punto focale viene percepito dal 100% degli osservatori. QUI DOVRAI COLLOCARE IL MESSAGGIO PIÙ IMPORTANTE CHE VUOI COMUNICARE;

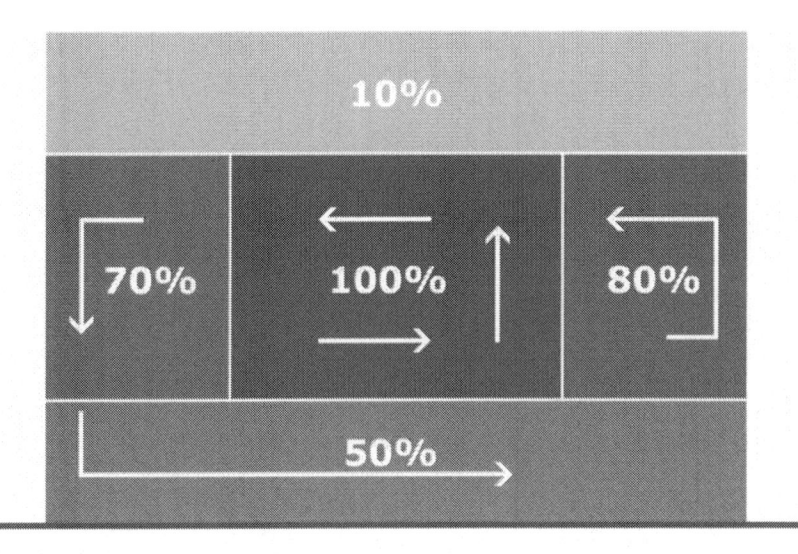

3. l'occhio dell'osservatore si sposta dal centro a destra e poi a sinistra;

4. una vetrina va realizzata ALMENO un mese prima rispetto alla festività o la stagione (es. il Natale viene presentato a Novembre);

5. suddividi la vetrina in macro-categorie, ad esempio: pelle, capelli, diabete. Fatta la scelta, la stessa suddivisione deve essere riproposta all'interno in maniera tale che il cliente, appena entrato, può subito individuare l'area di suo interesse;

6. la vetrina a tema cattura maggiore attenzione. Affinché un tema sia interessante è necessario che oltre agli oggetti in vendita, ci sia una scenografia;

7. è opportuno creare un calendario degli allestimenti a seconda delle iniziative che durante l'anno si vogliono mettere in pratica in farmacia. Anche se una vetrina è stata molto apprezzata ed ha raggiunto l'obiettivo di diventare una vetrina di successo, prima o poi annoierà il passante; ricordati quindi di modificarla con una cadenza di almeno tre settimane;

8. differenziati rispetto alla concorrenza;

9. sfrutta i colori per catturare l'attenzione ma senza esagerare! Scegli al massimo due o tre colori e indirizzati solo su quelle tonalità;

10. dai informazioni. I clienti di oggi sono tecnologici e quindi gradiranno nelle vetrine delle informazioni aggiuntive raggiungibili con smartphone attraverso il *QR code* o informazioni sul prezzo che ritroveranno all'interno. (Nell'immagine seguente ad esempio, un cartello in vetrina spiega al cliente che il simbolo

della mongolfiera segnala all'interno i prodotti in promozione);

11. fai sempre attenzione a non far risultare la vetrina troppo caotica. Questo non invoglia il cliente ad entrare;

12. è buona norma non direzionare le luci a terra, in quanto creano delle fastidiose ombre, non sovrapporre o incrociare le luci. Evidenzia con la luce il punto focale;

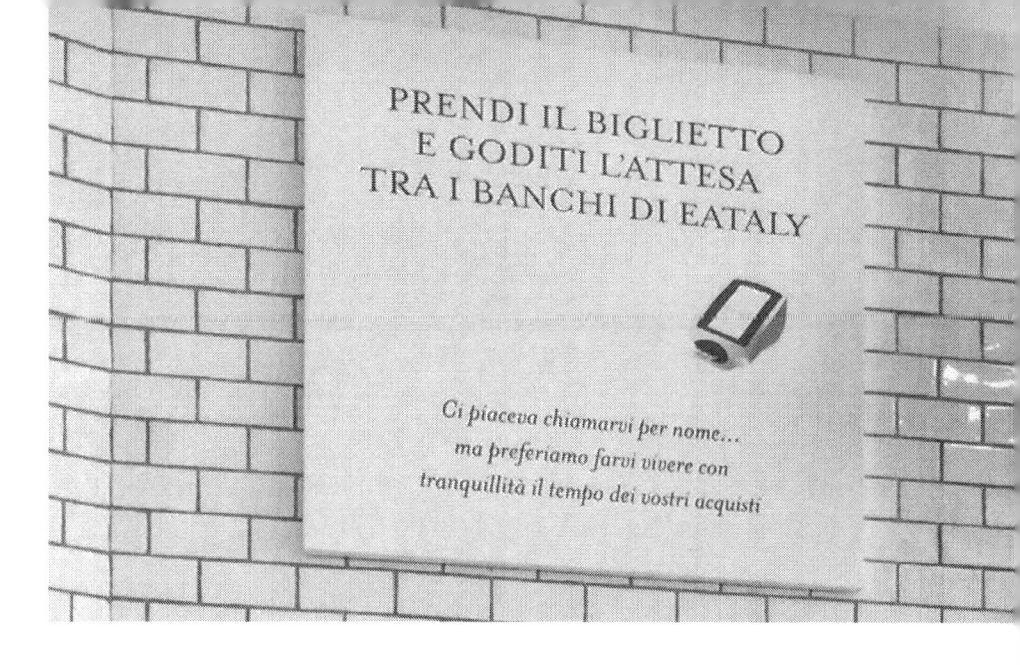

> PRENDI IL BIGLIETTO
> E GODITI L'ATTESA
> TRA I BANCHI DI EATALY
>
> *Ci piaceva chiamarvi per nome... ma preferiamo farvi vivere con tranquillità il tempo dei vostri acquisti*

Come gestire la coda in farmacia (trasformando una tortura per il cliente in piacevoli scoperte e nuove vendite)

Uno degli scenari più ricorrenti durante le mie visite in farmacia è **la coda dei clienti che si forma davanti al banco in determinati orari.**

E' una fila di gente infastidita, tesa, concentrata sul mantenimento della propria posizione che non vede l'ora di scappare. Persone che raramente si guarderanno attorno per fare acquisti.

I tradizionali sistemi eliminacode non bastano oggi a risolvere il problema. Magari riducono le liti davanti al banco ma la fila, inesorabile, si ripresenta con le stessa modalità.
La coda è per il cliente una tortura.

In un'epoca così veloce, quella di internet e dei voli low-cost che consentono di andare e tornare da Londra in giornata o di pagare una bolletta con lo smart phone senza recarsi agli sportelli, **il pensiero di perdere tempo è inaccettabile.**

Ogni persona ha un obiettivo giornaliero che si chiama famiglia, lavoro, tempo libero, ecc. Il pensiero di non raggiungere ciò che si era prefissato infastidisce e rende nervosi.

Le nuove tecnologie hanno cambiato il nostro modo di vivere e generano in noi e nel prossimo altissime aspettative, nel lavoro come nel privato.
Il recarsi in farmacia oggi è ancora percepito come un dovere, la necessità di dover ritirare o acquistare un farmaco per se o per i propri famigliari, principalmente questo.

Quanti dei tuoi clienti considerano un piacere recarsi in farmacia?

La farmacia è spesso un luogo con lo stesso "appeal" di un ufficio postale con la complicità di molti titolari che sostengono: *"Qui vengono soprattutto persone anziane, che stanno male, bisogna accoglierle senza intimorirle".*

Sull'accoglienza nulla da eccepire, ma spesso sfugge la domanda di salute e benessere che dovrebbe trovare risposta in farmacia, un luogo che deve comunicare energia e positività in ogni angolo, non sembrare un ricovero!
Anche fare la spesa è una necessità e quando si decide di farla nei supermarket sappiamo che ci atten-

de una tortura. Le farmacie, come i supermarket, saranno presto vittima degli acquisti online se non cambieranno strategia.

Ti sembra uno scenario lontano? Sta già avvenendo.

La coda è un disservizio intollerabile e va ELIMINATA. Come? Alcuni suggerimenti:

1) in primo luogo servirà del tempo. Il cliente in farmacia va RIEDUCATO e questo non potrà avvenire in un giorno;

2) serve coesione nello staff, tutti dovranno partecipare al processo di rieducazione della clientela;

3) servirà un eliminacode di moderna concezione.
Lo so, ti avevano appena convinto dopo tante tue legittime resistenze a comprarne uno, simile al reparto panetteria, rosso fiammante con i numeretti a strappo. Purtroppo quello lo puoi buttare per sostituirlo con un modello più evoluto e che consentirà ai clienti di scegliere in base alle loro necessità (farmacista specializzato, preferito o esperto della categoria merceologica richiesta);

L'eliminacode dovrà annunciare VOCALMENTE il numero di chi dovrà essere servito. Per chi ci lavora non sarà piacevole, ma avvertire dell'avanzamento della fila il cliente, a prescindere da dove si trova nel negozio, è fondamentale.
Del resto, l'alternativa la conosci: tutte le persone davanti al banco restano ferme a controllare che arrivi il proprio turno con il numeretto a strappo in mano;

4) ricordati che ad alcuni clienti non interessa in nessun modo esplorare durante l'attesa e fare acquisti, ma gradiranno di certo le tue attenzioni e non le dimenticheranno quando si troveranno nuovamente a dover scegliere dove acquistare. Pensa a come poter intrattenere durante l'attesa una mamma, un bambino, un anziano... Visto che non puoi pensare a tutti, concentrati sul tuo target, falli sentire come un re! Te lo riconosceranno;

5) molti altri clienti invece ne approfitteranno per esplorare la tua proposta. Stimola il loro appetito;

Qualche giorno fa leggo al banco pescheria di Eataly il seguente cartello:

"Prendi il biglietto e goditi l'attesa nella tua farmacia. Ci piaceva chiamavi per nome ma preferiamo farvi vivere con tranquillità il tempo dei vostri acquisti".

...si sta EDUCANDO il cliente.

La vendita professionale in farmacia

Attorno alla Farmacia, mai come oggi ruotano esperti di varia natura:

- l'**esperto in comunicazione** che ti dirà che la comunicazione significa identità, raccontare una storia e che la farmacia è principalmente un'attività commerciale e bisogna curarne la segnaletica;

- l'**esperto in visual merchandising** che ti suggerirà la tecnica migliore per esporre i prodotti;

- l'**esperto in category management** che nel raccogliere ed interpretare i dati circa le caratteristiche della clientela cercherà di ottimizzare il rapporto spazio/reddito della tua farmacia;

- l'**architetto**, esperto dello spazio, che ti dirà che occorre ottimizzare la distribuzione degli spazi per mettere in contatto il massimo numero di clienti con il numero massimo dei prodotti;

- e non ci dimentichiamo il commercialista, l'esperto in formazione del personale, l'esperto di marketing...

...tutti a scuola quindi! tutti ad ascoltare i preziosi consigli dei tanti esperti della farmacia...

Il rischio, sotto gli occhi di tutti, è l'omologazione generale che sta trascinando verso il basso l'immagine della farmacia sempre più SIMILE E SULLO STESSO PIANO RAZIONALE ED ASETTICO DELLA GRANDE DISTRIBUZIONE.

La mia opinione va oggi controcorrente e critico quelle farmacie che mostrano una esposizione "urlata", dove la presenza in massa dei prodotti soverchia l'immagine professionale del luogo.

Se è solo il prodotto a parlare, la sua logica commerciale lo porterà fuori dalla farmacia e sarà vincente solo la convenienza economica.

Ritengo che il consiglio del professionista debba essere presente dietro ogni vendita e in forma discreta. Se vince la consulenza professionale, vero valore aggiunto al prodotto, vince la farmacia.

UNA NUOVA STRADA: crea situazioni emozionali straordinarie

- I tuoi clienti entrano spesso stanchi, demotivati? > dovrai essere in grado di stimolare l'attenzione e renderli più ricettivi e pronti ad essere consigliati, ad aprirsi;

- ti portano gli scontrini con il prezzo che pagano dalla concorrenza? > prova a creare un ambiente rilassato e piacevole per non banalizzare la visita e trasformare lo stress in energia positiva;

- i tuo collaboratori sono spesso distratti ed hai difficoltà a spiegarli quale direzione vuoi far prendere all'attività? > parla con loro, spiegagli come entrare in empatia per rendere più felice il cliente;

Oggi la vendita si è trasformata in una attività molto più articolata e stratificata ed è spesso motivata dal solo desiderio di andare a caccia di novità, magari senza la priorità di acquistare, ma con quella di divertirsi, distendersi e, perché no, socializzare.

Già esistono le premesse nel consumatore ad accogliere stimoli incrociati. Bisogna sostituire l'approccio all'acquisto con l'**approccio emozionale**: divertire, incuriosire, intrattenere proprio come fosse un tuo ospite in casa.

Se i clienti hanno già molto di più di quanto necessitano, tuttavia sono pronti a spendere ancora se l'acquisto corrisponde alle aspettative personali di carattere emotivo o per fattori legati alla salute, alla prevenzione, moda o al proprio stile di vita.

Il modo di fare acquisti sarà sempre più guidato dai desideri più che dai bisogni. La tua farmacia dovrà diventare un luogo dove l'acquisto è esso stesso intrattenimento, dove il prodotto viene assorbito da una costruzione teatrale.

Il cliente protagonista

Progettando giorno per giorno la tua impresa, considera sempre il cliente come il soggetto più importante nell'intero processo, considera la sua soddisfazione.

Si acquista soddisfazione prima ancora del prodotto.

Inizia definendo chiaramente il tuo obiettivo, a quale cliente ti rivolgerai e quale sono le cose più importanti da fare per soddisfarlo.

Prova per un attimo a considerare ciò che il cliente della tua farmacia potrebbe percepire oltre alla merce e alle persone: profumi, suoni, gusti ed esperienze tattili aggiungono il 15-20% di memoria all'esperienza di acquisto.

C'è dunque un nuovo approccio all'acquisto non più solo motivato da necessità, ma da curiosità ed interesse. In un pubblico di consumatori sempre più informati è necessario suscitare interesse tramite un coinvolgimento a 360° intellettuale, fisico ed emotivo.

La chiave d'accesso alla memoria ed all'attenzione dell'acquirente è questo dialogo che da spazio ai contenuti e che soprattutto lo mette al centro dell'attenzione.

Tutto questo ti consentirà di aumentare il tempo di permanenza nel negozio e di creare un nuovo mercato, per un cliente nuovo.

La creatività alla base del successo di ogni impresa

Formazione, impegno e professionalità sono alla base del successo oggi ma creare una tendenza o un nuovo stile richiede qualcosa in più: un talento autentico o una motivazione eccezionale.

Oggi si tende a seguire vie sperimentate e sicure nella conduzione di una farmacia grazie ai risultati delle indagini di mercato ma LA VERA INNOVAZIONE E' LA CREATIVITÀ che si colloca ad un gradino più in alto perché anticipa i tempi, non è "clonabile" con facilità ed apre una via originale.

- Nelle farmacie sono anni che troviamo gli stessi prodotti e non è stato fatto nessuno sforzo creativo per comprendere la domanda inespressa dei clienti e proporre soluzioni nuove, ricercate, speciali >> Andava bene così;

- nelle farmacie sono anni che troviamo gli stessi servizi, quelli che fanno i "concorrenti" o che ti vengono proposti dalle aziende >> Nessuno sforzo di ricerca in più, nessuna sperimentazione nell'attesa della remunerazione e della "farmacia dei servizi". Del resto "sono troppo occupato dalla burocrazia";

- il linguaggio usato in farmacia è da anni proposto nello stesso modo: commerciale, banale, incomprensibile alla maggior parte delle persone >> Parole come "paido" o "prescrizioni" o "igiene orale" o "fitoterapia" tappezzano i muri di tante farmacie che forse dovrebbero rivedere il loro approccio;

- nel settore degli arredamenti, sono anni che le piccole falegnamerie con i propri agenti venditori cercano di convincere i farmacisti che essere produttori è meglio, consente di personalizzare ma soprattutto costa meno >> Dover ammortizzare il costo dei macchinari significa invece dover proporre sempre le stesse cose: il risultato è un'immagine artigianale, statica, banale, di basso profilo.

Nel mondo intanto vanno avanti le idee prima dei prodotti.

Cresce la Apple che NON produce ma ha IDEE, cresce Ikea che NON produce ma ha IDEE e le sa commercializzare bene, ecc...

Le aziende destinate a chiudere sono solo quelle senza idee, costrette a proporre quello che propongono gli altri...

"Il vero viaggio di scoperta non consiste nel cercare nuove terre, ma nell'avere occhi nuovi". (Proust)

Creare un percorso di vendita in farmacia

Partiamo da 2 constatazioni:

1. il percorso che fa il cliente in farmacia è quello PIÙ BREVE DALL'INGRESSO AL BANCO;

2. chi sostiene che oggi NON ci debba essere un percorso obbligato in farmacia, salvo rari casi, SI SBAGLIA!

Ecco come rendere più produttiva, funzionale e fruibile la farmacia coinvolgendo, intrattenendo ed emozionando il visitatore per incrementare le vendite a libero servizio.

IERI il tuo cliente aveva una ricetta in mano, tanta fretta e tanti pensieri quando entrava in farmacia, OGGI... è lo stesso!

Frettoloso il signor Rossi si fionda verso il primo bancone, collocato a tre passi dall'ingresso, sbuffa, vuole spedire la ricetta, poi gira i tacchi e va via.

Questa scena si ripete ogni giorno con la complicità del farmacista che ha sempre considerato questa velocità come EFFICIENZA: "*Vengono qui perché sanno che DA NOI non fanno la fila, bisogna servirli subito*". AVANTI IL PROSSIMO dunque, è il richiamo che scandisce il tempo in farmacia...

Penso a quell'aria di tensione che si respira nei pressi del bancone: da una parte il cliente in fila che non vede l'ora di andar via e dall'altra il farmacista che ha sviluppato nel tempo tecniche mimetiche per non incrociare lo sguardo dell'impaziente in attesa di turno!!!

Probabilmente tra qualche anno, chi deciderà di entrare in farmacia lo farà non solo perché DEVE ma perché VUOLE (e forse in questo avrò dato anch'io il mio piccolo contributo).

Il cliente entrerà in farmacia sapendo di poter trovare soluzioni a 360° per la propria salute, si emozionerà scoprendo cose nuove, si divertirà con i propri cari (perché in farmacia si può entrare con il sorriso ed essere felici senza mancare di rispetto a chi sta soffrendo).

Ma oggi spesso non è così!
La maggior parte dei farmacisti è ancora lì, dietro al bancone, ad aspettare.
Altri invece hanno cambiato mestiere realizzando

un "market della salute" infatti sballano, registrano, espongono grandi quantità di prodotti che rivendono con ricarichi da fame.

BECCATO vero? Sei anche tu tra questi! Avevo il sospetto...

Molte farmacie, per il settore infanzia, vendono prodotti praticamente al costo... "*Ma fanno entrare la mamma!*", mi dici... senza purtroppo aver realmente verificato se poi acquista veramente dell'altro (e se quindi il gioco vale la pena).

In molti altri negozi invece, si entra con la predisposizione ad esplorare per passare un momento felice. Prendiamo l'esempio del negozio di sport: si entra per comprare un prodotto ma anche con la voglia di cercare novità.
La pianta di un negozio di sport è aperta, si circola liberamente, non potrebbe essere diversamente. Il pagamento avviene prima di uscire.

Nei supermarket il percorso è invece la nostra lista della spesa. Tutto è stato pensato per farci muovere avanti e indietro nel locale alla ricerca del tesoro. Si paga prima di uscire.

In Autogrill è ancora diverso. Si entra con un chiaro obiettivo: andare in bagno e prendersi un caffè o un panino. L'autogrill fa il 95% del suo fatturato con il merchandising, ossia grazie ai quei prodotti che NON avevamo programmato di acquistare. C'è una cassa anche in uscita.

Per alcuni aspetti, oggi la movimentazione del pubblico in farmacia è assimilabile a quella di un Autogrill: il cliente entra con un obiettivo ben preciso, spedire la ricetta.

Il problema è che poi esce senza acquistare molto di più! (mediamente, con circa un prodotto oltre il farmaco).

Si può vendere di più anche in farmacia creando un percorso di vendita? Cosa significa "percorso di vendita"?

Mediamente l'80% delle scelte d'acquisto vengono fatte all'interno del punto vendita. Acquistiamo tutti in questo modo nei negozi ma nel tuo non fai nulla per ottenere migliori risultati!

Come mai? Ti accontenti?

Puoi verificare tramite il gestionale se anche nella tua farmacia i dati confermeranno quello che ho scritto sopra (1,09 prodotti acquistati di media oltre il farmaco da ricetta) e poi decidere di **cambiare le cose**.

Il percorso di vendita in farmacia deve essere obbligato e va pianificato attentamente.
Questo cambiamento non potrà essere indolore per tutte le farmacie.
Alcune potranno infatti realizzarlo da subito, anche in modo autonomo spostando le gondole basse centrali ed organizzando la distribuzione dei settori merceologici e la comunicazione.
Per altre (farmacie con attrezzature non modulabili di falegnameria), bisognerà ricorrere dell'aiuto di un

bravo professionista.
In ogni caso TI SUGGERISCO UN PERCORSO OBBLIGATO.

La regola non è universale, non può valere per tutte le farmacie, ma incrementa notevolmente le vendite nel 90% dei casi. Il perché ha una spiegazione scientifica: il cliente in farmacia ha consolidate abitudini: entra e si dirige frettoloso al banco per spedire la ricetta.
Non è abituato a guardarsi in giro, a servirsi da solo, ad esplorare, a scoprire, ad interagire. **Dovrai educarlo, e sappi che ci vorranno mesi (da 6 a 18), per completare la missione**.

Quando gli avrai insegnato ad esplorare in autonomia la proposta grazie ad un preciso programma di assistenza ed una corretta comunicazione, potrai pensare di lasciarlo libero di circolare.

Solo dopo un periodo di transizione variabile dai 6 ai 18 mesi, il tuo cliente avrà capito che la tua farmacia funziona in modo diverso e comincerai a vedere i benefici. Diversamente continuerà a percorrere inesorabile in velocità il tragitto più veloce verso il banco.

Se credi che il tuo cliente non apprezzerà la maggiore distanza da percorrere per spedire la ricetta, ricorda che è la stessa persona che percorre chilometri all'interno dei supermarket per fare i propri acquisti con il carrello senza lamentarsi.

Se ti farai convincere dalle lagne dei primi tempi, dall'anziano che sbufferà ricordando la vecchia farmacia (lo avrebbe fatto per qualsiasi novità), avrai perso solo tempo e denaro per ritornare ad avere la stessa situazione di prima.

Se pensi che la mancata velocità possa essere un disservizio per coloro che vengono SOLO per la ricetta o che magari hanno difficoltà nel trovare parcheggio, ti suggerisco di valutare la messa a punto di una o più "casse veloci" distinte dalle altre postazioni, dove non c'è consiglio e si privilegia unicamente la velocità nell'evasione delle ricette mediche.
Ricorda sempre di avvisare bene la clientela del nuovo servizio offerto.

Concludendo

Il cliente italiano è stato educato a spedire la ricetta e niente più, questo è ciò che fa in farmacia. Per cambiare le sue abitudini **dovrai educarlo**.
Nel frattempo la soluzione più redditizia sarà sfruttare il richiamo del bancone e stimolare la sua attenzione con un percorso obbligato che gli consentirà di comprendere chiaramente tutta la proposta (meglio se organizzata a isole merceologiche), le iniziative promozionali e le tue consulenze.

Ulteriori suggerimenti:
1) eliminare il più possibile le zone fredde;
2) avvicinare l'esposizione al cliente (max 120 cm);
3) permettere il pagamento prima dell'uscita;
4) distribuire i servizi lungo il percorso;
5) creare zone focali e isole merceologiche;
6) migliorare l'assistenza ai reparti;
7) migliorare la comunicazione;

I 3 momenti dell'esperienza d'acquisto in farmacia

Quando il cliente entra in farmacia attraversa i 3 momenti dell'esperienza d'acquisto che sono:

1. **Attrazione**
2. **Coinvolgimento**
3. **Convincimento**

Ti sei mai chiesto perché la maggior parte dei tuoi clienti visita mediamente SOLO un terzo dell'area destinata al pubblico?
Come mai entrano, percorrono la strada più corta verso il banco e poi girano i tacchi ed escono senza fare altri acquisti?

La tua farmacia non è coinvolgente! Intrattenere ed emozionare il visitatore sono un obiettivo primario per la sostenibilità della tua impresa.

Puoi fare ancora finta di niente, pensare che l'unica soluzione sia quella di aspettare ancora o magari vendere ad una catena di farmacie... diversamente è arrivata l'ora di voltare pagina, comprendere le dinamiche di acquisto della clientela e mettere in campo nuove armi.

Momento 1 - ATTRAZIONE

Il cliente generalmente programma la sua visita in farmacia quando ha una necessità.

Nel 13% dei casi INVECE va in farmacia perché attratto da un messaggio che legge durante la giornata. Parlo per esempio della comunicazione dell'insegna, dell'ingresso e delle vetrine.

Il cliente potrebbe comunque cambiare idea e decidere di uscire dopo pochi istanti. Mediamente impiega poco più di 6 secondi per stabilire se vale la pena rimanere o uscire. In questi 6 secondi la tua farmacia dovrà stupire, convincere ed "intrappolare" il cliente nello SPAZIO DI VENDITA (non davanti al banco ad attendere il proprio turno annoiato e nervoso!)

Il cliente muove i primi passi all'interno della farmacia nella cosiddetta zona di **decompressione**. In quest'area, di dimensioni variabili a seconda dell'estensione del locale, si abitua alla nuova atmosfera e si orienta all'interno di un nuovo spazio. Qui non ha senso esporre per vendere, è invece il luogo adatto per accogliere ed informare sul funzionamento della farmacia (offerta, numero d'ordine, cestini, ombrelli, ecc.).

Appena entrato dovrà ricevere spiegazioni semplici ed immediate. Fin dai primi sguardi dovrà percepire le categorie esposte, i servizi offerti e capire dove si trova il banco delle spedizioni.

La prima impressione dipende dal feeling che riuscirà ad instaurare con l'ambiente che lo circonda e dalla facilità con cui potrà muovere i propri passi in autonomia. La prima impressione è fondamentale! L'ambiente dovrà quindi da subito accogliere, comunicare, coinvolgere, creare attenzione e curiosità ma ancora di più RACCONTARE UNA STORIA.

Hai una storia da raccontare? Ai tuoi clienti piacerà moltissimo ascoltarla...
Se coinvolgenti le storie hanno sempre successo, da quando eravamo piccoli, e rimangono impresse nella mente.

Momento 2 - COINVOLGIMENTO

Il tuo cliente percorre lo spazio di vendita verso il banco etico con l'idea di spedire la ricetta ed è propenso ad acquistare altro ma...

Se credi che ormai pochi dei tuoi clienti posso permettersi di "spendere" in farmacia - *"vivo in una zona difficile, dove la gente ha pochi soldi"* - pensa invece all'enorme vantaggio che hai rispetto ad altre attività: chi entra in farmacia sa già che comprerà! Questa propensione all'acquisto è una marcia in più e va sfruttata al meglio.
Ti sei mai chiesto cosa può invogliare i clienti ad esplorare tutta la farmacia?

1) Passeggiare agevolmente tra le attrezzature
Tramite i percorsi è possibile veicolare la circolazione dei clienti. La maggior parte di loro sanno esattamente dove dirigersi e fanno la via più breve verso il banco etico.
Educando il cliente sarà possibile cambiare le sue abitudini e cominciare a vederli circolare senza una meta precisa attratti da "focal point", punti di attrazione.

2) Sostare tranquillamente davanti ai prodotti esposti
Il cliente deve sentirsi libero di vedere, raggiungere, toccare e provare tutto ciò che desta il suo interesse senza intralciare il passaggio degli altri clienti.
E' necessario uno spazio comodo antistante alle attrezzature in cui sarà possibile fermarsi. Allo stesso modo bisognerà destinare aree più riservate a prodotti per i quali è importante l'assistenza di un addetto alla vendita.

3) Circolare in un ambiente piacevole
Lo spazio deve coinvolgere, suscitare curiosità, creare attenzione.
Ricorda che più il cliente rimane all'interno del punto vendita più cresce la possibilità che decida di acquistare qualcosa. L'80% degli acquisti di prodotti extra farmaco vengono decisi all'interno della farmacia.
Uno spazio interessante, movimentato e pieno di elementi di attrazione non può che attirare l'attenzione del cliente sui prodotti esposti.
Il layout dello spazio di vendita deve essere pensato per eliminare i punti morti (aree fredde), le zone arretrate e non visibili, le aree difficili da raggiungere e infelici, con l'obiettivo di invogliare il cliente a muoversi per tutto spazio commerciale.

Momento 3 - CONVINCIMENTO

L'atmosfera dello spazio di vendita riveste un ruolo fondamentale. Ricorda che solo il 50% della motivazione d'acquisto è legata al prodotto.
La parte restante dipende dall'influenza dell'ambiente sul cliente.

Che atmosfera si respira all'interno della tua farmacia? VECCHIA!

L'atmosfera è un fattore che aiuta a convertire le intenzioni comportamentali in desiderio d'acquisto e per questo è necessario progettare ambienti capaci di creare emozione, felicità, stupore stimolando tutti e 5 i sensi.

- **la vista**: colori, forme, luminosità dell'ambiente
- **l'udito**: la musica con il suo tono e volume
- **l'olfatto**: aromi e profumi
- **il tatto**: la morbidezza, la levigatezza delle superfici, la temperatura

L'atmosfera influenza il comportamento d'acquisto. E' un mezzo per creare attenzione nel cliente, per comunicare un'immagine distintiva sul mercato, serve a trasmettere valori culturali.

Tutti gli elementi di architettura e design dalla pavimentazione al rivestimento dei muri perimetrali, dal soffitto all'arredo, dai materiali ai colori, dalle finiture all'illuminazione assumono una forte valenza comunicativa troppo spesso trascurata.

Non basta più differenziarsi dalla concorrenza attra-

verso l'offerta merceologica e/o attraverso i servizi complementari all'acquisto.
Il cliente vuole oggi provare sensazioni e l'acquisto diventerà sempre più un'esperienza unica che stimola la sensorialità.

Il decalogo del libero servizio in farmacia

Sviluppare il libero servizio in farmacia in 10 passi!

Di seguito le 10 regole SCIENTIFICHE per sviluppare le vendite d'impulso, frutto delle analisi sul comportamento del consumatore in farmacia.

Un compendio sintetico, unico nel suo genere, che ti permetterà di apportare in autonomia le necessarie modifiche al reparto commerciale, cambiare strategia e migliorare le vendite... DA SUBITO!

ottimizzazione del layout

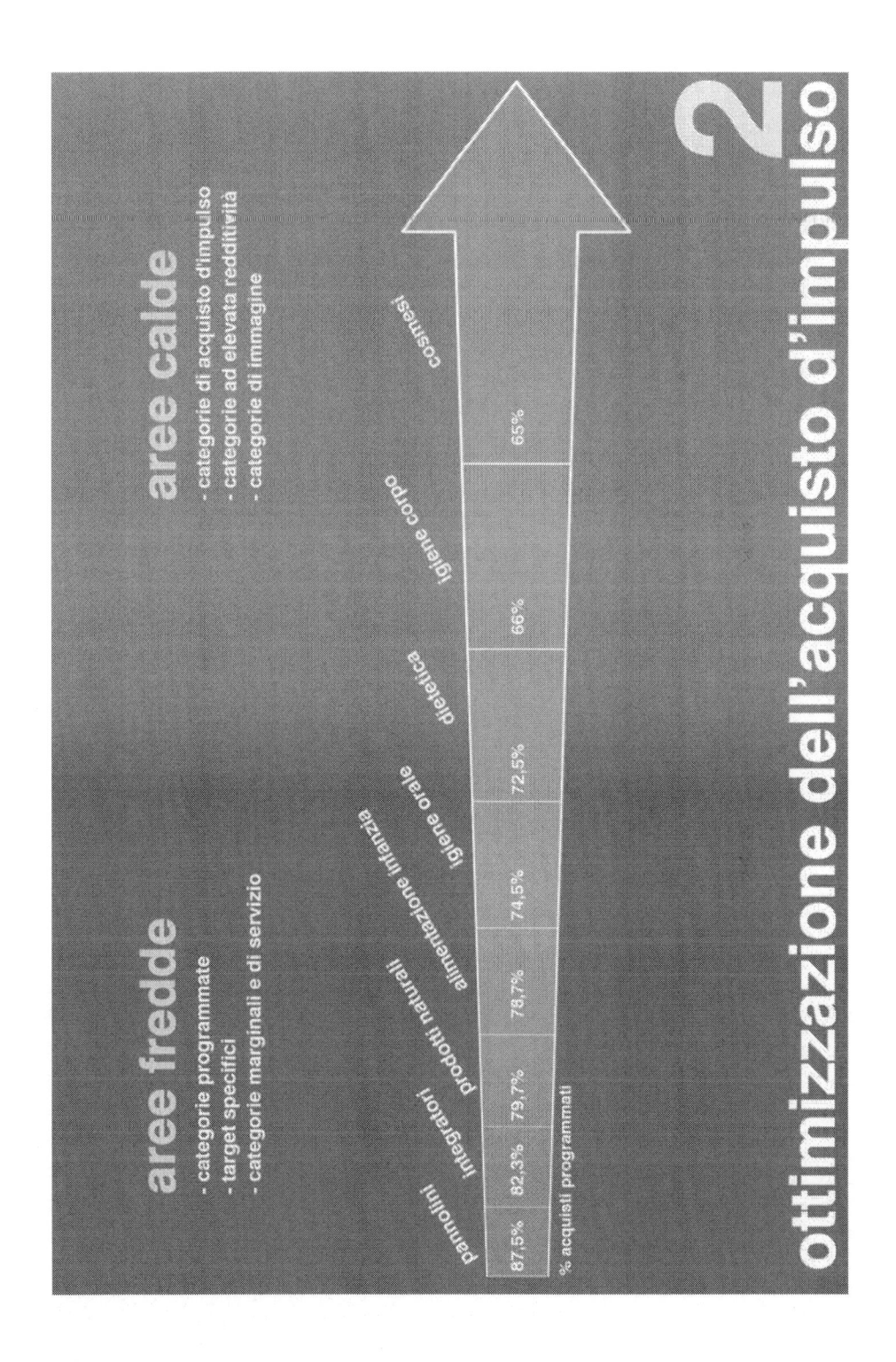

2 ottimizzazione dell'acquisto d'impulso

aree calde
- categorie di acquisto d'impulso
- categorie ad elevata redditività
- categorie di immagine

aree fredde
- categorie programmate
- target specifici
- categorie marginali e di servizio

pannolini	integratori	prodotti naturali	alimentazione infanzia	igiene orale	dietetica	igiene corpo	cosmesi
87,5%	82,3%	79,7%	78,7%	74,5%	72,5%	66%	65%

% acquisti programmati

3 comunicazione su tre livelli

1 categoria
2 sottocategoria
3 info articolo

ottimizzazione dell'esposizione

chiarezza promo

ordine ed effetto massa

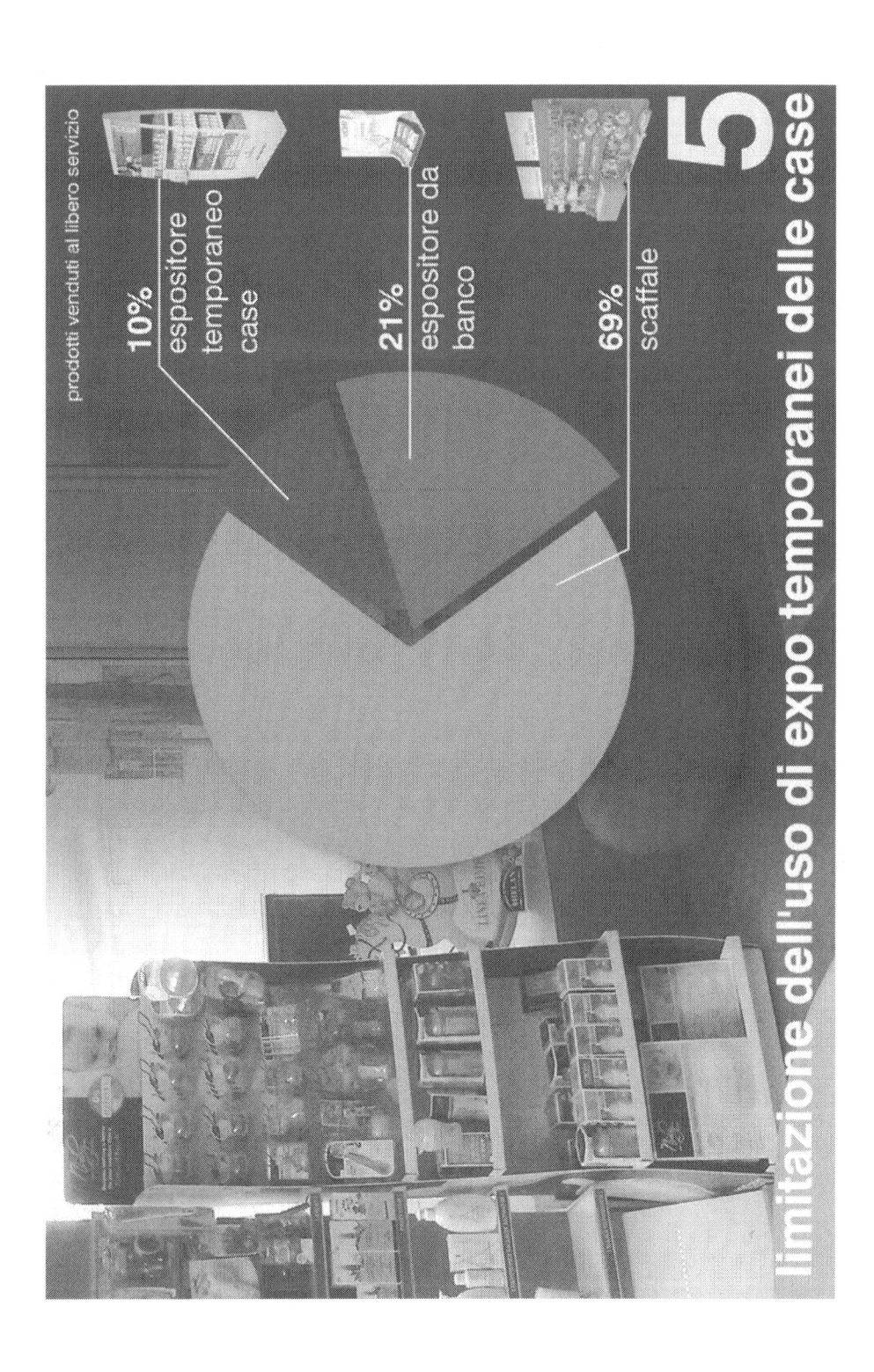

limitazione dell'uso di expo temporanei delle case

prodotti venduti al libero servizio

- 10% espositore temporaneo case
- 21% espositore da banco
- 69% scaffale

5

6
accessibilità senza barriere

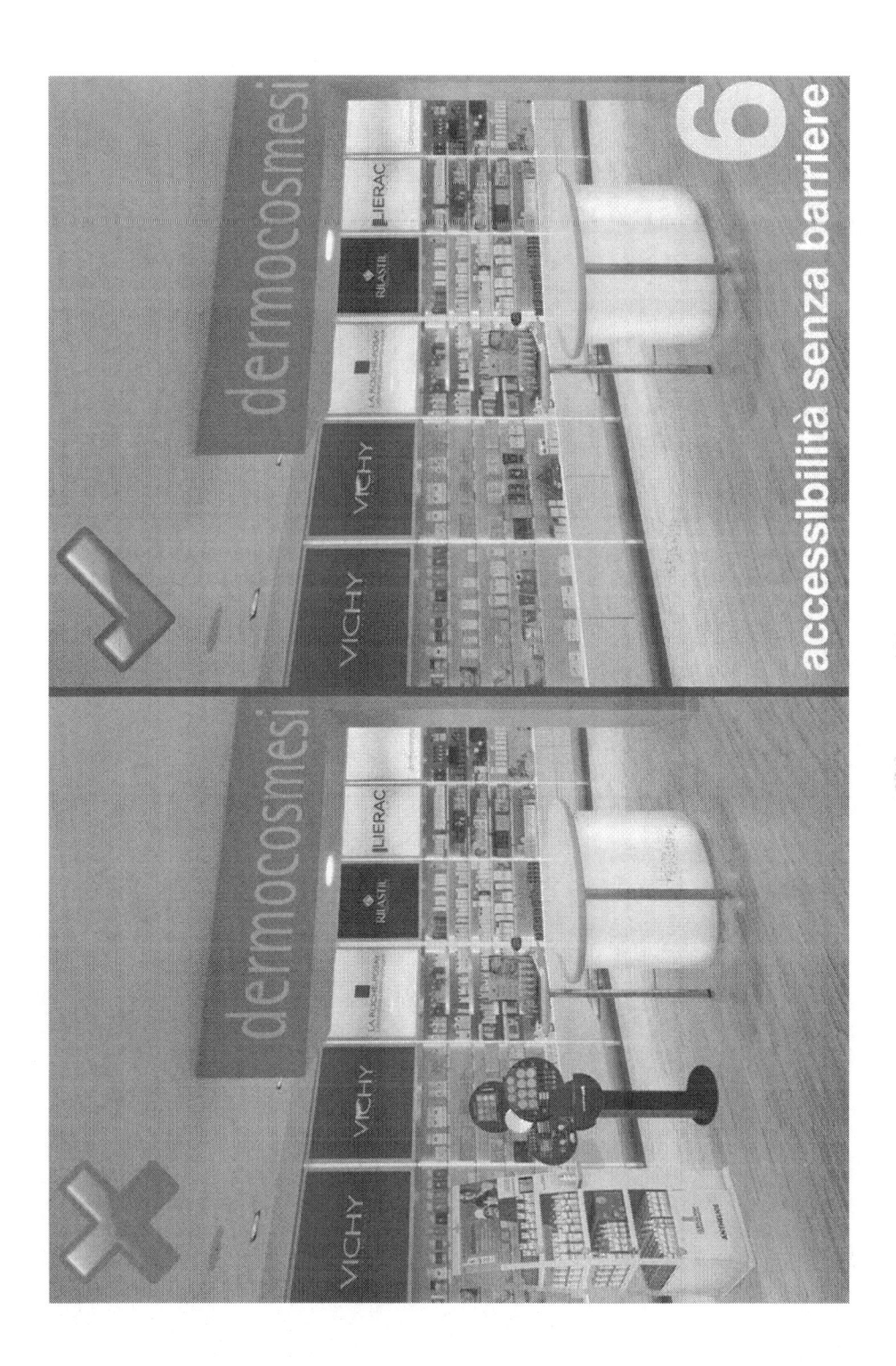

7 avvicinamento dei prodotti

> l'acquisto di impulso nasce se la distanza tra cliente e prodotto è inferiore a 120 cm

> il 41% dei clienti interagisce con scaffali, prodotti, espositori

> il 90% delle persone che toccano un prodotto lo acquistano

8

gestione intelligente del fuori scaffale

pilastro expo

monobrand

focal point

farmacia internazionale

| il **12%** acquista attratto dalla **visibilità** della farmacia | l'**1%** acquista attratto da pubblicità o prodotto in vetrina |

comunicare all'esterno 9

10 creare atmosfera

La prima fondamentale regola per lo sviluppo del libero servizio in farmacia: l'ORDINE

Una farmacia ordinata in cui l'esposizione viene curata nei dettagli è una farmacia che conquista il pubblico, lo invoglia a comprare e ritornare.

Agevolare l'individuazione dei settori merceologici e dei prodotti crea le condizioni per ridurre i costi del personale e fa aumentare le vendite, rendendo più autonomo il cliente nell'acquisto di prodotti ricorrenti (esigenza sempre più sentita).

L'arredamento e gli accessori per il merchandising devono essere pensati per valorizzare la proposta (comunicazione, luce, atmosfera). Ogni soluzione si deve poter adattare alle specifiche esigenze strategiche della farmacia assicurando ambienti funzionali.

L'ordine in farmacia si ottiene grazie a:

- un **metodo di lavoro**;

- alla creazione e rispetto di specifiche regole da parte di tutto lo staff;

- alla nomina di un **responsabile del merchandising**;

- a strumenti espositivi (arredi ed accessori) pratici, duttili e ad elevato impatto visivo.

L'esposizione e l'offerta di prodotti sono due indicatori della qualità di una farmacia e devono essere opportunamente organizzati.

La confusione è un deterrente all'acquisto e viene percepita dal consumatore come spia di un possibile disservizio. Il ruolo della farmacia come presidio socio-sanitario impone una particolare attenzione al fattore ordine.

Durante i sopralluoghi per la realizzazione di nuove farmacie di catene americane, arabe e russe, ho potuto verificare di persona che i prodotti sono disposti con un ordine quasi maniacale nonostante il personale ridotto: 1 farmacista più 1 addetto tuttofare per ogni turno di lavoro.

Come ci riescono?

Le farmacie di cui parlo fanno parte di grandi gruppi organizzati ed hanno alle spalle un management specifico per ogni settore, tra cui quello del merchandising che crea le regole, definisce e aggiorna il *planoprogramma* (un progetto specifico per l'esposizione del punto vendita contenente l'esatta collocazione dei prodotti su ogni mensola per ogni stagione), che viene poi applicato universalmente a tutti i punti vendita.

Resta il fatto che queste farmacie (con una superficie media di circa 500 metri quadrati), vengono gestite mediamente da 2 addetti e raramente si trova un prodotto fuori posto o mancante sugli scaffali.

"Ordine in farmacia" quindi, non significa solo sistemare prodotti sullo scaffale ma principalmente metodo, ruolo e responsabilità e puoi realizzarlo anche tu.

In sintesi dovrai:

- Nominare un responsabile che si occuperà del controllo e dell'approvvigionamento più volte al giorno;
- selezionare i prodotti da esporre privilegiando i più alto-rotanti (il 20% dei prodotti commerciali in farmacia fanno l'80% del fatturato);
- privilegiare "l'effetto massa" per rendere maggiormente visibile il prodotto (devi destinare 20-30 centimetri della mensola ad un solo prodotto e ripeterlo);
- eliminare gli espositori delle case che rendono molto meno di un'esposizione a scaffale coerente, BEN COMUNICATA ed ordinata;
- utilizzare più livelli di comunicazione sullo scaffale (dal macro al micro), per spiegare il prodotto alla clientela;

- Utilizzare le **regole del marketing professionale in farmacia**.

Perché:

- L'esposizione deve sempre essere al servizio del cliente in modo da favorire l'acquisto;

- il pubblico va messo in condizione di identificare velocemente e chiaramente prodotti e settori merceologici;

- gli espositori devono mostrare un'adeguata offerta di prodotti e valorizzare l'assortimento.

Per far sì che i clienti individuino bene i prodotti ed i settori merceologici, così da essere soddisfatti ed acquistare, il modo migliore è organizzare l'esposizione.

Quest'azione ti consentirà inoltre di concentrare le risorse su attività a più alto valore aggiunto come per esempio l'assistenza ed il consiglio.

Esporre con ordine e metodo permette al consumatore di diventare più autonomo e protagonista nella scelta ed aiuterà i collaboratori a consigliare meglio (si è potuto verificare che lo scaffale può diventare un vero e proprio "suggeritore" anche per il farmacista collaboratore).

Ho la fortuna di poter osservare l'andamento di numerose farmacie e noto che ci sono molte analogie riguardo le logiche di acquisto.

Credo di poter sostenere che esistono alcune regole scientifiche che se applicate rigorosamente ti permetteranno di raggiungere risultati sorprendenti in termini di profitto.

Proviamo a percorrere idealmente lo sguardo di un consumatore che entra in farmacia. Come si orienta? Come identifica lo scaffale corretto? Come visualizza il prodotto che cerca nello scaffale?

Il primo elemento determinante per la comunicazione visiva è il *crowner* o *visual*, che troneggia nella parte alta della discesa e permette al cliente di orientarsi e d'identificare il settore merceologico: pelle, bambino, cuore, e così via. Questo primo "segnale stradale" conduce il consumatore verso l'area espositiva ricercata.

Il passo successivo è il *ripiano*, dove si trovano i prodotti appartenenti alla categoria esposta.
Il ripiano è apprezzabile già da circa 1,2 metri di distanza e viene identificato dal consumatore grazie alle reglette che ne identificano la destinazione d'uso (sub-categorie): se siamo nella categoria generica capelli, per esempio, potremo trovare capelli secchi o cute.

Una volta scelto il "nostro" ripiano, come consumatori valuteremo "cosa" e "quanto" offre, vale a dire che ampiezza e che profondità il farmacista ha dedicato a quella categoria di prodotto.
Il ripiano, quindi, è un'ottima opportunità per far conoscere ai clienti nuovi prodotti e spingerne l'uso, come, nel caso del "sorriso", lo scovolino, prodotto poco noto, poco spinto eppure di grande utilità.

Altro aspetto da considerare nello scaffale è quello del prezzo. Una regola d'oro: esporlo (con eccezione dei prodotti di alta fascia che dovrebbero essere supportati prima dal consiglio).

Il prezzo rassicura il cliente, gli permette di orientarsi nell'offerta, spesso allontana l'idea della "farmacia più cara" rispetto gli altri canali di vendita e, soprattutto, stimola l'acquisto.

Infine, quando vestite lo scaffale, non dovete scordarvi di dedicare uno spazio all'informazione anche a costo di sacrificare spazio espositivo.

E' provato, infatti, che l'informazione sui prodotti esposti fa crescere i dati di *sell out*, in quanto incide profondamente sul processo di acquisto.

In sintesi

- Il 60/80% degli acquisti vengono decisi all'interno del punto vendita;

- se non si dispone il prodotto in modo ordinato sullo scaffale non ci sarà acquisto d'impulso;

- ordine in farmacia significa dedicare personale formato a questa specifica mansione (serve nominare un responsabile del merchandising);

- tenere la farmacia ordinata significa applicare un metodo e definire il planoprogramma (disegnando su ogni superficie espositiva l'esatta collocazione e comunicazione dei prodotti);

- l'esposizione va mantenuta ordinata costantemente (il responsabile ha il compito di verificare il rispetto del planoprogramma durante tutta la giornata lavorativa. Ad esempio, se un prodotto viene acquistato si occuperà di spostare in avanti quello successivo o di riempire il vuoto attingendo dalle scorte. Se un prodotto viene riposto disordinatamente dal cliente, provvederà prontamente al riordino, ecc);

- ordine significa comunicare chiaramente e coerentemente le specifiche del prodotto, il prezzo e la promozione. (sempre nelle stesse modalità, stile, colore, grafica, dimensione del testo, ecc);

- i prodotti vanno ripetuti per creare "effetto massa", circa ogni 30 cm in modo da aumentarne visibilità ed appeal;

- scalette espositive, vaschette in plexiglas di varie misure, separatori, reglette a 2 tasche per comunicare distintamente sub-categoria del prodotto e prezzo sono accessori necessari a valorizzare i prodotti, anche quelli più difficili da esporre (confezioni blisterate, pacchi ingombranti o pesanti, piccoli prodotti o "fuori standard").

La luce come strumento di vendita

Nel 1879 *Thomas Edison* a 32 anni inventava la lampadina ad incandescenza. Tre anni dopo New York era già illuminata da 5000 lampadine.

Era finita un'epoca, legata ai ritmi ed alle cadenze della natura: il sole, il giorno, la notte, le stagioni. Si affievolivano sino a diventare ricordi ed ombre immagini, rumori, odori che fino ad allora erano stati il mondo dei nostri avi.

Il naturale lasciava il posto all'artificiale.

Benvenuti nel mondo che non dorme mai!

La farmacia perché dovrebbe rimanere immune? Perché lo speziale usa ancora la candela nel suo laboratorio tra i suoi alambicchi?

La differenza tra l'illuminazione degli *shop* delle grandi marche nei grandi centri e la maggior parte delle farmacie di quelle stesse città è davvero stridente.

Nelle prime c'è un rincorrersi di immagini, luci e suoni, a volte anche di profumi, che catturano l'attenzione del cliente, lo rendono partecipe e lo coinvolgono nel rito dello shopping.
Nella maggioranza delle farmacie, e non solo in Italia, questa attenzione che è rispetto verso la curiosità del cliente, è del tutto trascurata ma l'illuminazione è un fattore determinante.

Con la luce la farmacia parla coi suoi clienti, mette in risalto i settori, le linee o i prodotti che vuole evidenziare, li accompagna lungo il percorso, li sorprende e li rassicura, rendendo magica l'atmosfera.

Come la professionalità del farmacista è il valore aggiunto al prodotto così l'illuminazione lo è per l'ambientazione e l'arredo e per questo motivo nella mia attività di architetto do molta importanza allo studio illumino-tecnico che fa da complemento ad ogni studio progettuale.

Due sono i fattori da tenere presente: K ed Lx.
K sta per gradi *Kelvin* ed indica la temperatura della luce; Lx sta per Lux ed è l'unità di misura per l'illuminamento.

La luce ed i colori per come noi li vediamo non sono altro che una interpretazione del nostro cervello. Esso raccoglie le informazioni dall'occhio e le elabora, influenzato inoltre dalle differenti condizioni di luce che rende difficile una catalogazione standard dei colori perché ogni cervello percepisce e filtra a suo modo le informazioni.

Ciò ha indotto a creare una convenzione per stabilire la tonalità di colore della luce. La luce si definisce convenzionalmente bianca quando ha una temperatura colore attorno ai 5500 K attribuita alla luce diurna.

Il colore di un oggetto dipende intrinsecamente dalla temperatura dello stesso, nasce quindi un'associazione fra calore di un corpo e colore del corpo ad una data temperatura. Lo 0° K è pari a -273°C.

Se utilizzeremo per la farmacia una temperatura colore bassa (2000/3000 K) avremmo una dominante calda, adatta ad una gioielleria o ad una boutique di lusso, se utilizzeremo viceversa una alta (6000/7000 K) avremo una dominante fredda, adatta ad un centro alimentare o ad un ospedale.

Sono contrario ad una luce uniforme, magari come quella diurna, perché l'eccessivo appiattimento tra esterno ed interno rilassa la vista ma non crea curiosità. Meglio un intrigante mix, dove le luci fredde sono lineari ed hanno lo scopo di scolpire ed evidenziare i volumi e quelle calde sono puntiformi e mettono in risalto i prodotti.

Il lux è pari ad un lumen per mq. La luce del sole varia tra i 32.000 ed i 100.000 lux, la luna è pari ad 1 lux. Ogni lampadina dispone di un suo livello di illuminamento espresso in Lx e di una curva fotometrica rapportata ai piani orizzontale e verticale e relativa all'ampiezza di apertura espressa in gradi.

Esistono inoltre alcuni parametri che fanno da riferimento:

- garantire almeno 500 lux per le zone di vendita;

- 250 per le zone di attesa e passaggio;

- 120 per zone deposito;

- 1600 per le vetrine in vie animate;

- 3000 per le vie principali;

- fino a 5000 per contrastare la luce diurna.

Ci sono poi altre fonti luminose, non convenzionali, che stanno emergendo.

La loro prerogativa non è tanto quella di illuminare ma quella di farsi vedere. Sono pertanto per ora legate ad un ambito prettamente scenografico ed hanno la caratteristica di emanare luce fredda a bassissimo consumo e lunga durata.

Appartengono a questo gruppo le fibre ottiche, ideali per riprodurre i cieli stellati od illuminare prodotti sensibili al calore o i laser che creano effetti altamente decorativi bucando l'aria coi loro raggi e disegnando testi od immagini.

Conoscere e capire la luce, sfruttandola a proprio vantaggio, è molto importante per rendere unico l'ambiente di vendita per i vostri clienti e piacevole il vostro luogo di lavoro.

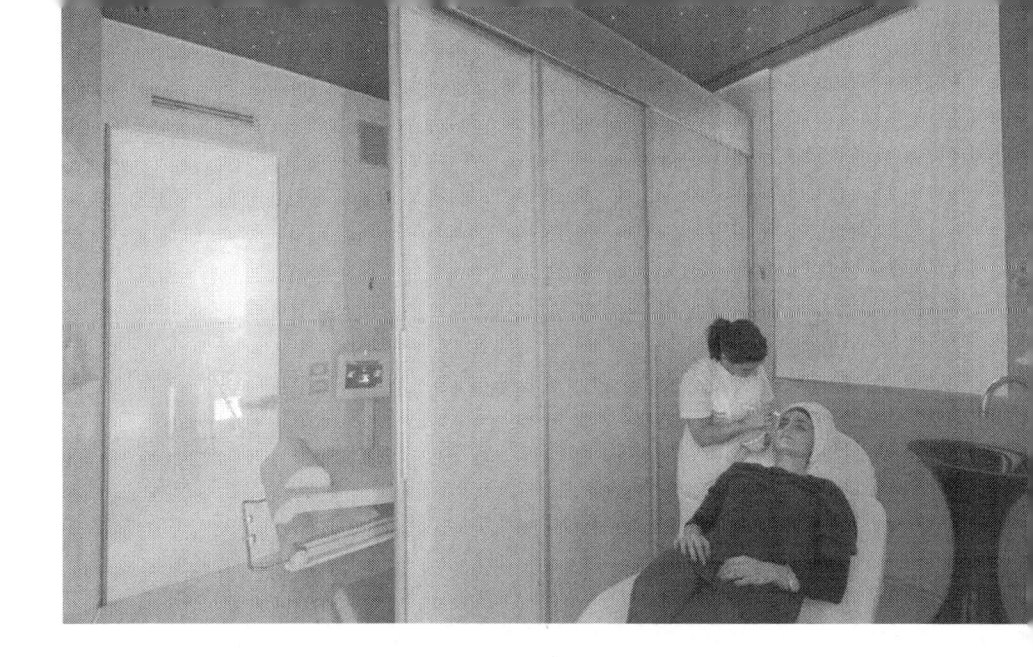

2 strategie di comprovato successo per sviluppare i servizi a pagamento

I servizi offerti in farmacia DEVONO essere di qualità e si DEVONO pagare.

I tuoi clienti non pagano la misurazione della pressione? Ritieni il servizio in farmacia principalmente un costo? Vuoi sapere perché i tuoi clienti ti chiedono lo sconto?

Perché sono MALEDUCATI... da te!

Si entra in farmacia per un problema, ci si mette in file ad aspettare il proprio turno e si esce velocemente.

Se pensi che sia arrivato il momento di cambiare le

abitudini del tuo cliente, trattenerlo maggiormente per proporgli nuovi prodotti e servizi dovrai RIEDU-CARLO.
Se vuoi un cliente che ti ascolti, si fidi di te, creda nei tuoi suggerimenti e continui a comprare da te anche in futuro, dovrai fornirgli molte più informazioni ed essere sicuro che vengano recepite.

Rieducare il cliente non è una missione semplice ma neanche impossibile, si possono cambiare le abitudini delle persone, soprattutto se gli si propone un vantaggio nel farlo.

Per rieducare il cliente serve innanzi tutto una nuova comunicazione in farmacia che spieghi con chiarezza tutto quello che gli puoi offrire, senza sconti!

Se la comunicazione in farmacia sarà carente, la tua proposta verrà omologata a quella della concorrenza che vende gli stessi prodotti e servizi. La sola differenza percepita sarà il PREZZO e naturalmente vincerà quello più conveniente.

Sei costretto a fare sconti per vendere perché proponi le stesse cose che propongo gli altri.

Crea nella tua farmacia un'esperienza completamente diversa, cambia il modo di comunicare, l'accoglienza, coccola, stupisci, conquista!

Prendi le idee che funzionano in altri settori e adattale al tuo mondo, ti basterà essere un buon osservatore ed analista dei comportamento sociali per apportare innovazioni positive che, vedrai, la gente apprezzerà.

Si può prendere ispirazione da una Spa, da una palestra o da un ristorante? Cosa di buono puoi prendere da un'altra attività per dare un valore aggiunto ai tuoi clienti?

L'innovazione è proprio questa, non significa inventare ma re-inventare nel proprio settore quello che funziona benissimo in altri.

A questo punto voglio suggerirti **2 strategie** che potrai provare subito per aumentare i tuoi profitti facendoti pagare il servizio:

1) Crea una nuova esperienza per i tuoi clienti, servizi che non troveranno da nessun altra parte perché proposti in modalità nuove, uniche... ed alza i prezzi;

2) Spiega che il servizio che fai funziona meglio per il tuo cliente perché condensato in minor tempo.
Riduci i prezzi del servizio ma libera il tuo tempo per farne di più.

Uno spazio accogliente

L'architettura dei negozi fa la città, dà identità al luogo.

L'interazione tra cliente ed ambiente è l'essenza dello spazio vendita: essa passa attraverso l'organizzazione spaziale, la suggestione scenica, la capacità di coinvolgimento emotivo.
Il potere della seduzione nell'architettura di interni consiste nel creare ambienti in cui il fruitore possa riconoscersi, identificarsi, essere non oggetto passi-

vo di tempeste sensoriali ma soggetto attivo e selettivo.
Gli atti del vendere e del comprare, non più fini a se stessi, devono divenire occasioni di conoscenza, di relazione ed anche, perché no, di piacere. Lo spazio vendita, non solo strumento di comunicazione commerciale, ma luogo di scambio e di condivisione di emozioni, col farmacista capace di educare il pubblico per renderlo cosciente della propria cultura e del proprio stato. Credo sarà proprio questa capacità di ritornare ad insegnare, che renderà la farmacia così diversa da qualunque altro negozio commerciale.

La professione del farmacista sta profondamente cambiando e si vede anche dal look.
Sono sempre più i titolari che decidono di modificare o ampliare i propri locali per dare più spazio a reparti fino a pochi anni fa meno evidenti rispetto al farmaco tradizionale, come la dermocosmesi, l'igiene della persona, la nutraceutica, le medicine non convenzionali e organizzano salette dove poter consentire un dialogo riservato tra paziente e farmacista, effettuare esami di autoanalisi (glicemia, colesterolo, emoglobina, esame delle urine), ma anche trattamenti estetici e in alcuni casi addirittura conferenze tenute da personale specialistico.

In altre parole, più spazio all'area benessere e al rapporto con il cliente, che si fa sempre più personalizzato.

Salute e benessere sono le parti di una forbice che si apre o fanno parte di un unico progetto?
La salute non è solo assenza di malattia ma il completo stato di benessere fisico, psichico e sociale.

E' quello che cerca la gente e che deve trovare in farmacia.
Devi spostare la visione della farmacia da un luogo deputato alla cura, un concetto ben radicato nei clienti, a un luogo dove è possibile prevenire e mantenere lo stato di salute.

Occorre quindi dare più spazio anche ad aree diverse dal farmaco e trasmettere l'impegno del farmacista non solo quando c'è una malattia in atto, ma anche prima del suo sviluppo.
La gente deve entrare con piacere in farmacia, sapendo di poter trovare un posto adatto ad accogliere tutte le sue richieste, comprese quelle di benessere.

MI PRENDO CURA DI

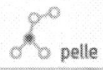

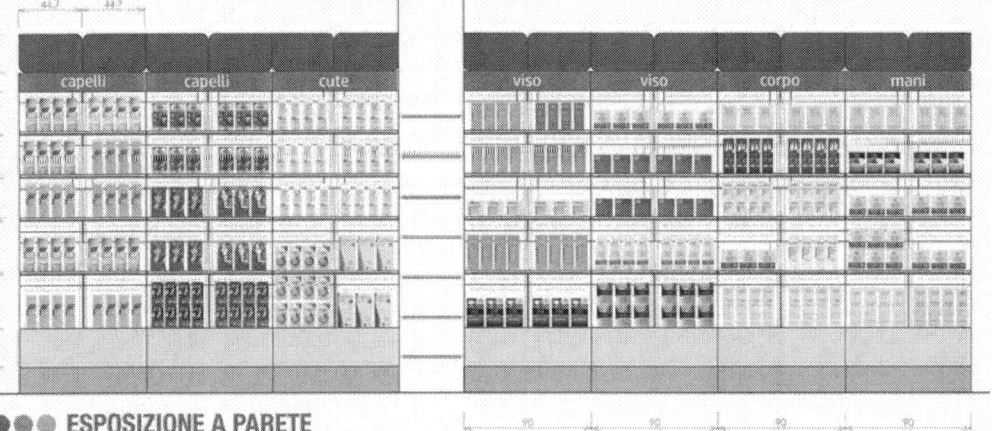

●●● ESPOSIZIONE A PARETE

I principi base dell'acquisto in farmacia

Ci possono essere tre tipi di acquisto (extra-farmaco), in farmacia:

1. PREVISTO, il cliente sa in anticipo quello che acquisterà;

2. PROGETTATO, il cliente conosce ciò di cui ha bisogno ma non ha ancora definito la marca;

3. ACQUISTO D'IMPULSO, il cliente non ha intenzione di fare un determinato acquisto.

Dagli studi sull'osservazione del comportamento del consumatore in farmacia sappiamo che il 60% delle persone prendono una decisione d'acquisto quando sono in farmacia; solo il 25-33% dei clienti hanno preparato prima l'elenco di prodotti che desiderano acquistare; le informazioni e le dimostrazioni del prodotto nella farmacia hanno spesso un impatto decisivo sull'acquisto.

E' scientificamente provato che il desiderio di acquistare qualcosa si trova all'interno del subconscio umano e che dipende principalmente da 4 fattori:

1. La giusta disposizione, comunicazione ed illuminazione dei prodotti in farmacia;

2. Il consiglio del farmacista;

3. L'interazione con tra cliente e proposta;

4. La capacità del punto vendita di attrarre ed emozionare.

Riguardo le abitudini del cliente sappiamo invece per certo che:

- Il 95% dei clienti in farmacia visita solo un terzo del punto vendita;

- Il 90% dei clienti desidera trovare tutti i prodotti da acquistare senza percorrere grandi distanze;

- La maggior parte dei clienti (destrorsi) preferisce andare dritto senza girare a destra o a sinistra, ma comunque tende a guardare e prendere i prodotti che sono situati sulla destra;

- La maggior parte dei clienti gira a sinistra, in senso antiorario, durante l'esplorazione della farmacia;

- I clienti evitano i luoghi rumorosi, bui, sporchi e poco illuminati.

In relazione all'esposizione dei prodotti possiamo sempre distinguere punti di forza e di debolezza.

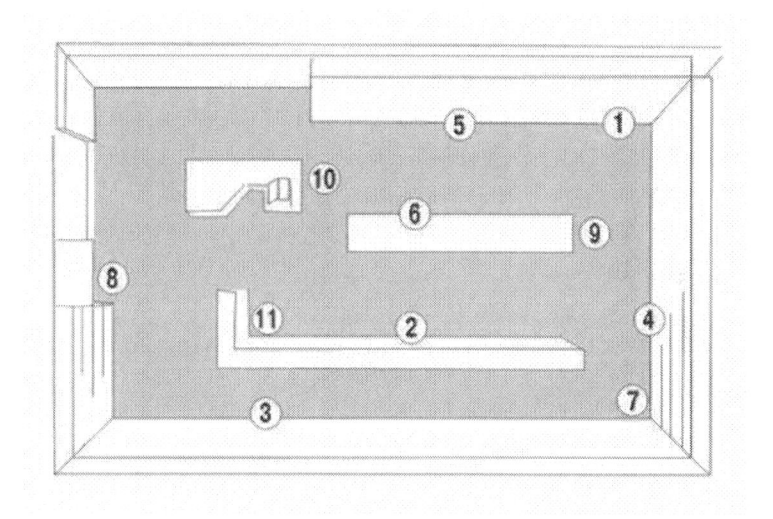

Punti di forza
5, 3 - espositori verticali sul lato destro lungo il percorso dei clienti
11   - gondole espositive "da scontro" lungo il percorso
1, 4 - luoghi con una buona visibilità frontale
10 -   scalette espositive sul banco etico
9 -   parti terminali delle gondole (end cap)

Punti di debolezza
2, 6 - espositori verticali sul lato sinistro lungo il percorso dei clienti
7   - angoli
8   - zone accanto all'entrata/uscita della farmacia

Tutta l'esposizione della farmacia dovrebbe essere frequentata allo stesso modo.
Questo si può ottenere 1) grazie ad un **percorso "obbligato"** verso il banco etico oppure 2) attraverso l'utilizzo di **"focal point"**, punti focali e "prodotti civetta", quelli che sono più frequentemente cercati dai clienti.
Gli espositori in farmacia sono spesso considerati oggetti di design e selezionati principalmente in base al gusto estetico del farmacista o meri supporti scelti in base al minor costo. Un arredamento dovrebbe invece essere scelto in quanto ritenuto il miglior strumento per:

1. indurre un cliente che ha già acquistato a ripetere l'acquisto;

2. in caso di primo acquisto, VALORIZZARE IL MARCHIO DELLA FARMACIA;

3. indurre un cliente a sostituire un marchio noto con il marchio della farmacia;

4. in caso d'acquisto d'impulso, far privilegiare i prodotti a marchio della farmacia;

5. in caso di acquisto programmato, fornire tutte le informazioni che il cliente ricerca sul prodotto.

E' noto che all'interno della farmacia i clienti si spostano alla velocità media di un metro al secondo, mentre l'occhio umano è in grado di vedere un oggetto se situato nel campo visivo per almeno 1-3 secondi.

Sappiamo inoltre che generalmente un cliente vede meglio i prodotti che si trovano all'altezza degli occhi (120-160 cm da terra).

Prendendo in considerazione questi dati, lo spazio destinato ad ogni prodotto dovrebbe essere più di 33 cm, solo in questo caso si sarà notato.

Dopo aver determinato la loro ubicazione, devi definire **la giusta disposizione dei prodotti sugli scaffali** considerando che i clienti in farmacia, come illustrato precedentemente, tendono prima di tutto a guardare ed interagire con i prodotti che si trovano a destra, quelli dunque che hanno più probabilità di essere visti e comprati.

Molta attenzione viene rivolta inoltre ai prodotti collocati centralmente nello scaffale.

Si possono inoltre distinguere nello scaffale alcune aree:

- aree orizzontali forti: al centro del ripiano e nel mezzo di un gruppo di prodotti, accanto al lato destro;

- aree orizzontali deboli: a sinistra della metà del ripiano o di parte di un gruppo di prodotti;

- aree verticali forti: a livello degli occhi e del petto;

- aree verticali deboli: a livello delle caviglie dal basso ed oltre il livello di testa (piegarsi o allungarsi per prendere un prodotto).

La visualizzazione dei prodotti sugli scaffali in farmacia

La **gondola** è un arredo basso autoportante strutturato a ripiani. Contiene aree forti e deboli.
Deboli sono le parti che si trovano all'altezza delle caviglie in cui un prodotto può essere meno comodamente percepito.
La testata è la parte anteriore (lato stretto) della gondola, ed è il luogo perfetto dove collocare i nuovi prodotti e le offerte (solo le prime mensole sono "calde", le ultime invece non vengono considerate).

Proporre i prodotti a marchio farmacia sulle testate di gondola, dove invece vengono generalmente collocati i prodotti noti delle multinazionali della stessa categoria, può essere un'ottima strategia per conquistare la fiducia e favorire l'acquisto.

Gli **espositori alti a parete** sono la migliore destinazione per i prodotti e forniscono il più alto grado di probabilità che il prodotto sarà notato dal cliente. I migliori risultati espositivi si ottengono sui prodotti collocati ad altezza degli occhi o quando si decide di utilizzare 3 piani per esporre lo stesso prodotto.
Informazioni, bandiere e vele sono accessori che dovrebbero essere sempre collocati sugli espositori verticali per comunicare meglio e attirare l'attenzione.

Applicare queste semplici regole di merchandising ti consentirà di ottenere considerevoli benefici economici. Lo spostamento di posizione di un prodotto dai piedi al livello del petto aumenta infatti mediamente il volume di vendita del 34%, mentre lo spostamento dal petto al livello degli occhi del 63%. Gli espositori alti a parete in farmacia possono, a secondo della merceologia esposta, godere di diversi gradi di attenzione da parte della clientela, ma i prodotti che si trovano al livello degli occhi o del petto hanno molte più possibilità di essere acquistati rispetto gli altri.

Conclusioni

- la vista umana non può memorizzare l'immagine di un prodotto se il tempo di osservazione è inferiore a 1-3 secondi;

- Lo spazio visivo dedicato ad ogni prodotto esposto sui ripiani dovrebbe essere almeno 20-30 cm in modo che un cliente possa vederlo e memorizzarlo;

- nel caso sia impossibile dare 20-30 cm ad ogni prodotto per ragioni di spazio, sarà necessario creare almeno 2 linee dello stesso prodotto, al fine di migliorare la visibilità e l'attrattiva;

- Se disponiamo di uno scaffale di 1 metro, potremo collocare 3/5 tipi diversi di prodotto su ogni ripiano, cioè 20-30 centimetri per ogni diverso prodotto;

- un cliente si sposta alla velocità media di un metro al secondo nell'area commerciale;

- i clienti percorrono la strada verso il banco privilegiando il senso antiorario, da destra verso sinistra.

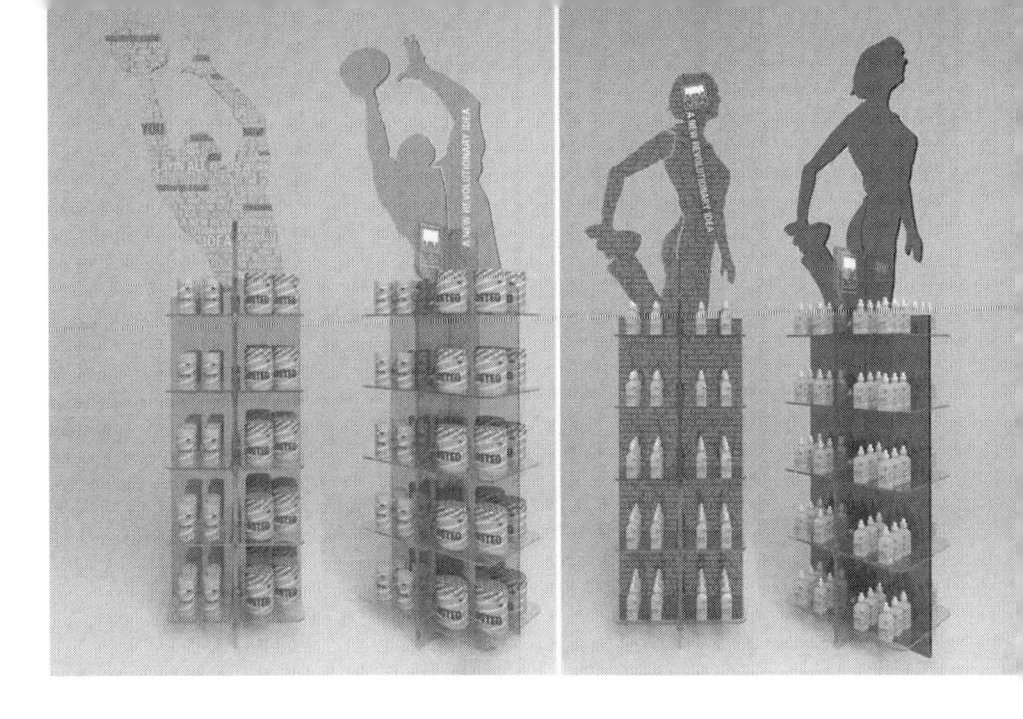

Il vademecum del visual merchandising in farmacia

di Fiona Sartoretto Verna
architetto e responsabile estero Sartoretto Verna Srl

Vedo decine, centinaia di farmacie in giro per il mondo brutte, con layout sbagliati e personale non all'altezza ma sempre con i prodotti allineati perfetti, ben presentati e senza buchi per mancato ricarico dello scaffale.

E in Italia? Siamo un popolo di disordinati? Non penso.

Credo solo che non abbiamo ancora studiato ed applicato le regole del **visual merchandising**.

Ti consiglio di dare un occhiata agli altri canali di vendita osservando esclusivamente la disposizione dei prodotti, la comunicazione delle categorie e cosa fanno i clienti all'interno dei locali.

Cosa penseresti se da *Sephora* l'esposizione fosse carente o i prodotti fossero disposti in maniera caotica?
Perché nelle catene le offerte e le novità sono tutte comunicate ordinatamente in testa alle gondole espositive e vengono aggiornate costantemente?

Ho preparato per te *il vademecum del visual merchandising della farmacia Italiana*!
Sei pronto? Partiamo!

Il merchandising è ogni tecnica, azione o materiale usato in farmacia per dare informazioni e maggiore visibilità a prodotti, brand o servizi, con lo scopo di motivare ed influenzare le decisioni d'acquisto del cliente.
Per farla corta il merchandising facilita la decisione all'acquisto, quindi non saperlo applicare bene limita i tuoi profitti.

La tua farmacia dovrà costantemente cambiare, evolversi ed offrire ai clienti supporto e nuovi prodotti in modo da alimentare necessità e curiosità e farli tornare.

Ma quali sono le tecniche da applicare?

- **Acquisto dei prodotti:** sapere cosa acquistare e quando acquistarlo. Il restare senza un prodotto o non averlo quando il cliente lo chiede potrebbe significare anche perderlo per sempre!

- **Riposizionamento dei prodotti**: non lasciare buchi sullo scaffale. Spazio significa vendita e vendite significano profitti. Senza considerare poi che otticamente non è per niente invitante se mancano i prodotti. Si trasmette un'immagine disordinata e di poca affidabilità;

- **Ridotto assortimento di prodotti**: se all'interno della farmacia non c'è un buon assortimento di prodotti il cliente potrebbe decidere di comprare altrove;

- **Prodotti in eccesso**: montagne di prodotti ed offerte! Anche questo è controproducente: l'occhio del cliente non focalizzerà niente e passerà oltre. Esibire un grosso numero di prodotti va bene solamente quando c'è un'offerta ovviamente da segnalare bene con un cartello accattivante ed i prezzi esposti. Ricorda sempre "Less is more". Molti studi hanno esaminato il fenomeno detto "la tirannia della scelta" rivelando le chiare negative conseguenze dell'aver troppa scelta. Molte persone, se hanno troppe opzioni di prodotti, rinunciano all'acquisto perché decidono di rimandare o non fare scelte. Quindi meno quantità ma più qualità e più prodotti ad alto margine, lascia ai supermercati la guerra dei prezzi;

- **Ruotare i prodotti**: la rotazione è una tecnica di esposizione dei prodotti (gli inglesi la chiamano FIFO cioè first in, first out), significa che il prodotto con la data di scadenza più recente va davanti e quello che scade più in là nel tempo dietro.

Passiamo all'esposizione dei **prezzi**: bisogna rendere facile la lettura del prezzo di ogni prodotto senza l'assistenza del personale.

Se i prezzi vengono messi direttamente sul prodotto è necessario apporli sempre sulla parte in alto a destra perché è il posto dove "naturalmente" si posa lo sguardo. Se invece la targhetta del prezzo è accanto al prodotto dovrà essere messa sempre al di sotto del prodotto.

I più recenti espositori da farmacia hanno già integrato il porta-prezzi nella mensola assieme al porta-categoria, aiutando clienti e collaboratori addetti della farmacia.

E' importante prezzare tutti i prodotti perché questa informazione stimola l'impulso all'acquisto, rassicurando il cliente sulla sua sostenibilità.

Le **offerte** dovrebbero essere tutte scritte con caratteri molto grandi.

Fai per esempio una prova ed esponi due pile di prodotti, una con un prezzo inferiore ed un cartello piccolo ed una con un prezzo più alto ed un cartello grande. Vedrai che le persone verranno attratte dal cartello più grande perché in generale tutti pensiamo che le offerte più convenienti sono in cartelli scritti più grande.

Le offerte vanno dosate. Se riempi tutte le mensole con la scritta offerta avrai solo l'effetto di grande confusione, il tuo cliente non capirà più nulla e sarà interdetto a comprare. Di solito come buona regola

1 cartello promozionale va inserito per 1 mq di esposizione e non di più.

Un altro punto da considerare è quando hai **marche più economiche e marche più costose**: lascia tra le due sempre uno spazio in modo che non siano visibili nell'insieme e che si scoraggi il paragone dei prezzi che sarà ovviamente sconveniente.
La distanza visiva che permette ad una persona di poter paragonare i prezzi delle due marche è di circa 2,4 metri dall'espositore o gondola (1,2 metri a destra ed 1,2 metri a sinistra) quindi se si riesce a posizionare le due marche più distanti non c'è nessun problema.

Ma dove sono i posti migliori per fare promozione? (e per promozione intendo prodotti con offerte speciali, prodotti che vuoi evidenziare, nuovi prodotti, prodotti stagionali, prodotti per il cross-selling, prodotti che vengono pubblicizzati molto, prodotti alla moda):

- visibili all'entrata;

- sulle testate delle gondole;

- In spazi dedicati al promo;

- in gondole monobrand usate come punti focali;

- nella parte centrale degli espositori a parete poste a livello occhio;

- in aree calde della farmacia (banco etico, vicino alle casse d'uscita...)

Parliamo ora di **come esporre i prodotti**.

In accordo con il POPAI USA - USA's 2014 che studia i consumatori di massa si è osservato che rispetto a qualche anno fa, a causa dell'*abitudine di camminare con i telefonini in mano*, le persone tendono a stare più curve e quindi ad osservare i prodotti nelle mensole più basse diciamo che si focalizzano dal centro fino alla seconda mensola dal basso.

E' logico che le nuove tecnologie hanno portato le nostre posture ad incurvarsi e la direzione del nostro occhio a cambiare e questo ha determinato dei cambiamenti anche nei comportamenti d'acquisto.

Qui di seguito uno schema utile da tenere a mente:

- La massima altezza dove posizionare il prodotto è 2 metri;

- Il livello occhio (cioè dove è il migliore posizionamento) è 1,6 metri;

- Il livello mano (dove può arrivare il cliente a prendere i prodotti), è 1,2-1,6 metri;

- La minima altezza dove posizionare un prodotto è 50 centimetri.

I prodotti vanno posizionati negli scaffali seguendo tre direttive:

1. Raggruppamenti. Sempre raggruppare i prodotti per categoria o per segmenti di categoria (subcategorie), in un modo che sia logico per il consumatore; chi va alla ricerca di uno specifico prodotto generalmente ha uno specifico problema e vuole avere chiare tutte le opzioni. Vorrà inoltre comprendere i brand proposti ed i prezzi. Chi invece ha in mente uno specifico prodotto di una specifica azienda dovrà trovare facilmente quello che sta cercando. Meglio evitare di mettere insieme prodotti per donne e quelli per uomini ma dedicargli spazi separati appositi ed evidenziarli;

2. **Associazioni** (chiamato anche "space management" cioè la gestione dello spazio, viene molto usato nei supermercati e nei drugstore dove si trovano raggruppati in spazi concomitanti i prodotti della stessa categoria).
Per esempio se vendo gli smalti metterò lì vicino anche le forbicine e delle creme per le mani... facendo così si stimola il desiderio d'acquisto per questi prodotti complementari;

3. **Cross merchandising** (o cross-selling), è una tecnica espositiva grazie alla quale si espongono assieme i prodotti collegati alla categoria. Per esempio nel supermercato è facile osservare accanto e tutto intorno al banco pesce il vino bianco; in farmacia accanto al settore infanzia potrebbero essere esposte le creme anti-smagliature, ecc).

Regole espositive valide per tutti i prodotti:

- Esporre sempre i prodotti più pesanti sulle mensole inferiori in modo che siano di più facile presa;

- Di solito è meglio posizionare le confezioni più piccole nelle mensole più alte, mentre quelle più pesanti o grandi devono essere poste in quelle in basso. I prodotti per le persone anziane ovviamente non vanno in basso, dove invece posizioneremo quelle dei bambini (fino ad una altezza di 90cm) perché devono rimanere all'altezza dell'occhio del bambino.

Parliamo ora di **gondole espositive**, cioè quegli elementi espositivi autoportanti che vengono inseriti in mezzo alla farmacia e che vengono utilizzati per l'acquisto d'impulso.

- I prodotti a più alto margine per l'acquisto d'impulso vanno esposti nel mezzo della gondola perché è il punto più visibile;

- Una ricerca condotta in Usa da Nielsen del 2007 (Strunck, "Antropometria, ergonomia e planograms"), ha dimostrato che i prodotti ai livelli dell'occhio e della mano sono quelli che vendono di più (45%-43% incremento di vendite) se paragonati a quelli sopra o sotto queste aree;

- Tutti i prodotti vanno esposti dritti (non a testa in giù e non con il retro della confezione), le marche devono essere evidenti ed i prodotti allineati;

- Seguendo il percorso di layout della farmacia esporre sempre i prodotti con grandi confezioni dopo quelli piccoli così da non essere nascosti;

- Raggruppare sempre i prodotti con la stessa dimensione e cercare di tenere il tutto con ordine e allineamento;

- Creare equilibrio attraverso la simmetria. Se posizioni gli stessi elementi o prodotti di dimensioni simili in entrambe le parti della gondola si creerà una perfetta simmetria d'insieme.

La parte finale ed iniziale della gondola (testata), nel linguaggio internazionale viene chiamata *"End-cap"* ed è tradizionalmente utilizzata come punto di promozione in quanto molto caldo. Anche qui è preferibile 1 o al max 3 differenti prodotti ma non di più altrimenti si perde potere come punto focale e di attrazione. Ricorda che l'**end-cap** ha tre lati e i prodotti andranno esposti in maniera da essere visibili su tutti e tre.

Per quanto riguarda i pallet ho visto varie farmacie, soprattutto di grandi dimensioni, utilizzare questo sistema espositivo per esempio nella vendita promo di pannolini.

Personalmente non amo vedere questo tipo di esposizione in farmacia, la reputo buona per i supermercati o i supercenters, ma se comunque sei dell'idea di proporla sono da seguire delle semplici regole:

- la pila di prodotti va separata dal pavimento di solito tramite una pedana o un pallet;

- sistema i prodotti in modo bilanciato e che non cadano addosso ai clienti;

- i prodotti non devono essere perfettamente in ordine in quanto il cliente potrebbe essere scoraggiato nell'acquisto e dalla paura di dovere smantellare una perfetta pila. Inoltre devono poter essere presi facilmente;

- inserire un cartello promo che indica il prezzo.

Space management abbiamo detto, significa mettere il giusto prodotto per il vostro cliente nella giusta posizione e nella giusta quantità. Nei drugstore e supermercati questo avviene tramite un software che stabilisce quali spazi dare a quale prodotto per ottimizzare le vendite.

Vengono realizzati dei diagrammi schematici chiamati *planogrammi* che danno dettagliate informazioni circa la posizione di ogni singolo elemento in accordo con i brand.

Questi planogrammi illustrano quanti e quali prodotti vanno posizionati per ogni SKU (stock keeping unit).

Probabilmente in farmacia avete i brandi più competitivi che mandano i propri "merchandising specialists" ad eseguire i propri planogrammi ed a sistemarvi i prodotti seguendoli, ma il mio consiglio e quello di realizzare il vostro e costruire la VOSTRA PROPOSTA specifica.

In generale è sempre meglio avere un'esposizione "verticale" piuttosto che "orizzontale" e c'è un motivo: il nostro occhio si focalizza su un punto centrale molto più facilmente quando l'immagine è più stretta.

Quando l'immagine che abbiamo di fronte è lunga ed orizzontale i nostri occhi si comportano come quando leggiamo e quindi ci si impiega del tempo per capire l'intera immagine.

La migliore esposizione è verticale con almeno 4 o più prodotti in ogni mensola.

Ma perché ti sto dicendo tutte queste cose? Perché **la visibilità crea vendite**. Diversamente avverrà che molti clienti non chiederanno un prodotto perché non lo trovano o non lo vedono e tu avrai perso profitti.

Tutte le persone tendono a guardare gli espositori nello stesso modo nel quale si legge un libro (da sinistra a destra e dalla parte alta a quella bassa) quindi tutti i prodotti che hanno "alto margine di profitto", andranno posizionati a livello occhio.

In generale più basso è il margine di profitto del prodotto e più basso andrà posizionato.

Seguendo questo ragionamento le offerte promo nei cestoni non dovranno essere più alte del gomito della persona per rendere meglio visibili i prodotti.

Ricorda che un cestone è un display promozionale che lavora bene se si inseriscono prodotti di 1 solo brand con indicato chiaramente il prezzo in offerta. Se mischi prodotti differenti diventa confusione non promozione!

Oltre alla visibilità è importante considerare l'idea di **dare più informazione sui prodotti**.

Usare per esempio degli *stopper* (cartellini che escono dalla mensola o flag) e dare più informazioni su particolari prodotti può far decidere per l'acquisto.

La maggior parte dei clienti è gente impegnata ed in generale tutti hanno meno tempo e sono di fretta.
E' necessario organizzare i prodotti in gruppi logici con prezzi evidenti e descrizioni che siano chiare e facili da leggere.

Infine non puoi assolutamente pensare di sopravvivere solo con i clienti ricorrenti ma dovrai sempre pensare di trascinarne di nuovi. E **cosa può attrarre l'occhio di un nuovo cliente?**

- le novità;
- il desiderio di sapere;
- il desiderio di fare un'esperienza;
- la bellezza e l'estetica;

- il divertirsi...

... e per fare questo, per realizzare una farmacia da scoprire, da preferire alle altre, dove passare piacevolmente il tempo per prendersi cura di se e dei propri cari, ti ricordo dovrai **coinvolgerne tutti i 5 sensi** per dare un'esperienza d'acquisto irripetibile.

Le 12 regole per costruire un'esposizione che vende in farmacia

Come trasformare le pareti espositive della tua farmacia in "magneti" in grado di attrarre i clienti e convincerli ad acquistare i tuoi prodotti?

Di seguito le 12 regole che ti consentiranno di trasformare il tuo arredamento impolverato in uno strumento di vendita invincibile per la tua farmacia.

Un compendio sintetico, unico nel suo genere, che ti permetterà di cambiare strategia ed ottenere risultati, sullo scaffale DA SUBITO!

quanta merce esporre?

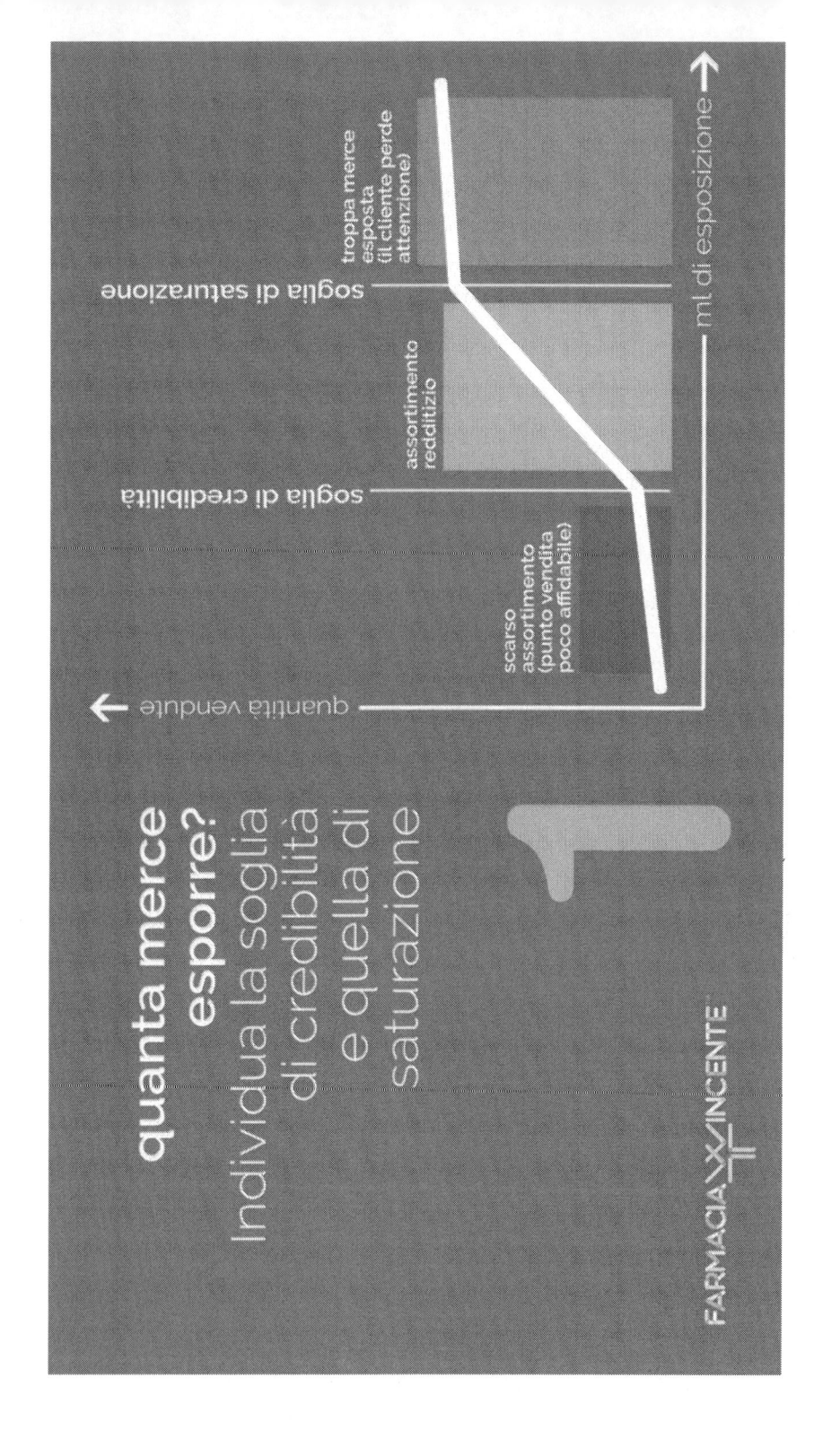

Individua la soglia di credibilità e quella di saturazione

- soglia di saturazione
- troppa merce esposta (il cliente perde attenzione)
- assortimento redditizio
- soglia di credibilità
- scarso assortimento (punto vendita poco affidabile)
- quantità vendute →
- ml di esposizione →

FARMACIA VINCENTE

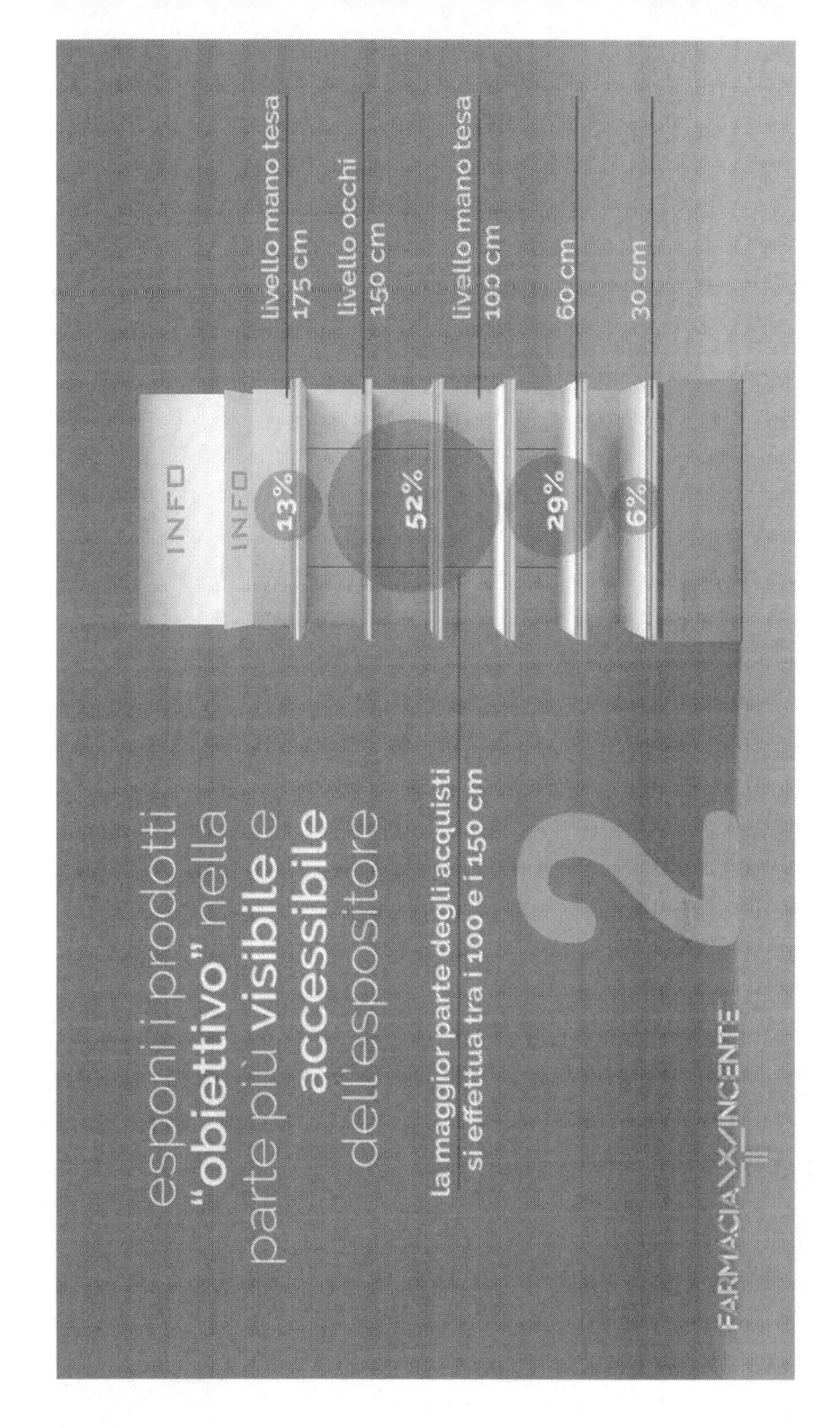

esponi i prodotti
"obiettivo" nella
parte più **visibile** e
accessibile
dell'espositore

la maggior parte degli acquisti
si effettua tra i 100 e i 150 cm

livello mano tesa
175 cm

livello occhi
150 cm

livello mano tesa
100 cm

60 cm

30 cm

INFO
INFO
13%
52%
29%
6%

FARMACIA\X/INCENTE

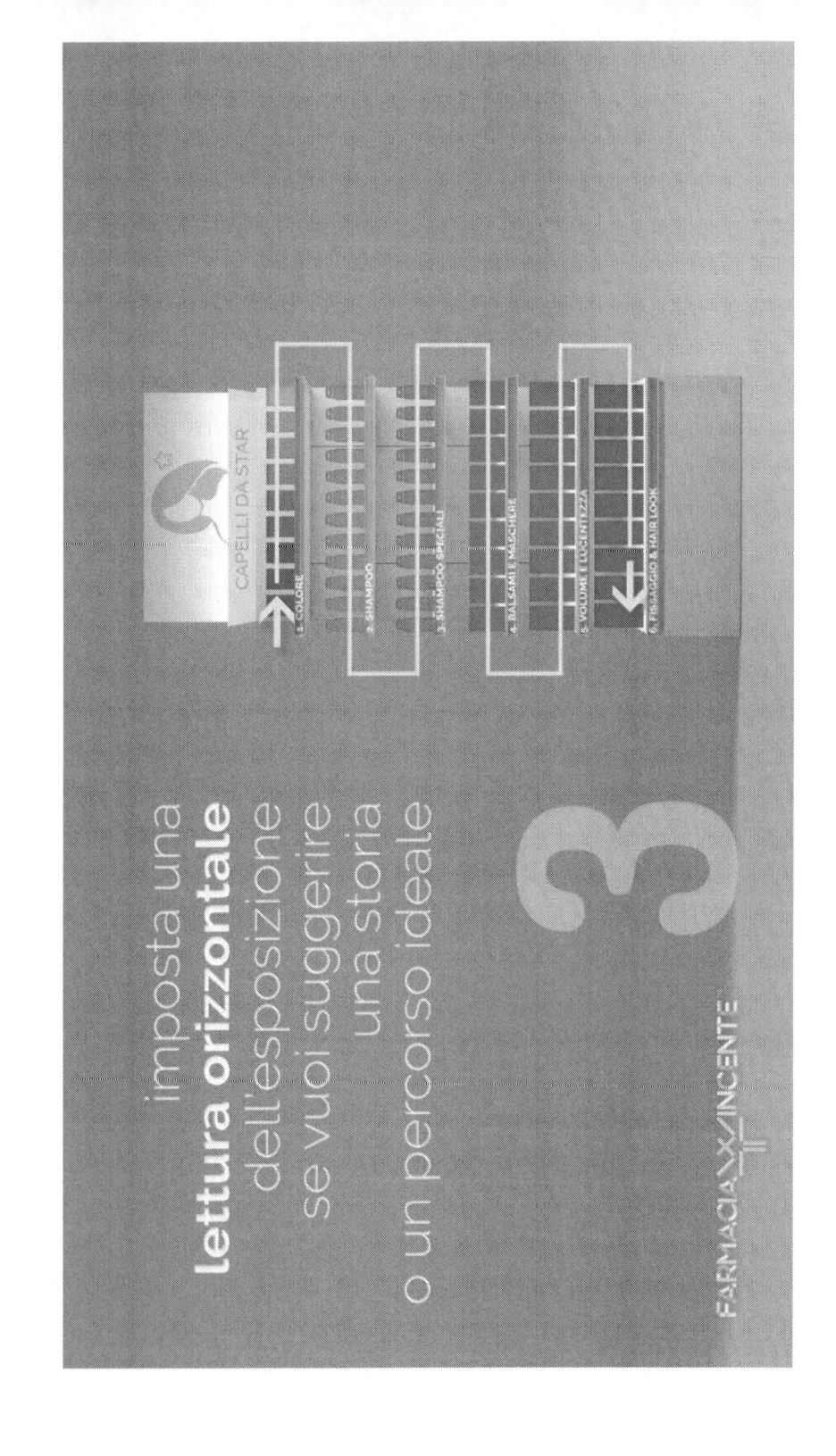

imposta una
lettura orizzontale
dell'esposizione
se vuoi suggerire
una storia
o un percorso ideale

3

CAPELLI DA STAR

1. COLORE
2. SHAMPOO
3. SHAMPOO SPECIALI
4. BALSAMI E MASCHERE
5. VOLUME E LUCENTEZZA
6. FISSAGGIO E HAIR LOOK

FARMACIA VINCENTE

imposta una
lettura verticale
quando vuoi
mettere in risalto
o comparare
diversi brand

4

FARMACIA VINCENTE

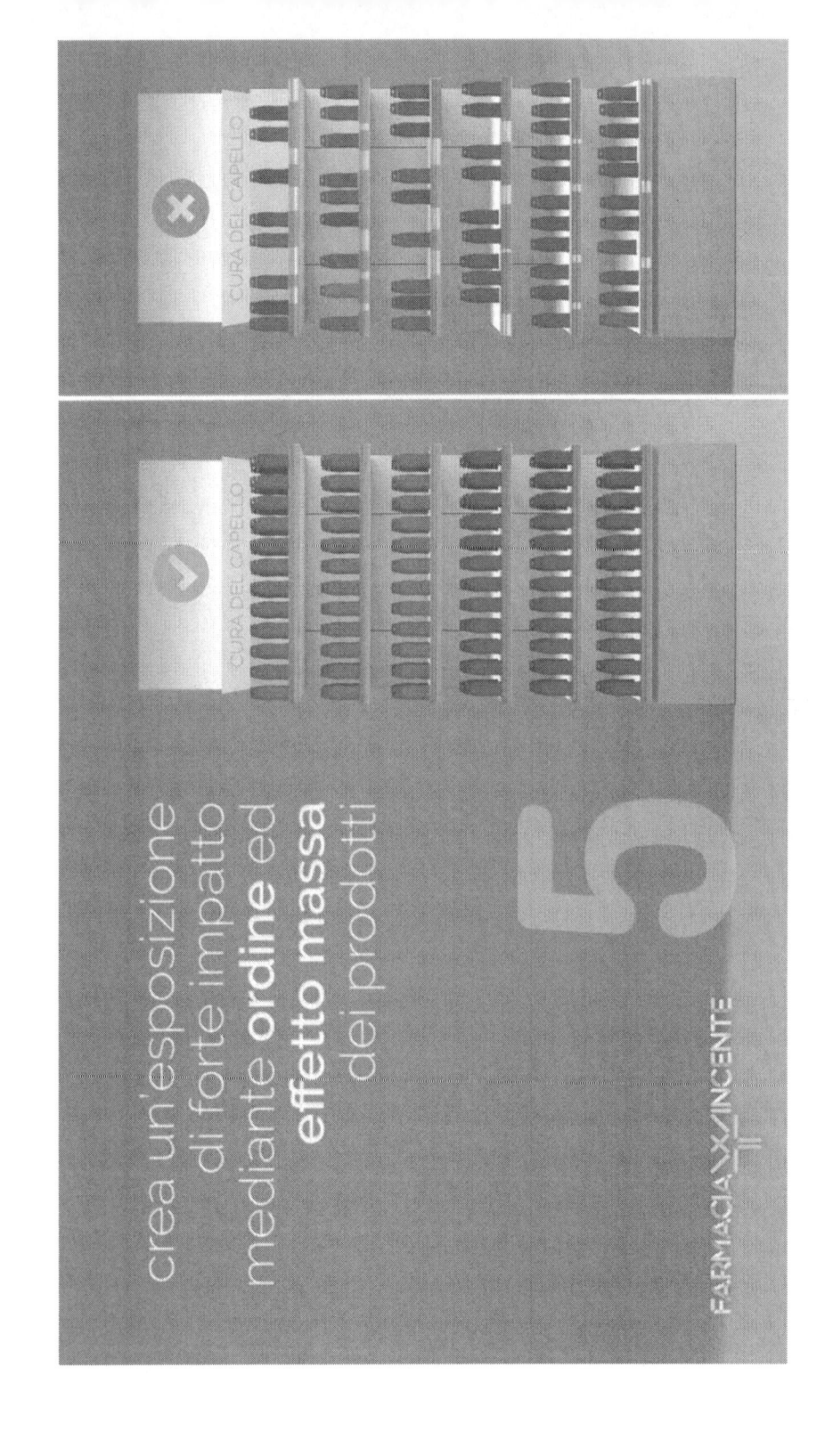

crea un'esposizione di forte impatto mediante **ordine ed effetto massa** dei prodotti

FARMACIA_VINCENTE

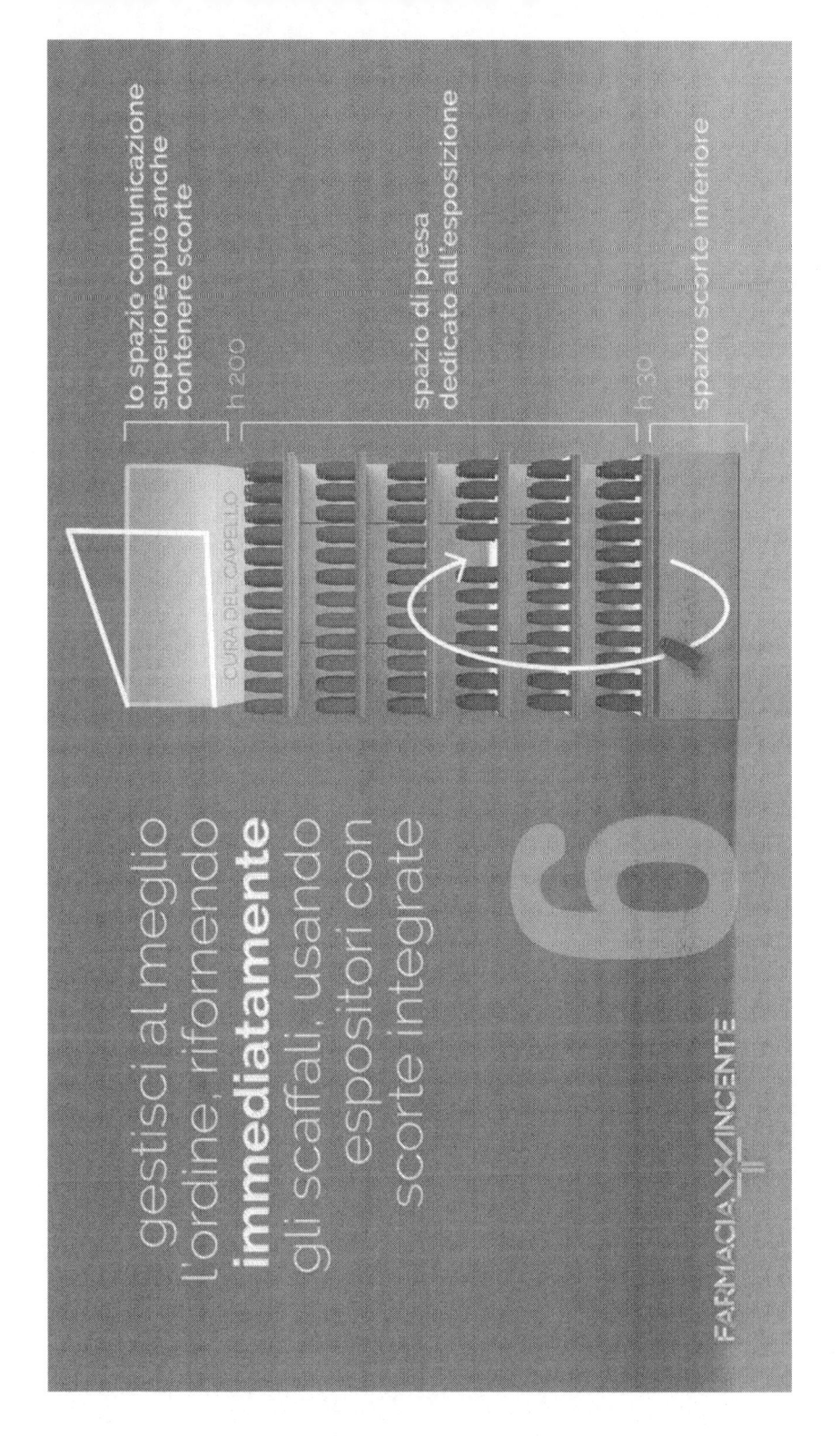

lo spazio comunicazione superiore può anche contenere scorte

h 200

spazio di presa dedicato all'esposizione

h 30

spazio scorte inferiore

gestisci al meglio l'ordine, rifornendo **immediatamente** gli scaffali, usando espositori con scorte integrate

FARMACIA VINCENTE

7

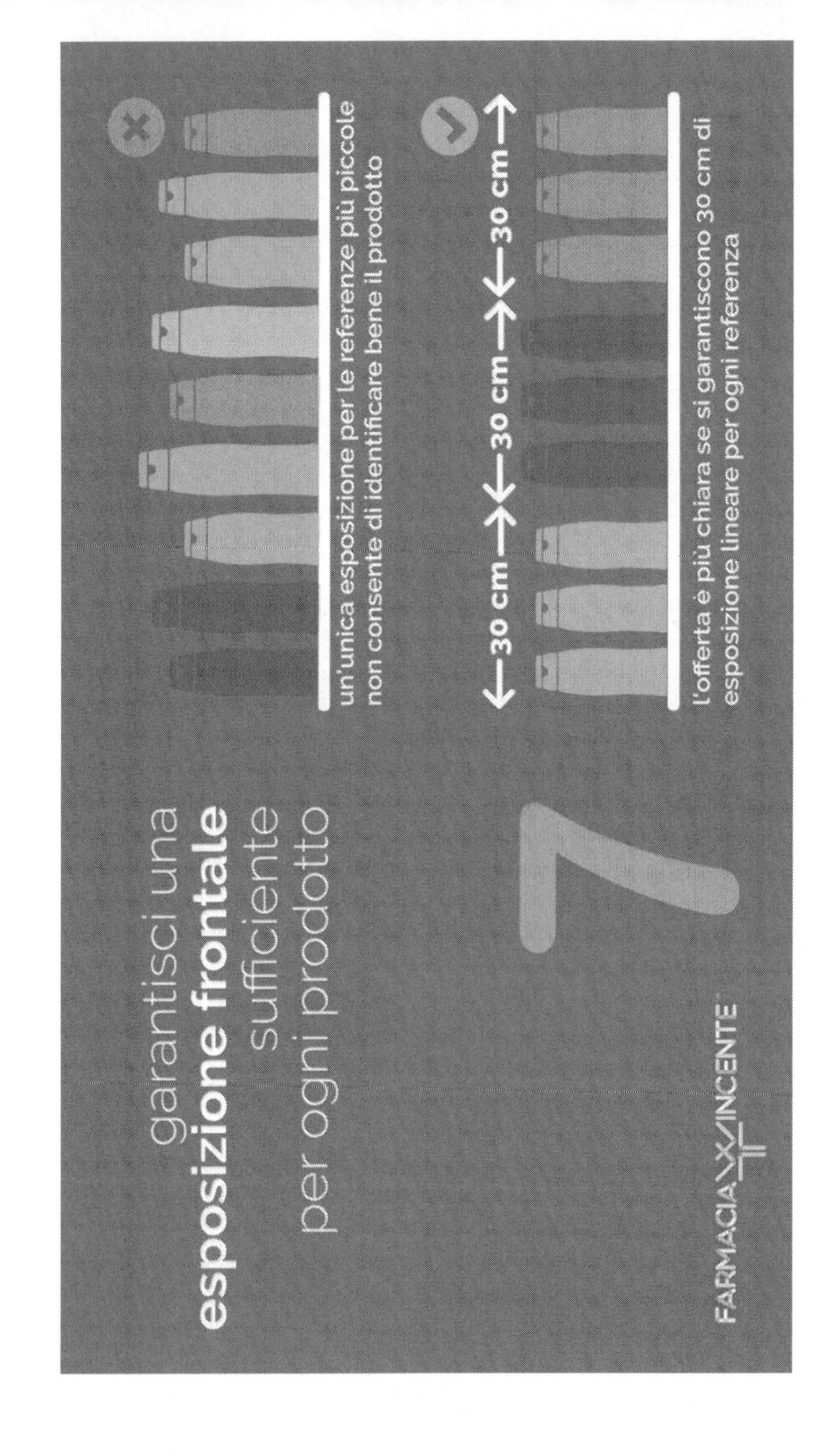

garantisci una **esposizione frontale** sufficiente per ogni prodotto

un'unica esposizione per le referenze più piccole non consente di identificare bene il prodotto

←30 cm→←30 cm→

l'offerta è più chiara se si garantiscono 30 cm di esposizione lineare per ogni referenza

FARMACIA VINCENTE

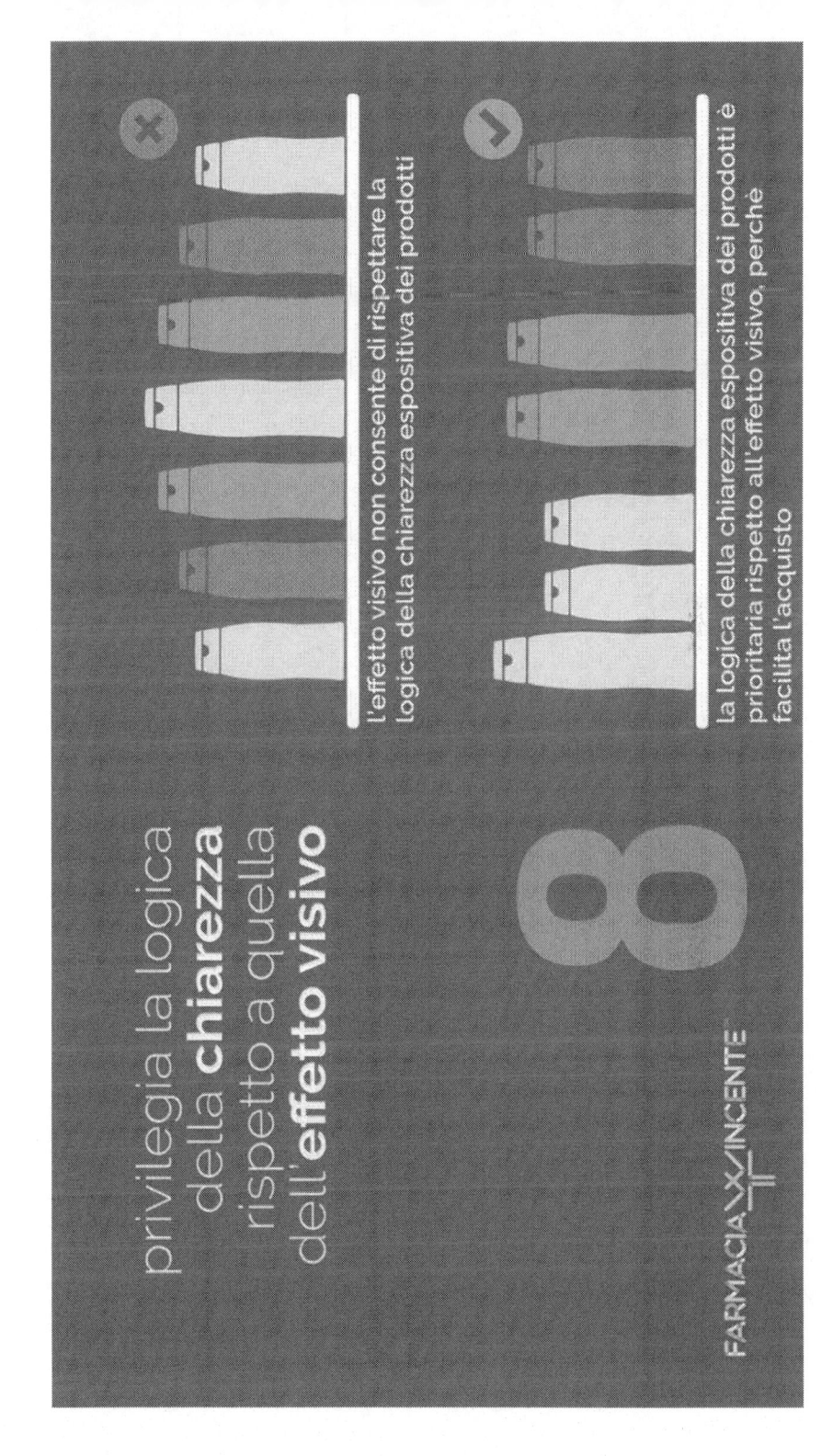

privilegia la logica della **chiarezza** rispetto a quella dell'**effetto visivo**

l'effetto visivo non consente di rispettare la logica della chiarezza espositiva dei prodotti

la logica della chiarezza espositiva dei prodotti è prioritaria rispetto all'effetto visivo, perché facilita l'acquisto

8

FARMACIA VINCENTE

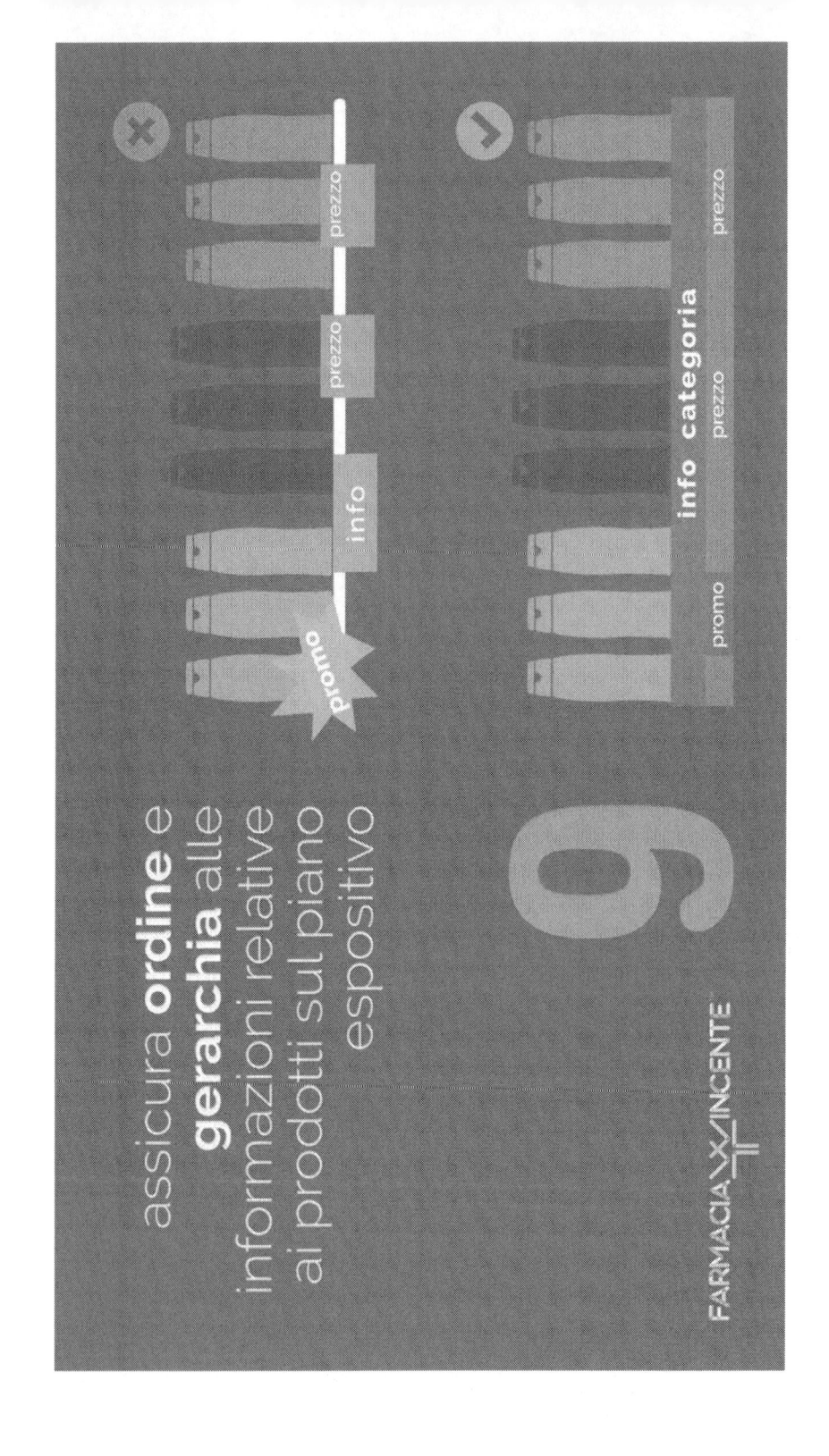

assicura **ordine** e **gerarchia** alle informazioni relative ai prodotti sul piano espositivo

info categoria
prezzo
promo

FARMACIA VINCENTE

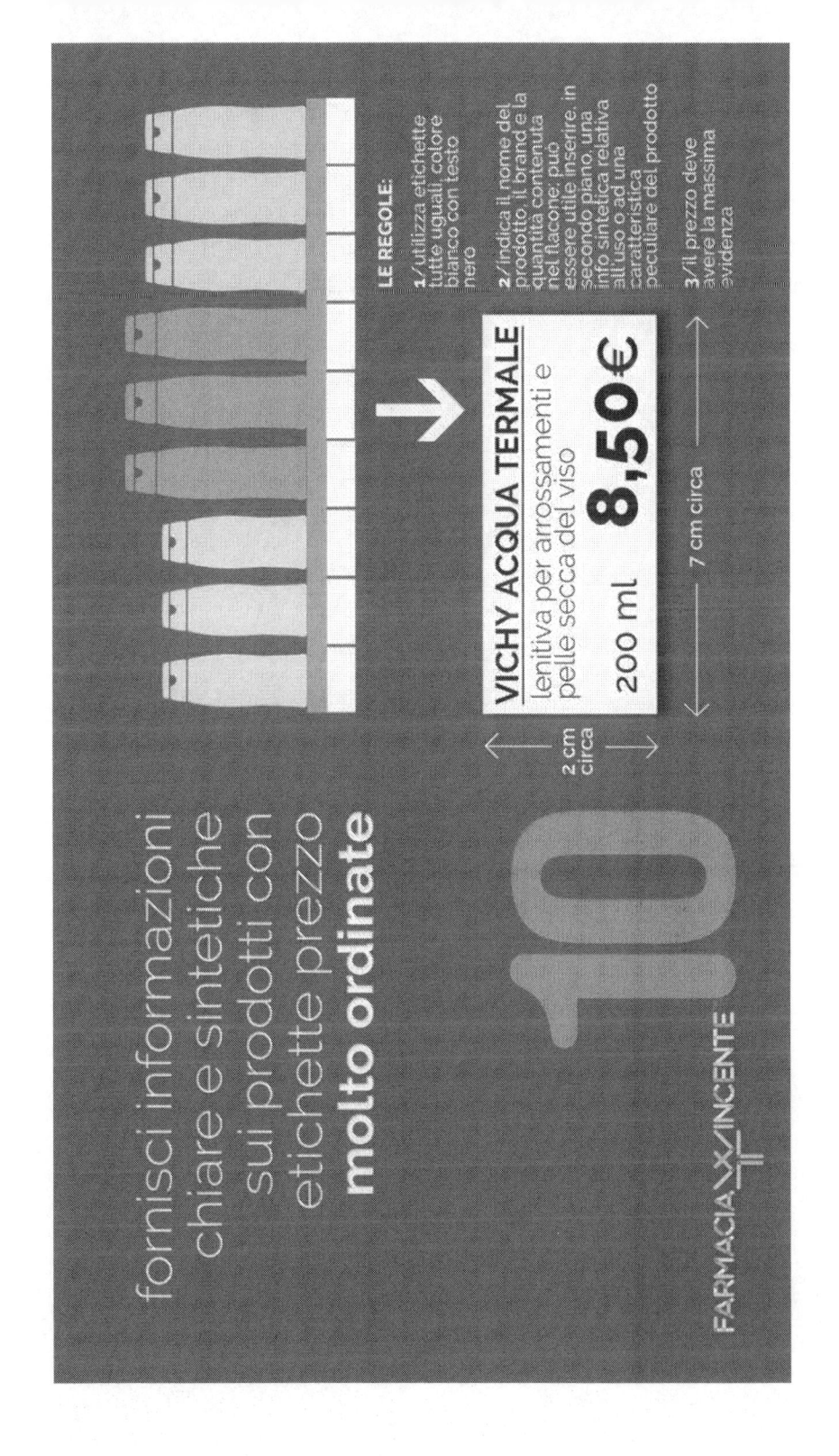

fornisci informazioni chiare e sintetiche sui prodotti con etichette prezzo **molto ordinate**

LE REGOLE:

1/ utilizza etichette tutte uguali, colore bianco con testo nero

2/ indica il nome del prodotto, il brand e la quantità contenuta nel flacone; può essere utile inserire, in secondo piano, una info sintetica relativa all'uso o ad una caratteristica peculiare del prodotto

3/ il prezzo deve avere la massima evidenza

VICHY ACQUA TERMALE
lenitiva per arrossamenti e pelle secca del viso

8,50 €

200 ml

← 2 cm circa →

← 7 cm circa →

FARMACIA VINCENTE

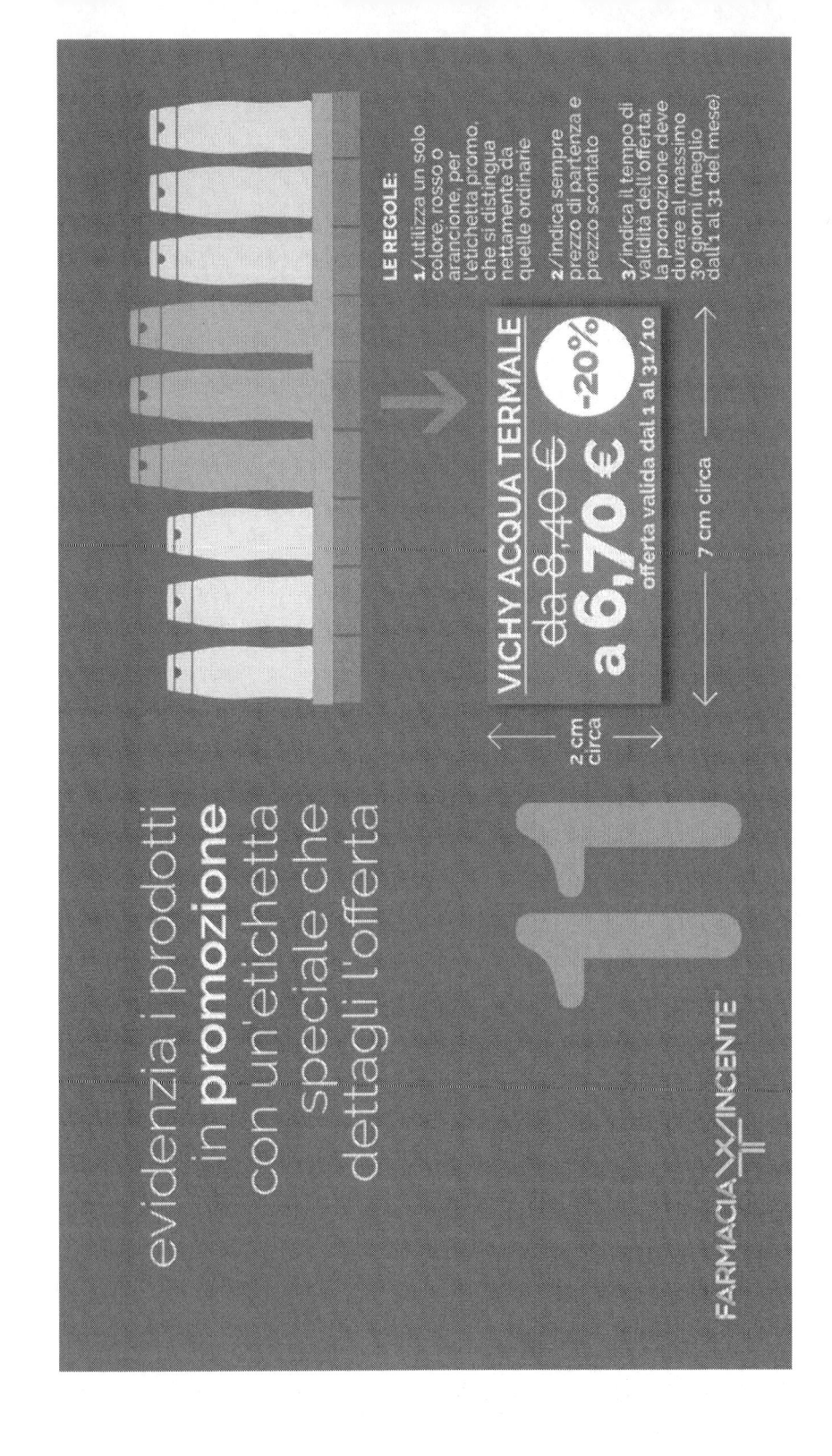

evidenzia i prodotti in **promozione** con un'etichetta speciale che dettagli l'offerta

LE REGOLE:

1/ utilizza un solo colore, rosso o arancione, per l'etichetta promo, che si distingua nettamente da quelle ordinarie

2/ indica sempre prezzo di partenza e prezzo scontato

3/ indica il tempo di validità dell'offerta: la promozione deve durare al massimo 30 giorni (meglio dall'1 al 31 del mese)

VICHY ACQUA TERMALE
da 8,40 €
a **6,70 €**
−20%
offerta valida dal 1 al 31/10

2 cm circa

7 cm circa

FARMACIA VINCENTE

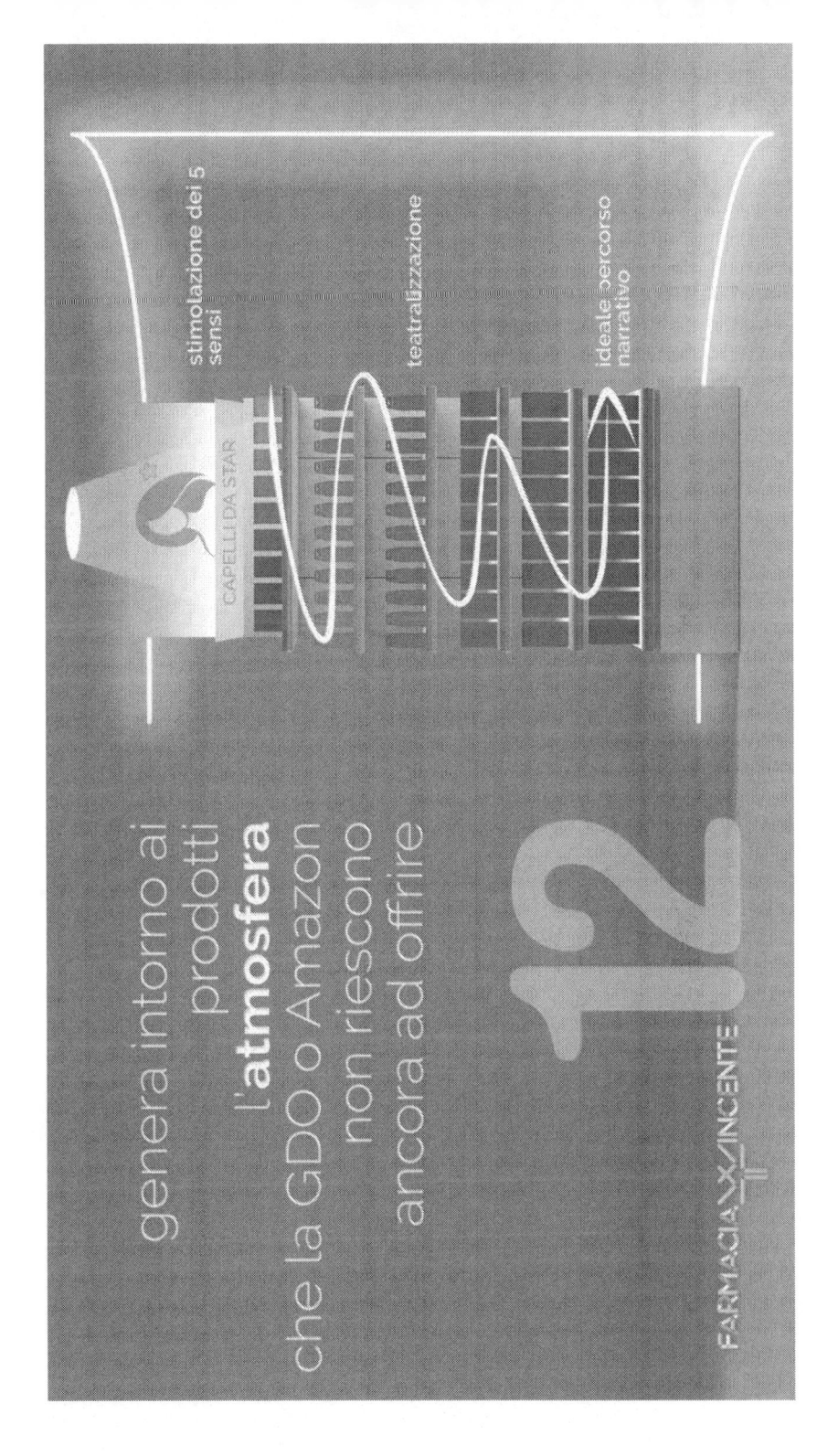

genera intorno ai prodotti **l'atmosfera** che la GDO o Amazon non riescono ancora ad offrire

- stimolazione dei 5 sensi
- teatralizzazione
- ideale percorso narrativo

12

FARMACIA_V_INCENTE

Gli 8 fattori che devi assolutamente conoscere per valutare gli arredi farmacia

Più si espone e più si vende! Quante volte mi sono sentito ripetere questa frase. Ma sarà proprio così?

La resa economica della farmacia dipende esclusivamente dalla quantità dei metri lineari di esposizione?

NO, oggi è dimostrato che non è così e probabilmente non lo è mai stato.
Di certo esporre poco non aiuta, ma esporre bene può fare la differenza ed in questo la scelta dell'arredamento giusto diventa strategica.

Oggi è scientificamente dimostrato che la resa economica per metro lineare di uno scaffale in farmacia dipende da **8 fattori**:

1. L'emozione

L'80% delle scelte d'acquisto extra farmaco vengono decise all'interno del punto vendita.
Si acquista principalmente d'impulso, grazie al desiderio che si crea dentro di noi.

L'acquisto è per la maggior parte delle volte collegato ad un processo emozionale positivo: tutti abbiamo l'ambizione di migliorarci, completarci e cerchiamo di raggiungere questa condizione acquistando prodotti e servizi. Se vorrai vendere meglio (e di più), non puoi non considerare questo aspetto avendo cura di creare un ambiente accogliente, luminoso e stimolante, dove le persone si sentono a loro agio, predisposte a scoprire ed interagire, per completarsi.

Bisogna avere ben chiaro un progetto, una scenografia da proporre alla clientela per farle vivere una "storia". Il prodotto non può oggi essere semplicemente esposto, va RACCONTATO.
Raccontare un prodotto significa saper trascinare all'interno di un percorso emozionale la clientela e questo nuovo approccio sarà un moltiplicatore delle tue vendite.

Un elemento caratteristico di alcuni progetti in Sartoretto Verna è stato l'*albero in cedro del Libano profumato*.
Lo abbiamo utilizzato in diversi modi (per rivestire un pilastro, in vetrina o più recentemente per sagomare una gondola monobrand "da scontro").

Questi alberi hanno sempre diviso la platea dei farmacisti ma hanno la capacità di farsi ricordare.

L'emozione che suscita l'arte, il relax che trasmettono i materiali naturali e le profumazioni del legno sono nel tempo diventate una caratterizzazione talmente forte per quelle farmacie da farle identificare in quei valori.

L'albero come un "martello visivo" è diventato il collegamento tra la farmacia, il benessere naturale e la gioia di vivere.

2. Comunicazione della categoria e del brand

Il cliente della farmacia, soprattutto in Italia, entra e si dirige al banco. Non è stato "educato" dal farmacista a guardarsi in giro per esplorare l'offerta.

Spesso è poco emozionante entrare in farmacia e sono rare le novità proposte. I prodotti sono sempre gli stessi, collocati nella stessa posizione.
La presenza degli espositori delle case peggiora la situazione creando un "effetto bazar".

Difficile con queste premesse poter intercettare l'interesse del cliente assorto nei suoi pensieri.
Gli stimoli con cui veniamo sollecitati grazie alla tecnologia ed i media sono inoltre in continuo aumento e le barriere della fiducia sempre più alte.

Per attrarre ed incuriosire sarà necessario prendere le necessarie contromisure e migliorare la comunicazione: devi iniziare a spiegare con parole semplici in che modo la tua offerta può far migliorare la vita dei clienti.

Il primo livello di comunicazione che devi fornire è quello delle MACRO CATEGORIE.

Immediatamente individuabili e riconoscibili dovranno essere le SOLUZIONI che proponi alle ESIGENZE della clientela. Entrando in farmacia non dovrai lasciare dubbi su cosa offri.

3. Comunicazione sulla mensola

La comunicazione che converte (ossia che trasforma la necessità o curiosità in una vendita a libero servizio), non deve essere limitata alla macro-categoria (reparto/esigenza) ed alla marca (brand), ma necessariamente continuare sulla mensola dove si colloca il prodotto.

Facciamo un esempio: sto per entrare nella tua farmacia per spedire una ricetta ma comprendo che qui si vendono anche creme. Individuo subito il reparto e la marca di cui mi aveva parlato mia moglie, leggendo un articolo su una rivista. Per individuare lo specifico prodotto ho bisogno di altre 2 informazioni prima di decidere se acquistare: la sotto categoria ed il prezzo.
Queste ulteriori e necessarie informazioni vanno messe in aderenza al prodotto.
La combinazione di un packaging (confezione) attrattivo, sotto categoria e prezzo (correttamente dimensionati e non dimenticando di rendere di facile presa del prodotto), ti consentiranno finalmente di ottenere una vendita.

Sembra complesso ma in realtà una volta messo a

punto il sistema è fatta! Nella mia azienda ho imparato ad applicare sistemi e fare test per stabilire la migliore soluzione.

La tipologia e dimensione delle scritte devono risultare facilmente leggibili a seconda della situazione. Nulla va lasciato al caso.

Grazie ai media, la reperibilità delle informazioni è diventata FACILE ed il 74% dei clienti entra in farmacia già ampiamente informato sul prodotto. Solo se troverà le conferme che cerca (reperibilità, informazioni e prezzo), lo acquisterà.

4. Visibilità del prodotto

Il prodotto deve essere ben visibile, la missione dell'espositore è questa. Ormai sei a conoscenza che gli espositori si dividono in 2 categorie "verticali" oppure "orizzontali", a seconda della presenza o meno dei fianchi.

La presenza dei fianchi facilita la lettura dell'offerta ma limita fortemente la visibilità dei prodotti, soprattutto in percorsi ravvicinati. L'assenza dei fianchi ha invece il difetto di rendere anonimi e indistinti i settori merceologici.

Quale sistema espositivo scegliere allora?

Nel 1998 mio padre, *Guido Sartoretto Verna*, lanciò sul mercato farmacia un innovativo sistema di arredamento, ®*Ral System 2*, con importanti novità: luce micro-neon all'interno dei fianchi e montanti in alluminio. ®*Ral System 2* rappresentò per la prima volta il felice superamento dei limiti dell'esposizione "verticale" ed "orizzontale".

Dopo quasi 20 anni l'obiettivo resta lo stesso: rendere protagonista il prodotto e valorizzarlo con la luce.

"Accendere" il prodotto, metterlo in risalto rispetto all'ambiente circostante (l'intensità della luce sul prodotto dovrà essere ravvicinata e necessariamente superiore a quella circostante), creerà uno stimolo irresistibile all'acquisto per il cliente.

5. Ordine e ricarico

E' stato dimostrato che se il prodotto non viene mantenuto ordinato sullo scaffale il cliente non ne viene attratto e desiste dall'acquistarlo.

Vani scorta (in alto, dietro i visual apribili, o in basso ma a filo della prima mensola), sono fondamentali per svolgere al meglio questo compito.

Devi inoltre sapere che esistono oggi in commercio sensori che avvisano quando l'ultimo prodotto della fila viene acquistato in modo da sollecitare il pronto ricarico da parte dell'operatore addetto.

Una piccola diga di contenimento sul fronte della mensola ti consentirà inoltre un preciso allineamento dei prodotti e la migliore resa finale della proposta.

6. Flessibilità

I prodotti da esporre in farmacia non sono tutti uguali e sai bene quanto variano per dimensione, forma e valore economico.

Se vorrai ottenere la migliore comunicazione della proposta devi dare la giusta collocazione ad ogni prodotto: quelli dotati di blister dovranno essere appesi mentre, ad esempio, i prodotti più ingombranti non per forza essere collocati in alto, vista la difficoltà di presa. La vendita dei prodotti più piccoli o dalle forme particolari potrà invece trovare beneficio se raggruppati all'interno di appositi contenitori in plexiglas trasparente.

In generale: devi poter modificare l'esposizione e regolare in altezza le mensole.

L'arredamento per farmacie diventa quindi un alleato quando risponde a 5 caratteristiche:

- FLESSIBILITÀ: deve poter essere aggiornato facilmente per poter accogliere ed ordinare i prodotti;
- COMUNICAZIONE: deve permettere di comunicare almeno il reparto/esigenza (la categoria), la sotto categoria ed il prezzo. Bandiere e vele sono ulteriori preziosi strumenti di comunicazione;
- INTERAZIONE: deve attrarre e coinvolgere dando supporto a tester, specchi ed omaggi;
- PERSONALIZZAZIONE: l'arredamento è parte dell'ambientazione e deve poter partecipare alla creazione di una scenografia unica;

- LUCE: deve mettere in risalto il prodotto esaltandolo. La migliore illuminazione a scaffale è ravvicinata e senza ombre, direttamente dalla mensola.

7. Prova

Se si offre al cliente la possibilità di toccare ed interagire con i prodotti si miglioreranno notevolmente le vendite. Alcuni studi dimostrano che il prodotto che viene toccato da cliente, nove volte su dieci viene anche acquistato in quanto scatta una forma di possesso che facilita la conversione.
Vale la pena tentare!

Il cliente ama scoprire, annusare, toccare. Quale migliore approccio di avvicinare il cliente al prodotto attraverso la prova, la scoperta, i test e l'utilizzo dei campioni omaggio?

8. Etica e sostenibilità

Se vuoi conquistare la fiducia dei tuoi clienti con la promessa del benessere non potrai sottrarti a diventare una "farmacia etica", rispettosa dei valori e sostenibile.
Le tue scelte in tal senso, come ad esempio l'utilizzo di materiali "green" e riciclabili, saranno sempre più apprezzate (tutto questo già sta avvenendo nei paesi socialmente più evoluti del nord Europa). Ne va della coerenza del messaggio che sarai sempre più chiamato, per il tuo ruolo sociale, a trasmettere al pubblico.

Vendere salute e benessere non può che passare anche da qui. Scegliere arredamenti economici, magari provenienti dall'oriente (sarà sempre più facile farlo), significa anche accettare le motivazioni per cui questi prodotti sono venduti a basso prezzo nonostante provengano da luoghi molto distanti.

Assenza dei diritti sul lavoro, il mancato rispetto delle normative ambientali nella produzione sono solo alcune delle condizioni che dichiarerai ai tuoi clienti di accettare comprando prodotti scadenti non certificati, riflettici bene.

Oggi esiste la possibilità di operare scelte sostenibili nell'allestimento di una farmacia. Sistemi brevettati come ®*Easy Chain* e ®*Ral System 8* sono stati premiati rispettivamente nel 2015 e 2016 anche per queste caratteristiche, oggi uniche sul mercato.

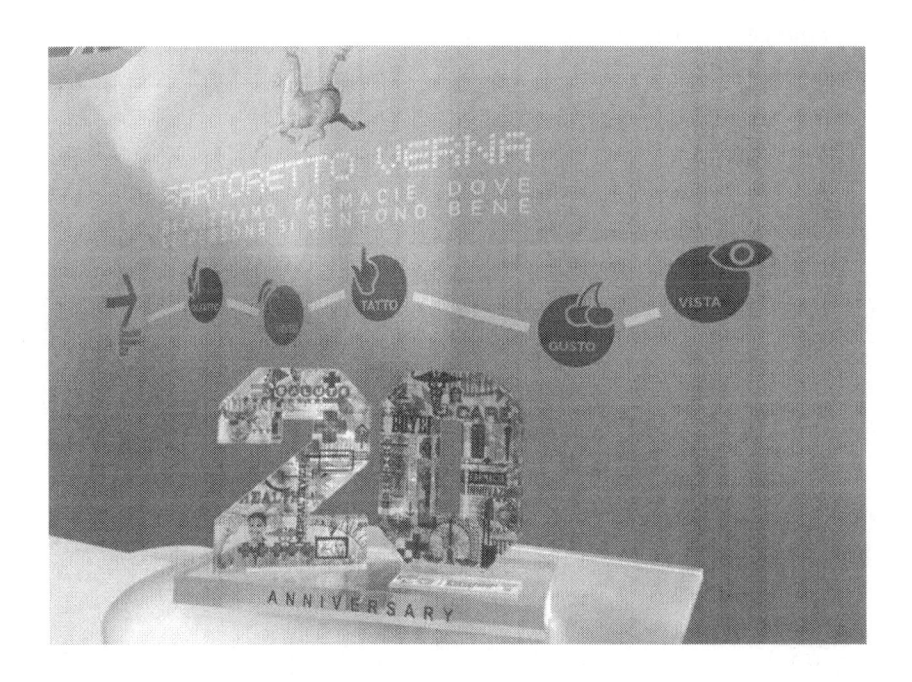

Negli ultimi anni ho registrato "sul campo" l'esigenza del farmacista di poter cambiare frequentemente ed in economia gli allestimenti perché *"cambiare spesso aspetto riattiva l'impulso d'acquisto dei clienti!"*

Si discute di arredi di cartone e nell'ultima Cosmofarma abbiamo proposto per la zona degustazione un allestimento di cartone che ha riscontrato un enorme successo. Si discute inoltre di come gli espositori delle case sanno attrarre l'attenzione e vendere...

"Sarebbe ideale poter cambiare gli arredi della farmacia ogni 3 anni, anche ogni 3 mesi", mi sento ripetere, *"Ogni volta che si cambia qualcosa si riattivano le vendite, bisognerebbe studiare soluzioni anche usa e getta..."*

Forse è bene sapere anche che...

1. Le soluzioni "usa e getta", sono deperibili e inquinano;

2. l'immagine professionale della farmacia viene compromessa;

3. allestire e disallestire costantemente la farmacia ha comunque un costo (manodopera, fermo attività, programmazione, ecc.), che va messo a bilancio.

I prodotti a marchio in farmacia

di Paolo Piovesan
consulente di marketing e farmacista titolare

Trattare una linea di prodotti con l'etichetta della propria farmacia non è così semplice come può sembrare. Esistono effettivamente numerosi vantaggi nel proporre un proprio marchio, soprattutto se si è capaci di sfruttare adeguatamente questa opportunità, ma si nascondono anche alcune insidie da non sottovalutare, più pericolose di quanto si possa pensare.

Iniziamo dagli **aspetti positivi**:

- Innanzitutto i margini di guadagno sono generalmente superiori a quelli che si possono ricavare dalla vendita di brand noti. Del resto lo sforzo per far conoscere i prodotti è affidato esclusivamente alle nostre capacità di persuasione del cliente, alle consulenze che richiedono più tempo rispetto alla vendita di un marchio commerciale e al maggior livello di fidelizzazione del cliente che si deve affidare alle nostre garanzie. In pratica, la maggior marginalità ce la guadagniamo ed è dovuta al fatto che ci dobbiamo sostituire al potente mezzo di comunicazione e attrazione costituito dalla pubblicità.

- In secondo luogo, un "nostro" prodotto determina un'auto-promozione. In pratica se è di qualità, se è gradevole, se è efficace, il cliente sarà in sostanza costretto a tornare da noi per reperirlo nuovamente, permettendoci così una nuova possibilità di contatto e pertanto una nuova opportunità di consiglio e di vendita. Se siamo fortunati quella persona parlerà inoltre bene di noi con qualche amico o parente.

- Poi, se chi ci produce il prodotto non è eccessivamente conosciuto sul territorio, sarà possibile a noi stessi determinare un prezzo di vendita al pubblico e casomai poter successivamente applicare nell'arco dell'anno forme di promozione commerciale che in ogni caso non andranno a erodere eccessivamente la nostra redditività.

- Infine, ultimamente, sia per questioni di risparmio sia perché molti clienti sanno che i prodotti commerciali non sono sempre i migliori sul mercato, la disponibilità ad accettare una proposta dalla farmacia è nettamente superiore rispetto a qualche anno fa.

Per quanto riguarda i **rischi** invece:

- Il principale è che c'è in gioco l'immagine della farmacia. Se si vende un prodotto commerciale che non funziona, è deteriorato o non piace, la "colpa" ricade sul produttore più che sul punto vendita. Anzi per la farmacia, se opportunamente gestita, la situazione potrebbe addirittura nascondere dei vantaggi.

- Se invece vendiamo qualche cosa con la nostra etichetta, magari dopo aver insistito nel consiglio e che risulti in qualche modo essere scadente, il rischio sarà quello di poter perdere non solo una futura vendita ma addirittura il cliente.

- Secondo aspetto molto importante, specialmente nel mercato attuale: occorre affidarsi a laboratori di produzione capaci non solo di formulare prodotti di qualità, ma che siano anche tecnologicamente all'avanguardia. E' necessario essere sempre al passo con i tempi, seguire le nuove mode, le nuove formulazioni, avere un'attenzione all'assenza di elementi dannosi, allergizzanti o semplicemente riferiti a processi di produzione negativi come ad esempio i test sugli animali.

Altri inconvenienti possono essere legati alle modalità di vendita:

- ricordiamo che, perlomeno in fase iniziale, il proprio marchio non sostituisce gli altri prodotti di marca e il processo di affermazione è lungo oltre che articolato;

- l'esposizione sugli scaffali segue regole differenti da quelle dei prodotti noti;

- può essere pericoloso affermare che, sia pur con la vostra etichetta, si tratti di un prodotto fatto da voi quando invece viene realizzato da un laboratorio esterno;

- suggerisco necessarie strategie di incentivazione dei collaboratori da un lato e di fidelizzazione della clientela dall'altro, che escono dalle classiche organizzazioni del lavoro generalmente riscontrabili nelle farmacie.

Credo che nel passato le farmacie abbiano, a torto, un po' snobbato le opportunità offerte dalla proposta di prodotti a proprio marchio, perché più faticosi da vendere o perché si preferiva privilegiare brand più noti per determinare maggior richiamo verso il punto vendita.

A mio personale avviso si sono perse occasioni per investire sulla propria immagine, si è perso tempo per formarsi una cultura gestionale, di organizzazione e comunicazione. Proprio perché è ormai moda, oggi c'è anche il rischio di confondere fornitori davvero in grado di produrre un "vero personalizzato" da altri che invece danno solo l'opportunità di vendere un brand già riconosciuto, semplicemente con su apposta l'etichetta della singola farmacia.

Non vorrei inoltre che oggi ci fosse una cieca e frettolosa rincorsa alla sola esigenza di marginalità, tralasciando altri aspetti che potrebbero rivelarsi fatali nel rapporto con la clientela. Trovo che sarebbe un peccato dare ai nostri concorrenti ulteriori armi per denigrarci, ma per qualcuno potrebbe anche accadere di scoprire semplicemente che la vendita del prodotto personalizzato non rientra nelle sue corde... in fin dei conti è una moda, forse un'opportunità, non è un obbligo!

Imporre il proprio marchio significa davvero fare impresa in maniera differente, implica progettualità e pianificazione del lavoro, comporta azioni e coinvolgimenti molto particolari e dedicati a una vera e propria mission aziendale.

Solo in questo caso il lavoro potrà portare grandi soddisfazioni. Occorre essere in grado di pianificare il proprio marketing e non solo di utilizzare quello di un fornitore; bisogna controllare i vari processi di crescita e non semplicemente praticare una rincorsa alle condizioni economiche; serve agire sui rapporti che richiedono la vendita creativa e non solo la vendita commerciale.

Il marchio della farmacia o il caduceo non vanno confusi con il proprio logo ed è questo che deve divenire vincente; la croce verde della farmacia è solo un importantissimo veicolo da sfruttare perché capace di richiamare l'attenzione. Dire farmacia è però un po' come dire automobili, è un po' come dire palestra, è un po' come dire cinema; ma voi che tipo di concessionario o palestra o sala cinema siete? Che ragioni di preferenza offrite affinché le persone vi scelgano?

Per chi inizia oggi a lavorare nell'ambito di una gestione di marchio personalizzato, servono tempi che non sono propriamente brevi. Si tratta di selezionare i fornitori in funzione dei propri obiettivi, comporta riuscire a impostare nuove metodologie di lavoro capaci di creare nuovo valore agli occhi del cliente, significa ricercare nuovi importanti standard qualitativi, richiede moderne forme d'incentivazione e motivazione.

BONUS#6

Se vuoi leggere il libro "L'inesorabile avanzata della K" di *Paolo Piovesan*, GRATIS sul tuo computer o smartphone, iscriviti alla newsletter di Farmacia Vincente tramite il link:

www.farmaciavincente.it/guida-marketing-farmacia

Potrai scaricare immediatamente e gratis "L'inesorabile avanzata della K", e riceverai inoltre la guida sulla vendita in farmacia che ti svela come vendere di più e battere i tuoi concorrenti anche se c'è la crisi!

Come ridurre i furti in farmacia

"*Qui rubano di tutto! Non so se anche per le altre farmacie è così ma qui abbiamo un grosso problema!!*"
Il tema del furto è certamente molto sentito in farmacia.

La casistica è come sempre ampia, variabile a seconda del quartiere e dei suoi abitanti, ma universalmente diffusa.
Non ci riferiamo ai ben più gravi problemi di sicurezza, alle rapine per intenderci, ma agli ammanchi di merce che comunque creano un danno economico oltre che preoccupazione ed ansia.

Premesse scontate ma necessarie:

- il furto è caratteristica di ogni esercizio commerciale aperto al pubblico;

- limitare il furto è possibile, eliminare il fenomeno no;

- più aumenta la superficie destinata al libero servizio in farmacia, più aumentano i furti;

- Meno si rende accessibile il prodotto al cliente (spesso attraverso vetrine chiuse o addirittura evitando di esporlo), e meno si avranno possibilità concrete di venderlo. La propensione all'acquisto di un prodotto crolla drasticamente se s'impedisce al cliente di vederlo, valutarlo, toccarlo, prenderlo in autonomia;

- E' dimostrato che "far interagire" il consumatore con il prodotto aiuta a venderlo quindi ben venga toccare, testare, prendere i prodotti in autonomia ma... possibilmente, dopo aver pagato!

Come ridurre i furti in farmacia senza perdere opportunità di vendita?

Quanti hanno percepito in anticipo il cambiamento nel mix dei ricavi in farmacia si sono mossi alla ricerca di spazi più ampi per esporre un maggior numero di referenze a libero servizio. Proporzionalmente alla dimensione della superficie sono aumentate le vendite... Ma anche i furti.

Certamente la dimensione dell'esposizione limita il controllo diretto degli addetti ed è più facile che si creino "zone d'ombra".

L'utilizzo spesso dello stesso numero di addetti all'interno di spazi più ampi, determina il calo della capacità di controllo diretto e quindi l'aumento dei furti.

Ecco 5 strategie da mettere in pratica DA SUBITO per ridurre i furti in farmacia:

1. **Organizzare e responsabilizzare lo staff.** Il migliore deterrente ai furti è il controllo diretto da parte del personale della farmacia. Ogni addetto dovrebbe controllare una parte del locale al pubblico. E' realistico pensare che ogni addetto possa controllare circa 25 mq di spazio espositivo in una situazione "intensa" di traffico interno al negozio e 40 mq in una situazione "ordinaria". La partecipazione degli addetti al controllo è fondamentale, nessuno si deve sottrarre a questa responsabilità. La presenza di un addetto all'ingresso/uscita è suggerita: farà da benvenuto all'ingresso e da deterrente al furto in uscita;

2. **Migliorare la visibilità** delle zone espositive per il controllo diretto degli addetti. Molti farmacisti costruiscono nel tempo barriere di espositori delle case o peggio nella progettazione degli spazi non hanno tenuto conto di questo aspetto. L'utilizzo di espositori centrali bassi e trasparenti può migliorare notevolmente la situazione. Nel futuro, la creazione di postazioni di lavoro separate e la rivisitazione del percorso di vendita dovranno essere prese in considerazione con maggiore attenzione.

3. **Installare le barriere antitaccheggio** è oneroso e ancora di più lo sarà per il tempo necessario ad attaccare adesivi sui prodotti per atti-

vare il sistema. Facciamolo per una selezione di prodotti in base al prezzo, all'appeal o alla loro collocazione (più o meno sotto controllo diretto degli addetti). Vale la pena investire.

4. **Comunicare la videosorveglianza**. Oltre a essere un obbligo di legge è un ottimo deterrente avvisare che sono attive le telecamere di sicurezza. Coloriamole queste ultime di rosso! e posizioniamo i cartelli di avviso in punti strategici ben visibili (non ovunque!). E' bene sapere che ad oggi la legge italiana vieta che le riprese siano fatte vedere al pubblico attraverso monitors.

5. **Modificare il category** collocando i prodotti più ingombranti e di minor valore nelle zone più a rischio. Non registro racconti di farmacisti che subiscono furti continui di pannolini o pannoloni. Questi ed altri prodotti possono essere certamente collocati nelle zone più a rischio furto (ingresso/uscita, aree non presidiate, ecc).

Quelle illustrate sono 5 strade praticabili da subito in farmacia, senza grandi sconvolgimenti.
Combinate possono ridurre sensibilmente il problema. Non ti resta che provare!

Recentemente, con la Sartoretto Verna™ abbiamo ottenuto un grande risultato installando sulla singola mensola dei "dissuasori trasparenti" facilmente rimovibili.

L'idea è semplice ma funziona!

La barriera si posiziona sulla mensola e rende più difficile il furto. Con questa soluzione si ha maggiore flessibilità nel decidere quando e cosa proteggere, lasciando però il prodotto visibile.

Associando un messaggio del tipo: *"per questo prodotto chiedi il nostro consiglio, ti aiuteremo a scegliere quello giusto per te"*, potrai dare inoltre un valore aggiunto alla proposta.

Quattro buoni motivi per rinnovare i locali

L'evoluzione del mercato richiede ad ogni imprenditore di essere pronto ogni giorno a rinnovarsi.
A partire dai locali!
La tua farmacia si differenzia dalla concorrenza?
Riesce a stupire e catturare l'attenzione del consumatore distratto e travolto quotidianamente da continui messaggi pubblicitari e commerciali?
E' in linea con i cambiamenti del mercato attuale?

Ecco 4 valide ragioni per rinnovare la tua farmacia:

1. **L' evoluzione del mercato:
   lo *shopping esperienziale***

L'offerta tradizionale della farmacia non è più sufficiente. Non basta avere dei prodotti di alta qualità a

prezzi competitivi, non basta il consiglio.
Negli ultimi venti anni il mercato è cambiato: il consumatore prima del prodotto cerca di "raggiungere un obiettivo", diverso per ognuno di noi.

Lo shopping è emozione, sogno, storie da raccontare, sentimenti da condividere e nella decisione d'acquisto l'ambiente in cui il prodotto è inserito è decisivo. Rinnovare oggi i locali della farmacia significa quindi realizzare una scenografia per avvalorare di significati ed emozioni il prodotto ed il servizio offerto.

La farmacia come teatro dove il cliente obiettivo è protagonista!

Diventa allora sempre più importante creare una relazione tra contenitore e contenuto, tra spazio di vendita, prodotto e servizio.

2. L'evoluzione dei concorrenti diretti

Quanti sono i negozi della concorrenza limitrofi che si rinnovano di giorno in giorno? Che cosa comporta per la tua attività il rinnovo dei punti vendita della concorrenza?

Se la tua farmacia è la stessa da più di venti anni forse è il momento di far entrare una ventata di novità.

Il cambiamento spaventa ma non hai scelta, è sempre più necessario adeguarsi alle evoluzioni del mercato ed alle trasformazioni dei concorrenti.
Ciò che spinge il consumatore ad entrare nella tua farmacia anziché in un altra deve essere la curiosità

di scoprire e vedere nuove atmosfere, provare nuove suggestioni, trovare un ambiente piacevole ed un personale di vendita pronto a soddisfare le proprie esigenze.

Non possiamo ancora pensare di essere i più bravi a dare il consiglio o i più comodi perché vicino ai medici!

Rinnovare la farmacia vuol dire stimolare l'attenzione, creare il desiderio di vedere e assaporare. Se ascolterai questi consigli si spargerà la voce e vedrai entrare **nuovi clienti**.

3. Differenziarsi dalla concorrenza: la riconoscibilità

Come essere diversi dalla concorrenza? Basta seguire le trasformazioni del mercato.

L'atto d'acquisto si sta evolvendo da bisogno materiale a desiderio ed emozione.

Rinnovare il locale della farmacia vuol dire proporre nuove e accattivanti ambientazioni, aree tematiche sempre diverse, aree dedicate all'ascolto ed al consiglio, al relax ed alla lettura con comodi salottini, piccole ma fantastiche aree per i bambini, spazi polisensoriali, spazi raccolti per confrontarsi.

Tutto ciò rassicura, coccola e seduce il cliente che deve piacevolmente vivere lo spazio di vendita e decidere di tornarvi volentieri.
Rinnovare i locali della farmacia vuol dire esporre

con chiarezza il prodotto per rendere comprensibile l'offerta merceologica sotto tre aspetti:

1. Fisicamente: attraverso innovative e adeguate strutture espositive;

2. Psicologicamente: mettendo la clientela a proprio agio di fronte al prodotto esposto;

3. Intellettivamente: in modo che il cliente possa comprendere utilizzo, caratteristiche e peculiarità dello stesso.

4. Visibilità nell'area commerciale

L'immagine della farmacia deve comunicare chiaramente l'identità e l'offerta attraverso luci, colori, finiture, materiali e suoni.

Rinnovare i locali della farmacia vuol dire progettare uno spazio commerciale coerente con la tipologia di consumatore cui è destinato. Le caratteristiche dello spazio commerciale variano infatti in funzione del destinatario.

Per un consumatore efficiente e innovativo lo spazio commerciale sarà caratterizzato da superfici metalliche hi-tech, lucide e lisce, luci che definiscono il prodotto nei dettagli MA per un consumatore che vuole essere più coccolato sarà invece necessario progettare un'atmosfera calda, famigliare ed accogliente per cui verranno utilizzati materiali naturali come il legno, la terracotta e i toni di colore caldi. E così via per consumatori sportivi, naturalisti o eleganti.

1° caso esempio: moltiplicare per 7 il fatturato della farmacia

Ecco la storia di una giovane farmacista di 28 anni, non figlia di titolari, che ha moltiplicato per 7 il fatturato di una farmacia di Roma, risollevandola dal baratro in cui era piombata con la vecchia gestione, grazie ad una semplice scoperta: far entrare i clienti e renderli felici assieme ai propri cari.

Con l'obiettivo di "creare emozioni e rendere felici", la giovane dottoressa **Beatrice Labate** è riuscita, in soli 18 mesi (12 dopo il rinnovo dell'attività), a far preferire la sua farmacia ad altre attività più comode, perché sotto casa o vicino all'ufficio di molti dei suoi attuali clienti.
L'ottimo risultato ottenuto (l'incremento del 250% del fatturato), è stato raggiunto applicando 3 sem-

plici regole del marketing professionale in farmacia:

1. Ricerca della specializzazione;

2. Individuazione dei canali di differenziazione;

3. Rinnovo locali e processi di vendita, azione e garanzia al cliente;

ed in questo articolo ti voglio rivelare i trucchi che abbiamo condiviso con la titolare in occasione del rinnovo della farmacia. Ma prima voglio farti però una confessione personale...

Quando nel 2003 mi sono laureato architetto, credevo di avere finalmente scalato la vetta raggiungendo la condizione di "professionista".
Pensavo di possedere tutti gli strumenti per poter svolgere la professione.

Non volevo essere il figlio di... e mi sono impegnato duramente. Volevo davvero riuscire e per questo lavoravo ogni giorno per realizzare luoghi professionali unici, dove la gente potesse venire volentieri.
Presto mi sono reso conto però che nonostante i consigli di amici e parenti, il mondo del lavoro era diverso da quello che mi aspettavo.

Avrei dovuto VENDERE, che per me allora significava quasi una forzatura rispetto a quello che avevo imparato all'università.
Significava mettersi in gioco ogni giorno sul campo... ma non era quello da tennis che mi avevano raccontato e che sognavo di frequentare dopo la laurea.
Lavoravo sodo tutti i giorni della settimana per en-

trare nel meccanismo, anche se non mi piaceva affatto ciò che facevo. Ma volevo davvero riuscire...

Stavo per arrendermi e gettare la spugna quando mi è capitato di seguire un importante cliente estero, un manager di un'importante azienda ospedaliera che aveva studiato ad Harvard e che doveva realizzare una farmacia in una delle sue cliniche.

Con lui abbiamo discusso per mesi sul progetto, abbiamo viaggiato assieme e conosciuto i migliori professionisti del marketing americani oggi in circolazione. Ho compreso che l'unica strada sostenibile per la farmacia indipendente era quella di SPECIALIZZARSI.

Perché SPECIALIZZARSI?

- Per restare sul mercato forti contro la concorrenza;
- per guadagnare credibilità;
- per dare valore alla tua azienda, oltre la licenza;
- per ampliare il proprio bacino d'utenza;
- per raggiungere solide alleanze per una missione comune;
- per fare marketing.

Cosa significa SPECIALIZZARSI?

Significa convincere un target di persone interessate che la tua farmacia è la migliore soluzione ad un loro specifico problema e che se lo vogliono veramente risolvere dovranno venire da te.

Si tratta di pensare ad una nuova strategia:

Trovare il proprio POSIZIONAMENTO DIFFERENZIANTE per FOCALIZZARSI in 1 cosa (che non significa smettere tutto il resto!).

Più sei unico, intrinsecamente diverso, polarizzato in ciò che proponi rispetto ai tuoi concorrenti, più le tue chance di sopravvivenza e di evoluzione aumenteranno.

Più sei uguale ai tuoi concorrenti, magari con le solite storie della "maggior qualità, orientamento al cliente, assistenza e cortesia", più rischi di essere spazzato via dalla faccia della terra. Anzi, non rischi... è solo una questione di tempo.

La dottoressa Labate di Roma si è specializzata, il risultato è nella premessa di questo articolo e questa la sua TESTIMONIANZA:

PRIMA DI RINNOVARE LA FARMACIA AVEVO NECESSITÀ DI:
rinnovamento e rilancio completo

PRIMA E DURANTE I LAVORI HO POTUTO VERIFICARE:
altissima competenza e professionalità: i locali hanno raggiunto uno stile e armonia in grado di offrire al cliente un ambiente luminoso elegante e accogliente.

DOPO L'INTERVENTO SONO RIUSCITO A RAGGIUNGERE I SEGUENTI OBIETTIVI:
Grazie ad una perfetta progettazione La farmacia

Tre Madonne è divenuta leader del quartiere Parioli dove personale e clientela si ritrovano ogni giorni con grandi soddisfazioni!

M.Beatrice Labate

2° caso esempio: il successo in soli 35 metri quadrati

"Dare un valore ad un prodotto significa vestirlo di emozioni così come dare valore ad un consiglio significa trasformarlo in una consulenza professionale frutto di specifica formazione".
Con queste premesse la giovane e dinamica dottoressa *Gaia Aldi* ha deciso, dopo 6 anni di ricerca all'estero presso una multinazionale del cosmetico francese, di acquistare e rilanciare la storica farmacia *Palamenghi* di Portici a Napoli. I locali, di 98 mq su 3 livelli, tutelati dalla soprintendenza, sono stati la prima sfida da affrontare.

La scelta di un posizionamento differenziante dalla concorrenza

Così la D.ssa Aldi descrive la sua attività: *"E' con-*

cepita come una farmacia a servizio delle persone, un luogo del benessere in ogni aspetto: dalla salute fisica alla cura estetica ma soprattutto non è un supermercato dove si comprano i medicinali e si va via. Per giungere a questo risultato offriamo una preventiva azione di ascolto del cliente e di esame del suo stato di salute. Ogni giorno mettiamo al centro la persona prima del prodotto".

La comunicazione della propria identità

Questa farmacia comunica costantemente la sua proposta e lo fa con passione. Si è partiti dalle cose semplici come l'ordine e la pulizia dei locali, l'organizzazione e l'assortimento, i comportamenti e gli atteggiamenti degli addetti sino agli arredamenti, l'illuminazione e l'esposizione dei prodotti.

Gaia ha scelto di investire su un target di clientela, sensibile non solo al prezzo ma ad una proposta professionale che si esprime in una serie di servizi dedicati quali il CUP, l'analisi di prima istanza ed una consulenza altamente qualificata sul benessere estetico ed alimentare.

A questa clientela ci si rivolge investendo costantemente in comunicazione e pubblicità su stampa locale, internet e social media.

L'esperienza di un'emozione

Non è difficile comprendere come un caffè preso in piazza di Spagna a Roma sia un'esperienza completamente diversa dal berlo in autostrada. Creando impatto emotivo il prezzo acquisisce un significato completamente diverso ed ambiente, profumi e servizi concorrono assieme a giustificarlo.

"Abbiamo deciso di trasformare questa farmacia in un luogo di benessere , bello, fresco e luminoso, curato nei dettagli, in grado di **stimolare tutti i sensi** *e le emozioni positive, nonostante gli spazi estremamente ridotti.*
Una Sfida con la "S" maiuscola, degna dei più bravi".

3° caso esempio: esprimere la propria professionalità

Realizzare la propria farmacia contestualizzandola con il territorio in cui si vive, riuscire a dare risalto alle proprie peculiarità professionali, senza però utilizzare i classici mezzi di comunicazione più vicini alla GDO; avvicinare comunque il cliente con un approccio moderno.

Erano questi i desideri e gli obiettivi del dott. *Benoit Stouffs*, medico lussemburghese e **omeopata tra i più riconosciuti in Europa**, quando ha pianificato l'apertura della sua nuova *Pharmacie Fleur De Vie*.

La sfida era riuscire a comunicare un'identità precisa, frutto di una profonda preparazione del titolare e dei suoi collaboratori, perché la specializzazione rimane oggi un prezioso marchio di distinzione necessario per ogni singola farmacia.

Ecco che allora i colori e lo studio delle forme in questa farmacia richiamano la *medicina naturale cinese* e tutta l'ambientazione è attenta ai significati della non invasività dell'*omeopatia*, creando precisi percorsi di vendita e aree dedicate al consiglio professionale.

Tutto questo integrato con il necessario tocco di modernità di un arredo tecnologico, all'interno del quale si sviluppa un progetto di robotica per la consegna del farmaco alle cinque postazioni di lavoro perimetrali.

In questo modo si ottimizzano i rapporti con la clientela, si concede spazio al consiglio, c'è più possibilità di conoscenza reciproca per approfondire le singole e personali esigenze del cliente.

Oggi le farmacie devono riuscire ad offrire un prodotto o un servizio in un contesto di qualificazione professionale, ove i dettagli dell'offerta divengono sempre più spesso elemento di discriminazione nella preferenza da parte del cliente.

Il difficile processo della fidelizzazione richiede che il consumatore vada prima cercato e poi adeguatamente accompagnato lungo tutto il percorso di scelta.

Occorre, allora, poter offrire valore aggiunto alla semplice presenza di un prodotto sullo scaffale con ambientazioni dell'esposizione che favoriscano il rapporto empatico e promuovano contemporaneamente la proposta commerciale.

La classica offerta di un servizio deve trasformarsi in qualificato elemento di consulenza e prestazione professionale.

Quindi accoglienza emozionale per i clienti, armoniosa esposizione dei prodotti per moderne esperienze d'acquisto, aree dedicate all'intrattenimento dei più piccoli, momenti di riservatezza per le consulenze professionali nel rispetto della privacy.

Questa è un nuova farmacia di successo: la farmacia "Fleur de Vie" del dott. Stouffs.

LE NUOVE ARMI

La farmacia nell'era di Facebook

dal seminario al "Corso di Marketing e comunicazione"
- corso di laurea in Farmacia Università SUN di Caserta -
prof. Raffaele Marzano

La comunicazione orizzontale

Sta cambiando il modo di relazionarsi tra le persone e tutto ciò si riflette sulle aziende, farmacie comprese. Siamo in un'epoca super connessa e grazie agli "smartphone", il mondo è nelle nostre mani!
Siamo in un'epoca digitale dove le informazioni ci raggiungono in diretta.

Quando il farmacista è di fronte al cliente, separato dal bancone dell'etico, la comunicazione sta avvenendo in una modalità che qualcuno ha definito *"verticale"*: da una parte c'è chi sa, dall'altra chi lo riconosce ed ascolta...
Questo modello di comunicazione è superato e ri-

schia oggi di far scappare i clienti!
L'interlocutore è più preparato di ieri e non è più disposto solo ad ascoltare, PRETENDE UN CONFRONTO prima di acquistare.

La comunicazione orizzontale è il nuovo modo di relazionarsi: significa accettare il confronto con il cliente per vincere in due (*win-win*). Con il cliente oggi si parla "al suo fianco", CONDIVIDENDO valore e facendo squadra.

Conoscere il cliente, anticipare il cambiamento: Google Trends

Capire cosa la gente cerca su internet significa oggi comprendere desideri e necessità nel mondo reale.

Ti invito ad utilizzare Google Trends, uno strumento gratuito che ti dice cosa cercano su internet le persone in un determinato tempo e luogo. Uno strumento fondamentale per tracciare la rotta d'impresa e toglierti un po' di nebbia di fronte agli occhi.

Consultando Google Trends scoprirai ad esempio che dal 2004 ad oggi sono diminuite, in Italia, le ricerche del termine "medicina", ma aumentano quelle del termine "farmacia". Nel mondo, dal 2004 ad oggi, stanno invece crescendo le ricerche per il termine bellezza "beauty", o "equilibrio", "balance".

Tutti vogliamo vivere meglio e più a lungo, vogliamo prevenire sofferenze e dolori. Tendiamo a essere sempre più informati su cosa possiamo fare per migliorare la nostra vita e su cosa è nocivo alla nostra salute. (Es: aumenta la ricerca del termine "deodorante senza alluminio" o "deodorante naturale").

Deve essere tuo obiettivo giornaliero cercare di capire i bisogni della gente, analizzarli, studiarli, anche in farmacia!
Chiedi ai tuoi clienti. Se gli offrirai uno scambio vantaggioso vedrai che non si sottrarranno nel darti informazioni cruciali per la tua azienda. Otterrai controllo, ti permetteranno di elaborare strategie...

Abbiamo messo a punto un questionario per la clientela. Ti può aiutare a capire meglio ciò che la tua clientela vuole e ciò che pensa di te. Provalo! Potrai scaricarlo gratuitamente iscrivendoti al **gruppo riservato ai titolari di farmacia** tramite il link:

www.facebook.com/groups/farmaciavincente

Competere in un mercato concorrenziale

La competizione è in aumento ed il mercato farmacia ha iniziato a decretare vincitori e vinti.
Bisogna agire! Per continuare ad esistere nel futuro bisognerà proporsi ad un pubblico più ampio.

E' un lontano ricordo lo speziale, possiamo dichiarare conclusa l'epoca della farmacia legata al SSN e sappiamo che la farmacia commerciale nel medio periodo si sta rivelando un modello fallimentare in tutta Europa.
Dovrai competere differenziandoti dagli altri, for-

mandoti come un vero esperto, condividendo valore, facendo marketing.

Ci sarà spazio solo per farmacie differenti, specializzate, uniche.

Rispondi onestamente a queste due domande:

1. Perché la gente dovrebbe continuare a venire in farmacia se avrà l'opportunità di comprare da casa?

2. Se la tua farmacia domani chiudesse, ritieni che i tuoi clienti se ne farebbero una ragione, riuscirebbero a trovare valide alternative sul mercato?

Non si può più essere tutti uguali.

In Svezia la ricetta è già spedibile online ed il farmaco lo porta a casa il corriere.
E in Italia? Come convincerai domani il cliente ad entrare ancora in farmacia?

Dovrà essere un posto piacevole dove andare, educativo, rilassante.
Un luogo di ritrovo, emozionante, dove sarà possibile scoprire prodotti nuovi per la salute ed il benessere, degustare una tisana, fare un trattamento per la pelle, perdersi in un profumo...

Il benessere come la salute, ci riguarda tutti.
Andare in farmacia dovrà essere un momento meraviglioso di cura della nostra persona a contatto con veri esperti.

Creare valore in farmacia

Atmosfera, comunicazione, servizi, tecnologia.
Oggi è importante utilizzare tutti i mezzi possibili per creare spazi che sappiano trasmettere valore alle persone ma... la farmacia può essere in grado di rispondere a tutti su tutto? Rischiamo di fare brutte figure e allontanare i clienti.

Le farmacie su Facebook

Nonostante le nubi all'orizzonte, la farmacia di comunità, se lo vorrai, può ancora competere, moltiplicare le sue vendite ed avere successo.

Non avere paura di cambiare approccio al mercato!

Oggi esistono strumenti molto potenti per fare marketing ad un pubblico enorme di nuovi clienti anche se non sei una multinazionale e non puoi permetterti campagne televisive milionarie.
Facebook è uno di questi.

...ma sono ancora troppe le farmacie che non hanno capito la potenzialità del mezzo o che lo stanno utilizzando in modo controproducente per comunicare principalmente nostalgia e ricordo, giornalino delle offerte o raccolte punti.

Ti avverto, questi contenuti non interessano a nessuno!

Voglio suggerirvi alcune pagine Facebook di farmacie che invece stanno sperimentando, ognuno a suo modo, nuove e secondo me efficaci forme di comunicazione:

- Farmacia Bettelli - Montecastrilli
- Farmacia San Marco Benessere - Udine
- Farmacia De Tommasis - Napoli
- Farmacia Paini - Mantova
- Farmacia Igea - Roma
- Farmacia Travagliati - Latina
- Farmacia Loreto Gallo - Napoli
- Farmacia Zadei - Brescia

Perché utilizzare Facebook? Perché Facebook è un mezzo che raggiunge tutti, ancora economico e che ti permetterà di diffondere il tuo messaggio ad una nicchia di clienti interessati.

Ascolta su Youtube il mio intervento al convegno "La farmacia digitale e l'utilizzo dei social network", tenutosi a Cosmofarma e approfondisci l'argomento:

https://youtu.be /vVB5PlODGtU

Il futuro è OGGI. L'esempio Svedese.

Se hai avuto modo di visitare l'Expo di Milano, forse non ti sarà sfuggito il "supermarket del futuro", in cui era possibile grazie a schermi touch e sensori interagire con l'offerta.
L'interazione avanzata tra prodotto e cliente, come raccontata a Milano, è però già presente da anni nella GDO dei paesi del nord Europa.

Da tempo i responsabili della GDO dei paesi nordici hanno capito che da solo il prodotto non attrae più e che bisogna creare nel punto vendita sistemi di intrattenimento e coinvolgimento.

Voglio infine segnalarti il successo dell'iniziativa della Toyota Aygo, che è stata venduta per un periodo limitato su Amazon al 25% in meno rispetto al prezzo di un rivenditore.
Perché nel futuro dovremmo comprare ancora le utilitarie da un rivenditore se possiamo risparmiare il 25% configurandocela online?
Sembra proprio che uno dei mestieri destinato a scomparire sarà quello della rivendita...

Per approfondire il tema: "Farmacie nell'era di Facebook", iscriviti al gruppo riservato ai titolari di farmacia e **scarica gratuitamente il pdf della presentazione** del seminario che ho tenuto al "Corso di Marketing e comunicazione" - corso di laurea in Farmacia Università SUN di Caserta - prof. Raffaele Marzano

Potrai anche guardare il video del mio intervento all'Università.

Iscriviti al **gruppo riservato ai titolari di farmacia** seguendo il link:

www.facebook.com/groups/farmaciavincente

Come riuscire a riattivare i clienti scomparsi (e che sono stati visti fare acquisti dalla concorrenza), anche se non sai come rintracciarli

Hai mai riflettuto sull'importanza di coltivare una lista clienti per moltiplicare le vendite innanzitutto ai tuoi CLIENTI?

Esiste una categoria di clienti che chiameremo "clienti scomparsi", i quali hanno deciso di smettere di comprare da te e per qualche motivo si sono fermati.

In Italia è molto semplice e tipico che si siano fermati perché gran parte delle farmacie fanno poco (spesso assolutamente nulla), per comprendere i bisogni dei loro clienti. Non li ascoltano, non li osservano in modo analitico, non chiedono.

I clienti che tu credi abituali in verità lo sono anche per la concorrenza ed ad un certo punto smettono di venire ad acquistare da te perché non trovano più ciò che cercano, non si identificano nella tua proposta o, semplicemente, trovano da altri.
Qui non parliamo solo di un problema di "marke-

ting", ma proprio della capacità di prevedere il cambiamento e mettere in pratica azioni concrete per restare in contatto con il cliente.

L'unico modo per restare in contatto con i clienti e CONTINUARE A VENDERE LORO prodotti e consulenze.

Per farti un esempio, il mio amico Raffaele con la sua farmacia nella provincia di Napoli, ha deciso ad un certo punto di togliere offerte e cartelli commerciali ed ha fatto spazio ad un ricevimento: uno spazio di ascolto professionale dove un addetto si occupa di fare "**Lead generation in farmacia!**"

A differenza di gran parte dei titolari che non registrano ne analizzano i dati della clientela, Raffaele comunica costantemente con i suoi clienti attraverso lettere, mail, social ma prima ancora con iniziative in farmacia.
Le iniziative in farmacia Raffaele le ha studiate, costruite, perfezionate e ha deciso di rivolgerle ad un **target specifico di clienti**.

L'analisi dei dati che sta collezionando, gli permette di migliorare mese per mese la sua proposta e rendere sempre più felici i suoi clienti.

Raffaele sta imparando a comunicare: informa continuamente sulle sue proposte, iniziative, eventi, incontri, consulenze, novità e mentre comunica non si dimentica di.... VENDERE.
La comunicazione per Raffaele non significa "bombardare" tutti i giorni con il giornalino delle promozioni in farmacia (questo lo fai TU!), e non significa

neanche scrivere articoli sulla salute (questo lo fanno i giornalisti).

COMUNICA PER VENDERE ad un target specifico di clienti (nel suo caso, coloro che sono interessati alle cure naturali, coloro che hanno capito che i farmaci hanno sempre delle controindicazioni e non sono l'unica ma l'ultima strada).

Raffaele sta imparando l'arte del **copywriter**...

La maggioranza dei suoi concorrenti parla di salute ma poi, nel concreto, offre poco su prevenzione e benessere... lui ha invece strutturato una proposta: ha inaugurato un centro di benessere naturale, ha brevettato la "dieta automatica" e vende **in esclusiva** una linea d'integratori naturali proveniente dall'India...

Ha smesso di lavorare per le multinazionali, lavora per la sua impresa...

Tutti noi siamo propensi a mangiare e strafogarci sino a quando arriva l'estate. A questo punto sentiamo il problema e forse pensiamo a contenerci e ci mettiamo a dieta.

Non è un caso che Raffaele fa molta informazione dentro e fuori la farmacia e si prodiga in tutti i modi per far si che le persone avvertano il problema o l'opportunità.
I suoi clienti lo ringraziano per questo, sono "più sani e quindi più belli", come direbbe *Rosanna Lambertucci* (che oggi ha brevettato la dieta social!, fantastico!)

A differenza dei concorrenti, Raffaele ha fatto capire ai suoi clienti che tiene molto alla loro salute e ... VENDE. I clienti sono contenti della farmacia di Raffaele e continuano a consigliarla e a fargli testimonianze positive...

ORA, posto che tu abbia iniziato a collezionare i dati dei clienti che vengono a contatto con la tua farmacia (in-store, online), è il momento di ricontattare i **clienti scomparsi**.

Il modo migliore per farlo sarebbe ovviamente con il telefono, ma se la tua lista è molto ampia puoi aiutarti con una breve **lettera di riattivazione** di carta e/o via email.

Lo scopo della comunicazione è quello di mostrare sincero rammarico o preoccupazione per l'assenza prolungata del cliente dalla tua farmacia e cercare di capirne il motivo.

Spesso è emotivamente difficile perché se abbiamo commesso errori in passato (ed è normale come esseri umani) dobbiamo essere disposti a prenderci la critica che ci tornerà indietro. Ma se sapremo essere saldi, fermi, sinceramente dispiaciuti ed empaticamente connessi con il cliente, moltissimi tra di loro lo apprezzeranno e torneranno a darci una possibilità.

Qualche mese fa ho spinto un mio amico farmacista a ricontattare tutti i suoi clienti inattivi. Il collaboratore si è messo lì e lista alla mano li ha ricontattati tutti con un semplice : *"Ciao, è qualche mese che non ti vediamo più in farmacia e ci stavamo preoccupando per la tua salute e il tuo stato di forma. Come stai?"*

(Ovviamente con un minimo di personalizzazione in funzione del grado di conoscenza del cliente).

Nelle due settimane successive il numero di ingressi in farmacia è stato del 36% maggiore.

Una singola strategia di marketing professionale, può cambiare le sorti e le fortune della tua farmacia.

12 modi per aumentare le vendite in farmacia

(solo per chi non si accontenta e ha deciso di voltare pagina... e giura solennemente che smetterà di piangersi addosso)

le 6 strategie di provato successo per aumentare il VALORE delle tue vendite in farmacia

- Addestrare i tuoi collaboratori con tecniche specifiche per fare up-selling e cross-selling;

- Usare promozioni lampo subito dopo un acquisto al momento del pagamento;

- Creare pacchetti di prodotti e servizi complementari;

- Aumentare il prezzo e quindi i margini;

- Cambiare la percezione del tuo prodotto in modo che sia percepito come più lussuoso/prestigioso;

- Offrire opzioni vantaggiose in funzione di una maggiore quantità di spesa e d'acquisto.

Le 6 strategie sicure e testate per aumentare la FREQUENZA DI RIACQUISTO dei tuoi clienti

- Sviluppare o pensare a un prodotto di strategie end (prodotti che verranno offerti qualche giorno, qualche settimana o qualche mese dopo la vendita), con il quale puoi tornare dai tuoi clienti;

- Comunicare personalmente con i tuoi clienti in maniera frequente (telefono, lettera di vendita - hai capito bene da spedire per posta!, email), per mantenere una relazione positiva;

- Sponsorizzare prodotti di altre aziende che avrai precedentemente convenzionato alla tua lista clienti;

- Creare eventi speciali in farmacia come "vendite limitate a porte chiuse","Pre-vendite speciali riservate ai clienti speciali" ecc...;

- Programmare i clienti al riacquisto;

- Offrire riduzioni di prezzo in base alla frequenza di acquisto.

Una singola azione tra queste può far decollare i tuoi risultati verso l'alto in maniera esponenziale.

Sviluppa questa formula per aumentare i tuoi guadagni. E' una semplice espressione matematica:

N° di clienti x Valore di transazione x Frequenza di riacquisto

Ti basterà applicare una sola delle tecniche descritte e aumentare del 10% questi tre fattori.

In virtù della correlazione dei tre fattori i tuoi guadagni non aumenteranno del 10% ma del 33,1% e poi andranno a crescere esponenzialmente.

Piccoli cambiamenti costanti, vedrai, potranno portarti a raggiungere enormi risultati nel medio periodo.

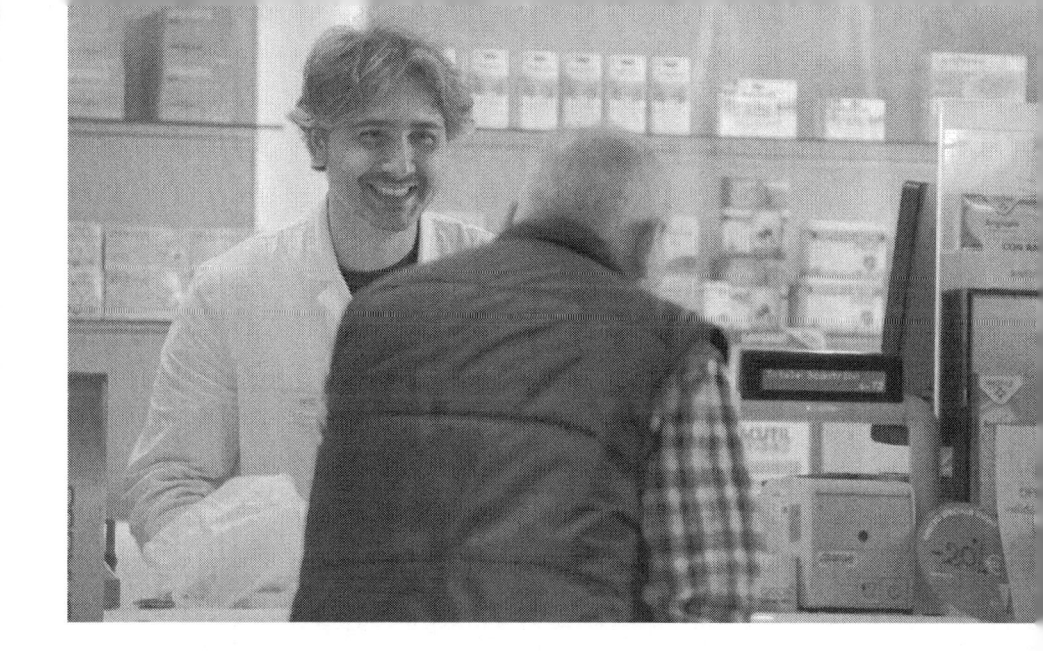

La creazione di contenuti di valore: il copywriting

L'elemento centrale NON è il prodotto e NON sei tu. E' il cliente.

A lui devi rivolgerti, a lui devi vendere. Per vendere oggi devi prima condividere valore e bisogna saperlo fare...

La tecnica del *copywriting* ti aiuterà a ritornare ad essere percepito come un esperto in farmacia, un'autorità nel tuo ambito di specializzazione.

Ti consentirà di ritornare ad essere riconosciuto come un professionista di cui fidarsi e non un commerciante da guardare con sospetto, facente parte della "ricca lobby"!

Bello no?

Quante volte, non solo in questo libro, ti sei sentito dire che devi capire i bisogni dei clienti, i loro desideri, i loro problemi, le loro preoccupazioni, le loro paure e perplessità?

Nell'arte del copywriting è essenziale conoscere questi aspetti prima di sedersi a scrivere, altrimenti le comunicazioni che dai ai tuoi clienti in farmacia, i tuoi reports tematici, i tuoi articoli sul blog NON avranno alcun effetto persuasivo sul pubblico, che nasconderà il portafoglio.

Le regole di base

- Durante una consulenza, una trattativa di vendita, in qualsiasi comunicazione in farmacia o nell'utilizzo dei media elimina ogni riferimento che inizia per "io", ma parla solo dando del "tu";

- Individua il cliente a cui ti vuoi rivolgere ed entusiasmalo parlando di ciò che lo rende felice;

- Durante la trattativa fai domande per capire la sua situazione prima di vendere qualsiasi cosa;

- Approfondisci, ascolta e consiglia. Rispetta il suo tempo;

- L'obiettivo deve essere quello di proteggere gli interessi del tuo cliente, guadagnarti la sua fiducia anticipando le sue esigenze e aiutandolo a soddisfarle nel migliore dei modi (anche qualora significasse meno o nessun guadagno per te!).

Più VALORE crei per gli altri, in modi che nessun altro è riuscito a replicare, più ricchezza sarai in grado di attrarre verso di te, perché i clienti si ricorderanno che li hai "protetti", hai risolto le loro preoccupazioni e non sei stato l'ennesimo tizio che ha tentato di manipolarli.

Non deve essere soltanto una relazione economica basata su uno scambio freddo e insignificante, ma un sincero interesse volto a dare un contributo alla sua vita. Nel lungo periodo te ne sarà riconoscente.

Come fidelizzare i clienti, rimuovendo le loro barriere all'acquisto

I tuoi potenziali clienti pensano che la loro situazione sia unica e la tua soluzione non li potrà aiutare quindi devi fornire degli esempi, delle prove che dimostrano che ciò che fai e ciò che vendi funziona anche per loro.

Dai loro la possibilità di provare il prodotto o il servizio, oppure offri grande valore che si traduca in risultati tangibili prima ancora che abbiano acquistato.

Il primo segnale che devono percepire da te dev'essere : "*sono qui per voi... la mia missione è soddisfare le vostre esigenze*". Allora torneranno e saranno contenti di continuare ad usufruire dei tuoi servizi. Alcuni suggerimenti:

- Fai provare gratis per 30 giorni il tuo prodotto;

- Regala un'anteprima o una parte del servizio;

- Offri un grosso sconto al primo acquisto per i nuovi clienti;

- Aggiungi bonus gratuiti al primo acquisto;

- Raddoppia la quantità, tenendo lo stesso prezzo;

- Crea una forte garanzia che alleggerisce il cliente da ogni preoccupazione o possibile imprevisto.

Il concetto è questo: quando chiedi ad un cliente di acquistare lui deve inevitabilmente prendersi un rischio, specie se non ti conosce.
Nella sua testa comincerà a chiedersi : *"ma sarà la scelta giusta? Lo avrò in tempo? Soddisferà le mie aspettative? Se poi non funziona o non fa quello che volevo?"*
E' tuo compito annullare questi dubbi prima, durante e dopo ogni acquisto.

Qual è il risultato principale che gli porti prima e dopo l'acquisto? Quali sono tutti gli ostacoli che potrebbero impedirgli di acquistare?
Trova la risposta a queste domande e poi cerca un modo per garantire quel risultato.

Nel caso non fosse soddisfatto spiega che farai il possibile, magari qualcosa di inaspettato, per permettergli di raggiungerlo oppure che sei anche disposto ad un rimborso.

Il tuo lavoro è capire le sue necessità, soddisfare i suoi bisogni e proteggere i suoi interessi.

Pyramid diagram

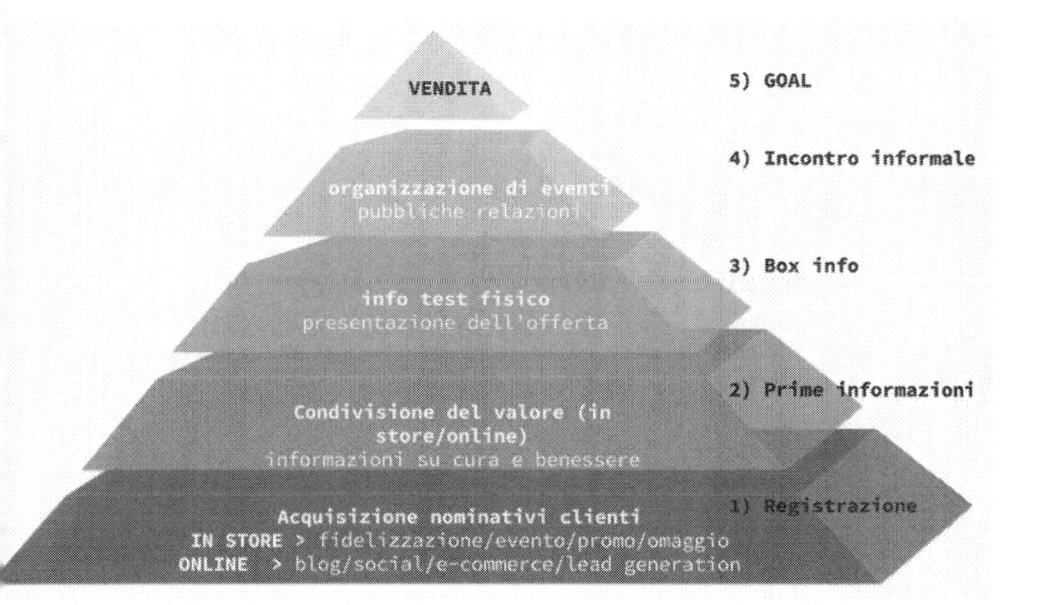

- **VENDITA** — 5) GOAL
- organizzazione di eventi / pubbliche relazioni — 4) Incontro informale
- info test fisico / presentazione dell'offerta — 3) Box info
- Condivisione del valore (in store/online) / informazioni su cura e benessere — 2) Prime informazioni
- Acquisizione nominativi clienti / IN STORE > fidelizzazione/evento/promo/omaggio / ONLINE > blog/social/e-commerce/lead generation — 1) Registrazione

Le nuove armi

La farmacia ha bisogno di acquisire nuovi clienti se vuole sopravvivere. La vendita diretta (al cliente che entra dalla porta di ingresso), non basta più!

Se è vero che oggi il 67% del processo d'acquisto viene fatto PRIMA di entrare in farmacia e che il 74% dei clienti acquista dal PRIMO farmacista che gli fornisce tutte le risposte che cerca, è necessario inserirsi all'interno del processo educativo delle persone attraverso nuovi strumenti.

Bisogna EDUCARE il cliente giorno dopo giorno per stimolarlo ad entrare nella TUA farmacia per prendersi cura di se.
Per farlo serve una LISTA CLIENTI.
Di seguito i principali strumenti per aumentare le vendite moltiplicando i canali di ingresso dei clienti in farmacia e sostenere il fatturato della tua azienda.

Online

- **Blog.** Vedi paragrafo a parte;

- **Social media marketing.** Le attività di sensibilizzazione, condivisione dei contenuti, domande e risposte, formazione rapida su Facebook, Twitter, Instagram ed altre piattaforme mirate;

- **Email marketing.** Comprende l'uso di campagne email mirate e automatizzate su persone che si siano iscritte volontariamente alle vostre liste per ricevere informazioni. In ogni altro caso si parla di spam, cioè l'invio di comunicazioni non sollecitate e non gradite;

- **Pubblicità online.** Include la pubblicazione di annunci o banner su Google, social o attività come il re-marketing;

- **ecommerce.** Vedi paragrafo a parte;

- **eventi online.** Include eventi quali webinar, podcast, dimostrazioni e workshop svolti utilizzando strumenti online.

Offline (in farmacia, dal vivo)

- **Pubbliche relazioni.** Comprende attività volte a ricevere una copertura sui media tradizionali sia online che offline ovviamente non a pagamento ma frutto di qualcosa di interessante che facciamo e dei quali i Media abbiamo interesse a parlare;

- **Joint venture.** Include attività di co-marketing svolte in collaborazione con partner strategici che abbiano aziende affini ma non concorrenziali. Ad esempio un barista ben focalizzato negli alimenti vegani potrebbe avere tutto l'interesse a scambiarsi "buoni" (e clienti), con una farmacia che ha la stessa filosofia;

- **Pubblicità offline.** Include la pubblicità sui supporti di stampa e trasmissione come riviste, quotidiani, TV e radio, volantinaggio mirato;

- **Content marketing.** Comprende la stampa, l'ottimizzazione e la condivisione di contenuti educativi che attirino traffico di ricerca nel caso dell'online (il blog è la spina dorsale del content marketing online), newsletter cartacee o online;

- **Lettere di vendita.** Di varia lunghezza, volte a stimolare l'acquisto di un prodotto o servizio, l'utilizzo di un buono, una prova gratuita, ecc.;

- **Marketing fisico.** Include la creazione di strumenti utili che stimolino la voglia di provare i nostri prodotti o servizi;
- **Incontri in farmacia.** Comprende eventi come workshop, dimostrazioni, seminari, fiere, mostre ed eventi nei quali incontrare i clienti ed attrarli in farmacia senza sottoporli alla pressione del contatto singolo con un venditore;

- **Eventi pubblici.** Include la comparsa in interventi pubblici sponsorizzati in occasione di eventi di interesse al nostro cliente obiettivo;

- **Telemarketing mirato.** In combinazione a un'altra azione come l'invio di una lettera di vendita;

- **Community marketing.** Comprende l'atto di costruzione, anche tramite social, di una comunità attorno a un interesse o ad un argomento comune;

Un "brand" si costruisce con le pubbliche relazioni e si preserva con la pubblicità, ma oggi i clienti sono sempre più sommersi da messaggi e la pubblicità non penetra più la soglia di attenzione.

Oggi:

- ci vuole di più per acquisire clienti;
- ci vuole di più per trattenerli (suscitare il loro interesse, fidelizzarli);
- ci vuole di più per metterli a sedere per ascoltarci.

La barriera di diffidenza di ognuno di noi si è alzata.

Le PUBBLICHE RELAZIONI sono il modo migliore per fidelizzare la clientela ma necessitano di investimenti e sono LENTE nel portare risultati.
Le tecniche del marketing a risposta diretta (**Direct marketing**), ti permetteranno invece da subito di raggiungere un pubblico ampio di clienti interessati a ricevere la tua offerta.

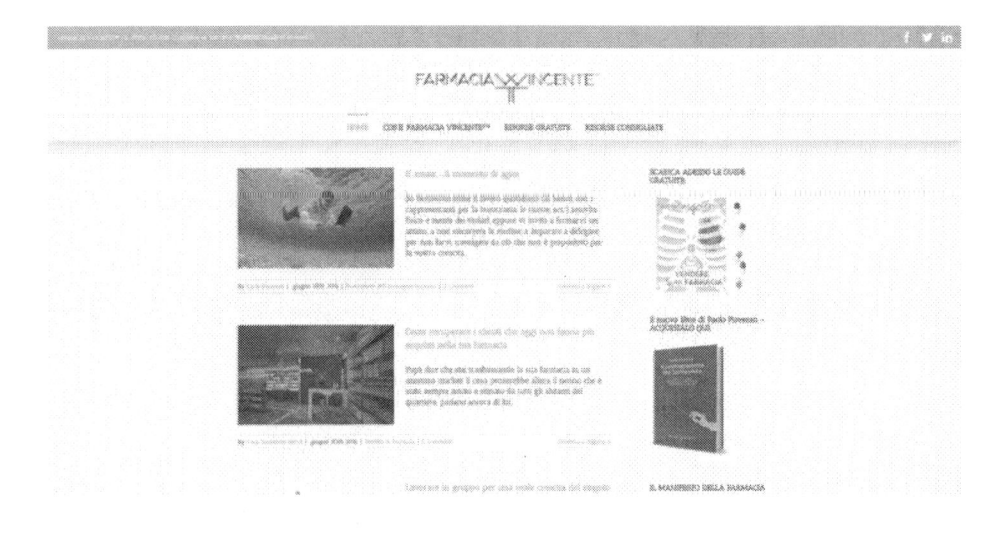

Il Blog, strumento fondamentale di vendita per la farmacia

Cos'è un blog?

Il blog è un giornale interattivo on-line dove puoi scrivere i tuoi articoli, detti "post", che gli utenti possono leggere ed eventualmente commentare.
Proprio la possibilità di partecipare alla discussione tramite i commenti differenzia questo mezzo dai classici siti statici, creando un rapporto interattivo tra chi scrive e chi commenta.

Creare un blog è una cosa estremamente semplice ed esistono diverse possibilità per farlo in modo gratuito.

WordPress e *Blogger* sono solo alcune tra le più famose "piattaforme pronte" disponibili online.

Per iniziare, il mio consiglio è quello di acquistare un pacchetto pronto con wordpress già installato e collegato ad un dominio (es: www.farmaciavincente.it). Esistono numerosi fornitori di servizi che lo offrono a prezzi contenuti (ad esempio Register.it o Aruba.it)

Perchè un blog?

Avere una propria presenza online, condividere valore, esprimere i propri pensieri, comunicare la propria mission serve a farsi conoscere e preferire.

Il blog sarà contemporaneamente il tuo palcoscenico ed il tuo studio d'incisione.

Sarà il luogo dal quale lancerai i tuoi messaggi per colpire ed influenzare il tuo target di riferimento.

Oggi la ricerca mostra come il 68% della decisione di acquistare qualcosa (qualunque cosa), sia presa dai clienti PRIMA di incontrare il venditore. Questo perché internet è un conduttore di informazioni.

I clienti cercano te e la tua farmacia, cercano di capire se sei un generalista o proponi soluzioni specifiche per loro e cercano se ci sono testimonianze e recensioni di clienti soddisfatti che parlano per te.

Mentre i tuoi concorrenti hanno l'orario di lavoro ed il bancone per influenzare i clienti, tu potrai avere anche il tuo blog, un "esercito personale" di articoli composto da soldati che combattono la battaglia per acquisire clienti al posto tuo 24h/24, senza mai stancarsi, né demotivarsi, senza scioperare né pretendere ferie o aumenti di stipendio.

Come può essere utile un blog alla farmacia?

l'unico modo per spiccare rispetto alla concorrenza è quello di diventare, nella mente dei potenziali clienti uno specialista.

Vuoi tornare ad essere riconosciuto come un esperto? Tramite il blog potrai mettere a disposizione dei tuoi clienti una vera "valanga" di contenuti di valore e dimostrare di essere l'esperto in materia.

Immaginiamo di doverci consultare con un esperto ortopedico per risolvere un problema di deambulazione. Prendiamo appuntamento, ci adattiamo alle sue disponibilità, ci mettiamo in attesa, ci affidiamo, seguiamo i suoi consigli, mostriamo riconoscenza, paghiamo quanto richiesto. Questo succede se sei uno specialista!

Grazie al blog ed ai Social Network (soprattutto ai gruppi Facebook), potrai pre-educare i tuoi clienti e renderai più semplici le vendite in farmacia trasformando il confronto con i clienti quasi una formalità. Questa posizione di specialista ti porterà anche altri vantaggi:

- potrai "selezionare" i clienti evitando di perdere tempo;
- ti darà un'enorme visibilità a livello nazionale;
- potrai comprendere e gestire meglio le obiezioni.

Le 2 regole principali:

A) Scegliere un'audience. Non puoi essere l'esperto di tutto, non è credibile ne possibile.
Se il tuo blog è una sorta di catalogo "scritto" che presenta i tuoi prodotti/servizi, la storia o gli orari della farmacia o ricicla cose leggibili altrove, allora é decisamente meglio che eviti di aprirlo perché più vorrai essere per tutti e più non sarai considerato da nessuno;

B) Metti il tuo potenziale cliente davanti a 3 tipi di scenario:
1- Cosa succede se fai questa cosa con me;
2- cosa succede se fai questa cosa con la concorrenza;
3- cosa accade se non fai questa cosa e rimani col tuo problema.

Uno dei dubbi che mi vengono posti spesso quando spiego l'importanza di avere un blog è:

"Il cliente che viene in farmacia non va su internet, è anziano!"

Ma... se è vero che molte persone anziane non accedono a internet (per carità, ci mancherebbe), è vero anche che gli anziani chiedono sempre consiglio e supporto a una figura di riferimento che solitamente è il figlio o un familiare che per reperire le informazioni necessarie, su internet ci va.

Vendere agli anziani in realtà è molto simile al vendere prodotti per bambini. **Il target non sono i bambini, bensì i genitori.**

Così con le persone anziane il vero target spesso non sono loro ma le persone che li consigliano ed a loro ti dovrai rivolgere.

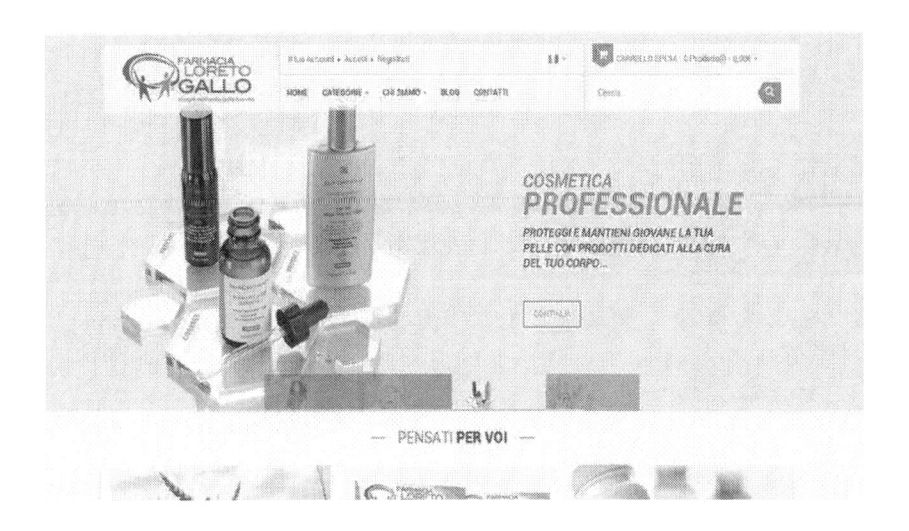

L'e-commerce per la farmacia focalizzata

di Nicola Romita - Ceo Rifraf srl

La scelta di curare con grande attenzione alcuni settori merceologici si sta dimostrando assolutamente vincente per le farmacie digitali in start-up, soprattutto quando è sapientemente abbinata con la creazione di contenuti consulenziali adeguati e funzionali al racconto della propria esperienza.

E' un errore comune pensare che il pubblico decida solo sulla base del prezzo più conveniente, un errore che deriva spesso dall'osservazione di quanto accade nei punti vendita fisici.

Il processo decisionale dell'acquirente web, infatti, è influenzato da molti più fattori e, se acquistate online spesso e volentieri, non potrete che essere d'accordo.

Chi compra online spesso arriva al prodotto attraverso la ricerca di fonti, recensioni e testimonianze di altri utenti; un contenuto editoriale che descriva con cura come quel prodotto possa aiutarlo a risolvere un problema è dunque assolutamente rilevante nello spingerlo alla decisione di acquisto.

Il Blog si sta rivelando, in questo senso, elemento sempre più fondamentale per il successo di un e-commerce farmaceutico e anche le farmacie online più orientate al "mass market" si stanno rinnovando in tal senso.

Ricordatelo sempre: le informazioni sono decisive!
Non solo quelle che andrete a comunicare sui Social Network o nel vostro Blog, ma anche i consigli e le risposte che avrete modo di dare ai potenziali acquirenti quando vi contatteranno per chiedervi informazioni sul prodotto.

Quando mi dicono che le domande al telefono, su WhatsApp o sulla chat di Facebook portano via tanto tempo, rispondo sempre che quel tempo è il migliore investimento possibile in termini di marketing e va curato in ogni dettaglio.

La scelta di focalizzare la propria attenzione su certi settori non può prescindere dall'essere in grado di fare la differenza con la capacità di dare il giusto consiglio quando occorre.

Una spiegazione semplice ma accurata, un contenuto editoriale ricco di novità e spunti interessanti, determinano nell'utente la motivazione a scegliere la vostra farmacia online come punto di riferimento.

Una volta che il binomio prodotto/consulenza si sarà dimostrato vincente dovrete solo curarvi di fare in modo che Il processo di ricezione del prodotto sia perfetto.

Nessuno metterebbe a rischio la propria soddisfazione in termini di sicurezza e affidabilità per pochi centesimi.

E' questo il segreto di portali come *Amazon*: non tradiscono mai l'utente.

La ciliegina sulla torta potrebbe essere la scelta di creare una vostra linea di prodotti in uno dei settori di vostra elezione.

Sarà l'essenza della vostra conoscenza e della passione per il vostro lavoro e rappresenterà tutto quello che raccontate ogni giorno al pubblico.

E' un investimento importante che potrà regalarvi grandi soddisfazioni sia sul piano professionale che su quello finanziario.

Non chiudete gli occhi dinanzi al cambiamento, anzi: accogliete con entusiasmo il fatto che esista un mondo di opportunità che solo passione, competenza ed un pizzico di coraggio vi permetteranno di cogliere.

BONUS#7

Se vuoi approfondire il tema dell' "E-commerce per la farmacia specializzata" abbiamo preparato per te un VIDEO di 40 minuti!!

Per prendere visione dei contenuti e cambiare definitivamente la tua visione strategica della farmacia, iscriviti al **gruppo riservato ai titolari di farmacia** tramite il link:

www.facebook.com/groups/farmaciavincente

Qui potrai guardare anche tutti i VIDEO SUL MARKETING PROFESSIONALE e scaricare contenuti immediatamente applicabili.

Potrai inoltre unirti alla comunità di centinaia di titolari farmacisti che ogni giorno si scambiano consigli su come migliorare le vendite della propria attività ed avere più ore libere.

Ti aspettiamo sul nostro gruppo "Farmacia Vincente", su Facebook!

FARMACIE DA SOGNO

Farmacie da sogno: la parte più bella del mio lavoro

Voglio completare questo libro con un saluto ed un personale ringraziamento per aver completato la lettura ed essere stato con me fino in fondo.

Abbiamo condiviso frustrazione e rabbia, ricordi e rammarico ma anche passione e speranza per un futuro della farmacia tutto da scrivere, per un pubblico sempre più interessato alla salute.

Leggere un libro è come scriverlo, si arriva al capitolo finale diversi da come si è partiti.

Questo è già un cambiamento!

Mi auguro che le nostre strade prima o poi si possano incrociare anche nella vita reale e sarà per me un privilegio continuare dal vivo questo confronto, utile ritengo, all'evoluzione verso una farmacia più forte perché autonoma nel tracciare le sue sorti.

E con questo senso di gratitudine che voglio in fine condividere con te la parte più bella del mio lavoro:

Recensioni più utili

Ilaria Castellaneta
2 mesi fa · 3 recensioni ·

5★ · 2 amici in comune

La nostra Farmacia By Sartoretto Verna? Un sogno... Diventato realtà, grazie a un team di professionisti che ha saputo indirizzarci verso le scelte giuste, con competenza e spirito di innovazione e che ha creato per noi una progettazione perfetta... Risultato: una farmacia innovativa, funzionale, colorata, in cui lavoriamo con grandi soddisfazioni ogni giorno!

Piace a 3 persone

Andrea Providente
1 mese fa · 1 recensione ·

5★ · 4 amici in comune

La professionalità è il loro biglietto da visita.
Un azienda che ti segue sempre, anche dopo aver creato e realizzato i tuoi desideri.
Sono contento e soddisfatto per aver intrapreso con loro questo percorso per migliorare e creare insieme un progetto innovativo che solo loro sono stati in grado di realizzare con semplicità e con molta attenzione.
Un ringraziamento va a Luca, che con la sua disponibilità, educazione e professionalità si differenzia.

Piace a 1 persona

Gianfilippo Bordi
2 mesi fa · 1 recensione ·

5★ · 2 amici in comune

[ITA] La nostra farmacia di nuova costituzione fu realizzata da Sartoretto Verna oltre 15 anni fa. I nostri concorrenti hanno rinnovato le loro anche due volte durante questo periodo, mentre la realizzazione di Sartoretto risulta ancora fresca ed attuale. Durante questi anni abbiamo ottenuto un continuo aumento delle vendite grazie, oltre alla nostra professionalità, alla centralità del prodotto e della sua comunicazione, permessa dagli espositori Ral System. Da poco abbiamo ampliato l'offerta con una cabina estetica, che lascia a bocca aperta tutte le clienti che vi entrano per la prima volta. In futuro, nel caso in cui decideremmo di ampliarci ulteriormente, Sartoretto sarà sempre il nostro interlocutore!

[ENG] Our pharmacy was created by Sartoretto Verna over 15 years ago . Our competitors have also renewed their twice during this period , while the realization of Sartoretto is still fresh and current . During these years we have achieved a continuous increase in sales due , in addition to our professionalism , to the centrality of the product and its communication , enabled by the exhibitors Ral System . Recently we expanded the offer with a Beauty Treatment Area , which is astonishing all customers who enter for the first time . In the future , in case of new extensions we would decide further , Sartoretto will always be our partner !

Piace a 2 persone

Gianpaolo Maria Ferraris
1 mese fa · 1 recensione ·

5★

Ristrutturazione dell'agosto 2014 con risultato eccellente che ha aumentato anche le nostre vendite. Ottimo sotto tutti i punti di vista

Piace a 2 persone

Antonio Civita
Ieri · 1 recensione

5★ · 1 amicizia in comune

Avevo deciso di fare un piccolo restyling della farmacia e mi sono imbattuto su Sartoretto Verna quasi per caso.
Non immaginavo che avrebbero rivoluzionato la mia farmacia, soprattutto il mio modo di vederla e di gestirla.
Ora la mia farmacia senza grandi stravolgimenti ha acquisito una veste completamente funzionale e performance da serie A.
Sono davvero il top a livello internazionale per quanto riguarda la progettazione ed i materiali, ma quello che sta distinguendo questa " Azienda Vincente " e' la loro collaborazione con svariati professionisti-innovatori che ti assistono a 360 gradi su svariati percorsi di crescita.
Sono molto soddisfatto del loro lavoro, hanno un approccio molto serio e lavorano con grandissimo entusiasmo.
Dott. Antonio Civita
Farmacia Castel del Monte

Piace a 1 persona

Giorgio Pinotti
5 mesi fa · 1 recensione

5★

Sono bastati solo pochi attimi per fare la nostra scelta.
Un team di architetti capace ed attento, un'attenzione minuziosa per ogni dettaglio, giochi di luce e soluzioni innovative ci hanno permesso di realizzare Farmessere la nostra parafarmacia - centro estetico.
Dalla bozza iniziale alla realizzazione, la Sartoretto Verna è stata sempre partecipe di questa nostra idea e ha lavorato al nostro fianco con la stessa emozione che noi abbiamo avuto nel veder nascere questo nuovo progetto.
Ritengo che affidarsi al team della Sartoretto Verna sia la scelta vincente per chi vuole mirare in alto.
Grazie, un caro saluto

Piace a 3 persone

Grazia Fantaccini ha recensito
Pharmacy Design Worldwide Sartoretto Verna — 5★
13 marzo

Cosa si può dire della professionalità, competenza, collaborazione della Sartoretto Verna? Semplicemente che quello che ti dicono la prima volta che li incontri non è una semplice promessa da "commercianti" ma è quello che puntualmente si verifica. Per non dire dei loro designers che segnano la differenza.

Luca Sartoretto Verna

Laura Del Prete
3 mesi fa · 14 recensioni

5★ · 3 amici in comune

La realizzazione della nostra farmacia è stata affidata a voi senza nessun dubbio perché avete saputo emozionarci ancor prima di vederla realizzare su carta. Siete stati bravissimi con altissima professionalità dalla realizzazione su carta fino alla messa in opera.. Che dire... La farmacia rispecchia le nostre aspettative, la cura del più piccolo particolare... Non potevano desiderare opera più bella!!! Team perfetto che consiglierei a tutti!!!

Piace a 2 persone

Pietro Spagnolo ▶ **Pharmacy Design Worldwide Sartoretto Verna**
16 luglio 2015

Vorrei ringraziare la Sartoretto Verna perché, a distanza di quasi 10 anni, sono ancora innamorato della mia Farmacia Grippaudo... entusiasta come il primo giorno!!!

Piace a 1 persona   1 commento

Roberta Carbonara ha recensito **Pharmacy Design Worldwide Sartoretto Verna** — 5★

5 ore

Sceglieremmo SartorettoVerna altre mille volte ancora. Il loro é stato l'unico progetto diverso da tutti gli altri, sia come qualità dei materiali che come stile. Il loro progetto ci ha immediatamente colpite. Architetti bravissimi e disponibili sono stati in grado di ascoltare e realizzare i nostri desideri e il risultato è stato eccellente. Puntualissima la consegna, precisissima e rapidissima la squadra di montaggio. Il successo della nostra farmacia sarà anche merito di Sartorettoverna

Pharmacy Design Worldwide Sartoretto Verna
Farmacia
Piace a 50.263 persone

Vittorino Marcello
27 minuti fa · 1 recensione

5★ · 1 amicizia in comune

ho ristrutturato la mia farmacia con la Sartoretto Verna perchè li conoscevo da venti anni e sapevo che erano e sono sempre i migliori in queste cose. Infatti mi sono trovato benissimo i lavori sono stati velocissimi senza nessun pensiero e la farmacia è venuta benissimo , i clienti sono stati contentissimi del nuovo allestimento tanto è vero che sono aumentati del 50% nei primi tre mesi

Piace a 1 persona

Michele Mantovan
1 mese fa · 1 recensione

5★

I mesi passati col team Sartoretto Verna sono stati fondamentali per il futuro della mia azienda.
La nostra collaborazione si è mantenuta su altissimi livelli e, con un approccio globale attento e vincente, abbiamo coraggiosamente raso al suolo una farmacia con 100 anni di storia per tornare realmente competitivi. Bellezza, funzionalità, soddisfazione per un luogo che ti rappresenta, riscontro del pubblico, potenzialità del progetto ancora da poter esprimere... Pensa se non li avessi cercati: ora la mia vita sarebbe sicuramente peggiore!

Piace a 2 persone

Simone Vianoli ha recensito
Pharmacy Design Worldwide Sartoretto Verna — 5★
26 novembre 2015

Il design che la Sartoretto Verna offre ai suoi clienti sembra non invecchiare mai. Ho realizzato la mia farmacia in due tempi diversi a distanza di anni ma l'armonia che si è raggiunta semplicemente perfetta, segno che lo stile si migliora di anno e anno mantenendo una impronta chiara e forte in grado di offrire al cliente un ambiente accogliente. Una garanzia che consiglio a qualunque collega.

Gianni Marcon ha recensito **Pharmacy Design Worldwide Sartoretto Verna** — 5★
1 ora

Ho contattato l'architetto Luca Sartoretto a fine novembre,venutasi a creare l'opportunita' di ingrandire la farmacia.Ho espresso l'idea di una farmacia lounge,con ambientazione soft,ed esaltazione di tutti i sensi,dall'olfattivo al visivo,all'acustico.L'intesa è stata tale che tra elaborazione del progetto,esecuzione dei lavori e consegna della farmacia,sono bastati solo quattro mesi a questa grande squadra.Colori tenui,materiali il più' possibile naturali,comprese le pitture,valorizzazione della struttura,profumazione gradevole,videocomunicazione,musica in sottofondo,ampi spazi funzionali,oggi mi ritrovo con una farmacia sensoriale,che trasmette tranquillità', senso di benessere e voglia di entrare,come espresso liberamente dai clienti,quotidianamente,sia con messaggi verbali che non verbali.
Obbiettivo raggiunto........grazie a te, Luca e a tutti i tuoi collaboratori.
Dr.Gianni Marcon
Farmacia Casalazzara

Antonio Montecuollo ha recensito **Pharmacy Design Worldwide Sartoretto Verna** — 5★

1 minuto ·

Seconda Farmacia che affidiamo al team Sartoretto Verna, soddisfatti di tutto dall'impostazione generale della sede alla cura nei dettagli.dagli studi illuminotecnici (la farmacia è perfettamente illuminata) alla proposta di novità espositive (Visual Magnetics)Il loro lavoro è stato preziosissimo anche nella scelta dei locali.Mi sono sentito sempre seguito e consigliato in ogni fase del lavoro...semplicemente il meglio in Italia e sono certo che stiano diventando ambasciatori del Made in Italy nel mondo.

Pharmacy Design Worldwide Sartoretto Verna
Farmacia
Piace a 48.897 persone

Giovanna Bartolotta
3 settimane fa · 1 recensione ·

4★

Ho sempre desiderato collaborare con Sartoretto e quest'anno ci sono riuscita. Apprezzo molto lo scrupolo con cui si approcciano al loro interlocutore, cercando di integrarsi all'idea che ha il committente.Sono soddisfatta della scelta e la rifarei perchè credo che oggigiorno abbiamo bisogno di un team di professionisti con uno sguardo di 360 gradi per realizzare farmacie efficaci!

Piace a 1 persona

PRIMA DI CONTATTARE LA SARTORETTO VERNA AVEVO LA PROBLEMI NECESSITÀ DI :

CREARE DUE NUOVI AMBIENTI : UNO PER L'AUTOANALISI E L'ALTRO PER SVILUPPARE LA FARMACIA DEI SERVIZI, CREARE NUOVI SETTORI TRA CUI QUELLO DELL'ALIMENTAZIONE SPECIALE E DELLA VETERINARIA E AMPLIARE I SETTORI ESISTENTI TRA CUI QUELLO DELL'INFANZIA.

PRIMA E DURANTE I LAVORI HO POTUTO VERIFICARE :

LA PROFESSIONALITÀ E IL GUSTO ESTETICO DEGLI ARCHITETTI NELLA SCELTA DEI MATERIALI, DELLE LUCI E DEI COLORI NELLA DISPOSIZIONE DEI VARI SETTORI.
HO VALUTATO POSITIVAMENTE LA SOLLECITUDINE, TEMPESTIVITÀ, PRECISIONE E CAPACITÀ DI RISOLVERE I VARI PROBLEMI SUL POSTO DA PARTE DEGLI OPERATORI ED ESECUTORI DEI LAVORI.

DOPO L'INTERVENTO SONO RIUSCITO A RAGGIUNGERE I SEGUENTI OBIETTIVI :

1) SI È CREATA NUOVA CLIENTELA PER I NUOVI SERVIZI OFFERTI DALLA FARMACIA
2) ESPLOSIONE DI FATTURATO DEL NUOVO SETTORE ALIMENTAZIONE/DIETE SPECIALI E AUMENTO DEGLI SCONTRINI GIORNALIERI.

QUESTA PER NOI È LA SECONDA RISTRUTTURAZIONE EFFETTUATA DALLA SARTORETTO VERNA, LA PRIMA NEL 2006.

FARMACIA DOTT. MEDAGLIANI s.a.s.
del Dottor Marcello Medagliani
Piazza Vittorio Emanuele II, 36
15053 CASTELNUOVO SCRIVIA (AL)
P. IVA 02445490069
Tel. 0131 826161

FARMACIA DELLA DOTT.SSA EMANUELA URRU

Via Piero della Francesca n. 3

09047 – SELARGIUS (CA)

OGGETTO : Testimonianza sul lavoro fatto insieme alla Soc. Sartoretto Verna

MODULO TESTIMONIANZA

PRIMA DI CONTATTARE LA SARTORETTO VERNA AVEVO UN PROBLEMA/NECESSITA' DI :

-Allestire con urgenza la mia farmacia di nuova istituzione. Dopo aver contattato diverse Aziende esperte del settore, la mia scelta è caduta sulla Soc. SARTORETTO VERNA sia per la disponibilità in fase di progettazione che per i consigli in ordine alla scelta degli arredi e della loro compatibilità con il medesimo locale.

PRIMA E DURANTE I LAVORI HO POTUTO VERIFICARE :

-La serietà e professionalità della Società Sartoretto e, in particolare, dell'Arch. FIONA, sempre gentilissima e disponibilissima per eventuali modifiche al progetto dell'opera o varianti in corso d'opera, nonché alla gestione del Piano Operativo di Sicurezza durante l'esecuzione dei lavori.

DOPO L'INTERVENTO SONO RIUSCITA A RAGGIUNGERE I SEGUENTI OBIETTIVI :

-Una scelta vincente su tutti gli obiettivi prefissati, in particolare quella di curare l'immagine e la versatilità dell'esposizione, tanto da essere paragonata ad una "boutique" dalla maggior parte dei clienti e dei vari operatori del settore, riconoscendo nella Società Sartoretto una delle migliori esistenti sul mercato nazionale e non.

Biografia
Luca Sartoretto Verna

Sono architetto e amministratore delegato della *Sartoretto Verna™ Srl*, azienda italiana di terza generazione.

Durante il periodo universitario ho avuto modo di girare l'Italia per rilevare ogni dato utile alla progettazione.

L'osservazione diretta di tante farmacie mi ha aiutato a comprendere caratteristiche ed errori ricorrenti nella gestione degli spazi, della comunicazione, dello staff, nell'organizzazione della gamma, dell'offerta, dei servizi e nei rapporti con la clientela.

In ogni visita ho avuto modo di osservare il comportamento del cliente in farmacia.
Negli anni, grazie al costante confronto con i titola-

ri e proprietari, consulenti, aziende specializzate ho appreso diversi aspetti riguardo la gestione economica, finanziaria e commerciale della farmacia.

In azienda sono partito dal basso svolgendo numerosi incarichi fino a quello odierno di amministratore delegato.

Nella mia carriera ho partecipato attivamente alla realizzazione di più di 700 farmacie indipendenti di successo e numerose catene in 28 paesi al mondo maturando un'esperienza "sul campo", al fianco dei farmacisti, imprenditori e manager del settore salute.

E' mio impegno giornaliero partecipare in prima persona alla realizzazione di attività forti e vincenti grazie all'analisi, confronto e dibattito con chi crede ma soprattutto ama la farmacia".

Ringraziamenti

Considero questo libro una tappa importante della mia carriera dedicata a rendere la farmacia un luogo migliore e ne sono veramente orgoglioso.

Non ce l'avrei mai fatta senza il sostegno di chi mi circonda ed in queste righe finali voglio ringraziare per il supporto e la pazienza:

- ★ Mia moglie Michaela che amo e che ha sempre creduto in me;
- ★ I miei figli Oliver e Simon che non mi hanno mai fatto pesare il tempo loro sottratto;
- ★ Mia madre Dolly, la donna della mia vita;
- ★ Mio padre Guido, a cui devo tutto;
- ★ Mia sorella Fiona, l'alleato di grandi battaglie;
- ★ Il magnifico team di collaboratori e fornitori Sartoretto Verna™;

...e i tutti i farmacisti clienti, spesso cari amici, con cui condivido ogni giorno la missione di creare luoghi unici dove le persone vengono volentieri per prendersi cura di se stessi e dei propri cari.

Di certo, non mi fermo qui!

A presto

Fotografie

Luca Sartoretto Verna
Alfonso Tortora
Adam Eastland

Contributi

Guido Sartoretto Verna
Fiona Sartoretto Verna
Paolo Piovesan
Maria Palmieri
Nicola Romita
Dimitri Oliveri
Aldo Cacco
Corrado Petella
Gaia Aldi

Bibliografia

Robert Collier - *The Robert Collier letter book* - Important books

The making sale - straight talk from the world's top business leader - Harvard business press

Jonas Ridderstrale, Kjell Nordstrom - *Funky business* - Business International edizioni

Jack Welch - *Vincere* - Rizzoli

Giulio C. Pacenti, Manuela Bandi e Santo Barreca - *Come diventare titolare di farmacia* - EDRA edizioni

Frank Merenda - *Vendere fa schifo* - Libreria strategica

Marco Postiglione - *Vendere in estetica*

Al Ries, Jack Trout - *Positioning, the battle of your mind* - McGraw Hill Professional

Jay Abraham - *La Bibbia del marketing strategico* Agenzia NFC

Paolo Piovesan - *Il pentagramma del farmacista*

Un consiglio di lettura:

Paolo Piovesan
Il pentagramma del farmacista

impariamo le note
per scrivere la musica nuova
di una farmacia vincente

FARMACIA VINCENTE

disponibile subito su Amazon

"Il successo significa superare ogni giorno le avversità e farsi un mazzo così!

Vale la pena?

Credo di Si!

Tutti quelli che lo cercano scalano la tua stessa identica, a volte scoraggiante ed insuperabile montagna perché dicono che lassù ci sia una vista meravigliosa..

Ti confesso, l'ho scalata anch'io... ma ho trovato l'inizio di una montagna ancora più alta...

allora ho pensato...

..chissà che vista ci sarà da lassù...!"

Luca Sartoretto Verna

©2016 Sartoretto Verna Srl - Tutti i diritti riservati.

Nessuna parte di questo libro, senza il permesso scritto dell'autore, può essere riprodotta o trasmessa in qualsiasi forma e con qualsiasi mezzo, elettronico o meccanico, comprese la foto-copiatura, la registrazione o da un sistema di archiviazione e recupero - salvo nel caso di brevi citazioni incorporate in articoli di critica e recensioni su riviste e giornali.

Made in the USA
Columbia, SC
14 June 2017